인지기능 향상 가이드북 A Guide for Improving Intellectual Functioning

# 웩슬러 지능검사의 치료 및 교육적 활용

| 노경란 · 박현정 · 안지현 · 전영미 공저 |

# 1

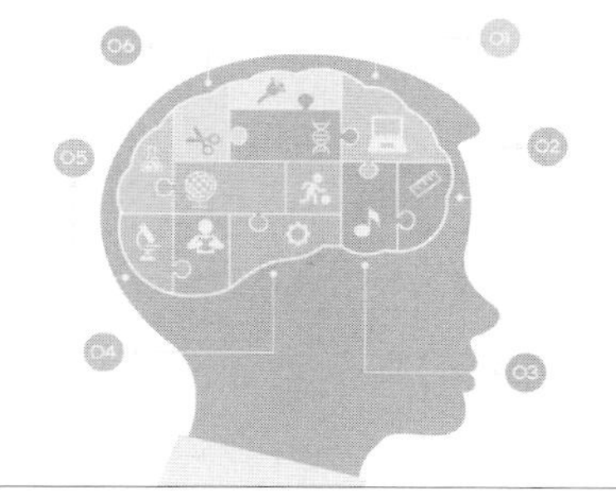

느린 학습자, 학습 및 주의력 문제를 가진 아동,
인지적 불균형이 심한 아동을 위한 인지기능 향상 프로그램

학지사

# 머리말

임상현장에서 현재 가장 널리 사용되는 심리검사 중 하나가 웩슬러 지능검사다. 따라서 많은 시간과 에너지 그리고 비용을 들여 웩슬러 지능검사를 실시하고 있지만, 지능검사 결과를 활용하는 측면에서는 비용 대비 그 활용도가 매우 제한적이다. 웩슬러 지능검사는 임상장면에서 주로 정신장애를 진단하거나, 전체점수를 토대로 장애등급을 판정하는 데 도움을 주는 등 검사·분류·배치의 관리모델로 활용되어 왔다. 그러나 지능검사를 통해 얻은 지능수준 및 인지적 장단점과 같은 소중한 정보들이 임상 및 교육 현장에서 효과적으로 활용되지 못하고 사장되는 경우가 흔하다. 최근 개정된『정신질환의 진단 및 통계 편람-제5판(Diagnostic and Statistical Manual of Mental Disorders-5th ed.: DSM-5)』서문에 따르면, 진단이란 사례공식화하는 평가의 한 부분으로서 충분한 정보를 토대로 각 개인을 위한 치료계획을 세울 수 있게 하는 것이다. 웩슬러 지능검사에서 얻은 정보는 평가에 그치지 않고 각 개인을 이해하며, 더 나아가 이를 바탕으로 개별화된 치료나 교육적 개입 전략을 선택하고 교수적 지원(instructional supports)을 하는 데 사용될 수 있다(Nicolson, Alcorn, & Erford, 2006). 향후 웩슬러 지능검사는 기존의 검사·분류·배치의 관리모델로부터 평가·이해·개입의 기능적인 임상모델(Weiss, Saklofske, Prifitera, & Holdnack, 2006)로까지 다양하게 활용되어야 할 것이다.

지능검사가 개별 아동의 인지적 특성을 이해하는 것뿐만 아니라 개입을 하기 위한 실질적인 도구로 활용되기 위해서는 체계적인 지침서와 더불어 여러 가지 다양한 자료나 도구가 요구된다. 그러나 현재 우리나라에는 그러한 교재나 자료가 거의 부재한 실정이다.

특히 최근 들어 교육현장에서는 학습부진아동에 대한 관심이 증가할 뿐만 아니라, 이들에 대한 「초 · 중등교육법」도 개정되었다. 「초 · 중등교육법」 제28조에서는 '느린 학습자'에게 교육 실시와 더불어 그들에게 필요한 교재와 프로그램을 개발 · 보급하고, 교원은 관련 연수를 이수해야 한다고 되어 있다. '느린 학습자'란 '경계선 지능'(지능 70~85)에 해당되는 학생들로서 그간 특수교육대상은 아니지만, 학습이 뒤처지고 학교생활에 적응이 어려우며, 겉으로 드러나지 않아 사각지대에 방치되어 있던 학생을 일컫는데, 현재 전국적으로 약 80만 명에 달하는 것으로 추정되고 있다(EBS 저녁뉴스, 2016년 1월 1일자). 이러한 느린 학습자 혹은 경계선 지능에 속하는 학생들은 매우 이질적인 집단으로서 다양한 요인이 영향을 미칠 수 있다. 예를 들면, 학습장애나 주의력결핍 과잉행동장애와 같이 신경학적 결함과 관련된 요인, 혹은 환경적이거나 정서적 요인들이 복합적으로 작용할 수 있다. 또한 동일하게 경계선 지능에 속하는 학생이라도 인지적인 강점과 약점 영역이 각각 다를 수 있다. 그러므로 어느 영역에서 취약한지에 대한 평가를 통해 체계적으로 개입할 수 있는 교재가 절실히 요구되는 시점이다.

이 시리즈는 총 5권으로 구성되어 있으며, 1권 『인지기능 향상 가이드북: 웩슬러 지능검사의 치료 및 교육적 활용』은 웩슬러 지능검사 결과를 토대로 치료 및 교육적 개입을 하기 위한 구체적인 전략과 지침을 제공한다. 2권에서 5권까지는 인지기능 향상 워크북으로서, 영역별로 취약한 부분의 인지기능을 향상시킬 수 있도록 구성되어 있다. 좀 더 자세하게 이 시리즈의 특징을 살펴보면 다음과 같다.

먼저 1권은 웩슬러 지능검사 결과를 토대로 하여 인지기능을 향상시키기 위한 전략적인 활용 가이드북이다. 아동의 인지 특성에 대한 심층적 이해를 기반으로 개입할 수 있게 하기 위해서 전체 IQ 수준부터 소검사 수준에 이르기까지 다차원적이고도 심층적으로 해석하는 방법을 제시하였다. 그리고 이를 토대로 지표별, 군집별, 소검사별로 체계적인 개입 전략을 제시하였으며, 더 나아가 영역별로 실제 사례를 들어 치료 회기 동안 어떤 활동을 어떻게 이끌어 갈 수 있는지에 대해서 구체적으로 설명하였다.

최근에는 교차배터리 평가(cross-battery assessment) 방법, 즉 단일배터리 평가보다 여러 검사 배터리로부터 나온 정보를 활용하여 개인의 인지능력을 정확하게 분석하고, 더 나아가 특정 영역을 선택하여 그 영역에 속한 여러 가지 요소를 다양하고 깊이 있게 측정하는 추세다. 이 시리즈는 적용대상을 주로 학령기 아동에 맞추었기 때문에, 지능검사 결과를 활용할 때 인지적 측면과 함께 학습 영역을 고려하는 것이 중요하다. 따라서 웩슬러 지능검사를 주로 사용하되, 그 외에 교차 평가도구로서 기초학습기능검사, 읽기성취 및 읽기 인지처리능력검사, 시지각 발달검사, 전산화된 주의력검사(Computerized Attention Test), 기억검사 등도 함께 활용할 수 있다.

그다음으로 2권에서 5권까지는 인지기능을 향상시키기 위한 영역별 워크북이다. 이 인지기능 향상 워크북은 치료나 교육장면에서 놀이하고 게임하듯이 흥미를 유발할 수 있도록 구성되어 있다. 현재 우리나라 교육은 조기교육, 선행학습, 입시 위주의 경쟁적인 교육이 우선시되고 있다. 이러한 현실은 개인적인 특성을 고려하면서 균형 잡힌 인지발달을 지향하려는 교육 방향과 상당한 괴리감을 느끼게 한다. 특히 안타까운 것은 평생교육이 중시되는 요즘 시대에 아동 · 청소년이 이른 나이부터 조기학습으로 인해 학습의 즐거움과 흥미를 잃어버리는 경우가 너무 많다는 점이다. 이 워크북은 학습(공부가 아닌 배우는 것 그 자체)에 대한 동기를 쉽게 유발할 수 있도록 다양한 활동과 함께 실제 생활에 가까운 내용으로 구성되어 있다. 따라서 인지발달이 학습장면에서뿐만 아니라, 사회적 상황과 실생활에서도 촉진될 수 있도록 하였으며, 더 나아가 학교 교육과정과의 연계성도 함께 고려하여 제작되었다.

이 시리즈는 교육현장에서 특별한 필요를 가진 아동들, 예를 들면 학습장애나 주의력결핍 과잉행동장애 등의 문제를 가진 아동에게 그들의 잠재력을 사용하는 데 걸림돌이 되는 요소들을 찾아 교정하는 데 도움을 줄 뿐만 아니라, 학업 및 인지적 능력을 전반적으로 증진시키는 데 유용하다. 또한 발달과정에 있는 일반 아동 · 청소년에게도 개별화된 인지기능 향상 프로그램을 통해 그들의 취약하거나 결핍된 인지능력 영역에 대해 개입할 수 있는 방안과 실제 활용 가능한 자료를 제공한다. 이 책은 주 대상이 아동 · 청소년이지만, 성인의 경우에도 인지기능 향상이나 인지재활을 목적으로 다양한 임상집단에서 활용이 가능할 것으로 기대된다.

최근 뇌 발달에 관한 연구가 급속도로 발전하면서 '뇌 가소성(neuroplasticity)', 즉 뇌는 스스로 변화하며 환경에 적응하는 지속적인 능력을 갖는다는 증거가 밝혀지고 있다(Doidge, 2007). 특히 전두엽은 청소년기를 지나 20대 이후에도 지속적으로 발달한다고 알려져 있다. 이와 유사하게, 어떤 인지적 결함들은 집중적인 훈련을 통해서 개선될 수 있다. 이러한 훈련은 특정 인지기술을 수행하는 데 필요한 뇌세포들 간에 연결을 증가시키며, 때로는 처음에 기대했던 것 이상으로 아동의 능력을 증진시키기도 한다(Manassis, 2014). 앞으로 이와 관련된 연구가 더욱 활발하게 진행될 것으로 보인다.

혹자는 개입을 통해 지능검사 점수가 과연 상승할 것인지, 지능검사 점수가 상승하더라도 지능(혹은 인지능력)이 정말 좋아진 것인지 의문을 제기할 수도 있다. 그러나 이 시리즈는 단순히 지능검사 점수를 높이는 것이 아니라, 개인의 인지적 특성을 파악하고 그의 인지능력을 효율적으로 발휘하는 데 걸림돌이 되는 취약한 영역을 찾아 보완하는 것에 도움을 주고자 한다.

이 시리즈가 웩슬러 지능검사를 활용하여 체계적으로 인지적 개입을 할 수 있는 좋은 안내서이자 도구로서 임상 및 교육 현장에서 널리 사용될 수 있기를 기대하는 바다. 그간 이 책이 출간될 수 있도록 전폭적으로 지원해 주신 학지사 김진환 사장님, 아울러 K-WISC-IV를 개발하시고 한국판 지표점수 및 군집 변환점수의 사용을 허락해 주신 오상우 교수님께 깊은 감사의 마음을 전한다.

The child grew and became strong;

he was filled with wisdom,

and the grace of God was upon him.

(Luke 2:40)

우리 아이들이 지혜와 키가 자라며 하나님과 사람에게

더욱 사랑스럽게 성장하길 소망하며

# 차 례



## I
## 이론적 배경



## II
## 웩슬러 지능검사 활용을 위한 해석 절차

# III

## 임상 및 교육 현장에서 웩슬러 지능검사의 전략적 활용법



# IV

## 영역별 실제 적용 사례

Wechsler Intelligence Scale

# I

# 이론적 배경

# 1. 지능과 지능검사

지능에 관해 다양한 정의를 내릴 수 있으나, Wechsler는 지능이란 한 개인이 목적 있게 행동하고 합리적으로 생각하며 자신의 환경을 효과적으로 다루는 총체적인 능력이라고 보았다(Matarazzo, 1972). 그는 지능이 하나의 능력이 아니라, 다차원적이고 다면적이어서 수많은 방식으로 결정될 수 있다고 보았다(Wechsler, 1991). 이러한 지능은 가설적인 구성개념으로서 직접 관찰될 수 없기 때문에 웩슬러는 지능을 측정하기 위해서 전체지능에 기여한다고 생각되는 능력을 대표할 만한 소검사들을 선택하여 지능검사를 경험적으로 제작하였다. 즉, 다양한 과제를 제시하여 각 과제들을 해결하는 개인의 능력에 의해서 지능을 간접적으로 추론하였다.

그렇다면 웩슬러 지능검사로 측정되는 지능이란 무엇을 의미하며, 일상 행동에서는 어떻게 나타나는가? 웩슬러 지능검사로 측정되는 지능(IQ)이란 지능검사를 통해 얻은 측정치로서 개인의 지적 능력을 그 개인이 속한 동일 연령집단(규준집단)의 다른 구성원들과 비교한 상대적인 위치에 대한 정보라고 볼 수 있다. 많은 연구에 의하면 지능검사가 측정하는 전체지능이란 단순히 독립적인 지적 능력들을 모아 놓은 것이 아니라, 상호 연관되어 있으며 정신적인 능력들이 매우 조직화되어 있는 체계를 말한다. Charles Spearman(1904)은 이런 능력들은 서로 공통 핵심을 공유한다고 가정하면서 이 공통 핵심을 지능의 일반요인(g)이라고 지칭하였다. 그 이후 지능에 관한 많은 심리측정적 연구는 요인분석에 근거하여 지적 능력들 간에 위계적인 관련성이 있다고 보았다. 최근 가장 종합적이고 유력한 Cattell-Horn-Carroll(CHC)의 인지능력이론은 인간의 인지능력[1]을 1층위의 협의의 인지능력 70여 개, 2층위의 광의의 인지능력 10여 개, 그리고 가장 위에 일반적인 정신능력 요인(general mental ability factor)인 g요

1) 지능과 유사한 개념인 인지능력은 뇌-기반 용어로서 어떤 과제를 수행하는 데 필요한 정신적인 과정으로 정의한다. 인지능력은 실제 지식보다 우리가 어떻게 학습하고 기억하며 주의를 기울이는지에 대한 메커니즘과 좀 더 관련이 있다.

인으로 구성된 위계적 모델로 보고 있다.

지능지수(IQ)와 일반적인 인지능력인 g요인은 개념적으로 분명히 구분이 된다. 앞서 언급한 대로 지능지수(IQ)는 지능검사를 통해서 개인이 속한 규준집단과 지적 능력을 비교하여 얻은 측정치인 반면에, CHC 모델에서 가장 상위층에 있는 g요인은 특정 검사나 집단을 초월한 이론적 구성개념이다(Jensen, 1998). g요인은 지능지수(IQ)처럼 요인분석을 통해 산출된 것이 아니라, 오히려 생물학적, 유전적 그리고 비심리측정적 증거들에 의해서 확증되어 왔다(Jensen, 1998; Deary, 2001). 이러한 CHC 인지능력이론은 21세기에 들어오면서 여러 지능검사에 강력한 영향을 미치게 되었다. 웩슬러 지능검사도 CHC 이론에 기초하여 지능검사의 구조를 분석하고 해석하려는 노력이 활발하게 이루어지고 있다. 이에 따라 점차 CHC 이론과 실제 지능검사 간에 간격이 좁혀지는 방향으로 나아가는 추세다.

## 2. 아동용 웩슬러 지능검사 구성의 변천사

이 책은 성인용, 아동용, 유아용 웩슬러 지능검사 중에서 아동을 주 대상으로 하는 웩슬러 지능검사를 토대로 구성된 활용서다. 여기서는 국내에서 표준화되어 사용되는 한국판 아동용 웩슬러 지능검사가 어떻게 구성되어 있으며, 어떠한 변화과정을 거쳐 왔는지 먼저 살펴보고자 한다.

### 1) 한국 웩슬러 아동 지능검사 초판(K-WISC, 1974)

한국 웩슬러 아동 지능검사 초판(Korean Wechsler Intelligence Scale for Children: K-WISC)은 미국판 WISC(Wechsler Intelligence Scale for Children, 1949)를 국내에서 처음 표준화한 것으로, 5세에서 16세에 해당되는 아동·청소년을 대상으로 제작되었다. K-WISC는 언어성 지능, 동작성 지능과 전체지능의 구조로 구성되었다.

### 2) 한국 아동용 개인지능검사(KEDI-WISC, 1987)

한국 아동용 개인지능검사(Korean Educational Developmental Institute-Wechsler Intelligence Scale for Children: KEDI-WISC)는 미국판 WISC-R(1974)을 표준화한 것으로, 6세에서 15세의 아동 · 청소년을 대상으로 제작되었다. KEDI-WISC에는 요인분석을 통해 언어이해 요인, 지각조직화 요인 외에 주의집중 요인이라는 제3의 요인이 추가되었다.

### 3) 한국 웩슬러 아동 지능검사 3판(K-WISC-Ⅲ, 2001)

한국 웩슬러 아동 지능검사 3판(Korean Wechsler Intelligence Scale for Children Ⅲ: K-WISC-Ⅲ)은 미국판 WISC-Ⅲ(1991)를 국내에서 표준화한 것으로, 6세에서 16세의 아동 · 청소년을 대상으로 제작되었다. K-WISC-Ⅲ에서는 기호쓰기 소검사가 추가되었으며, 요인들이 지표로 변경되었다. 언어이해 지표, 지각적 조직화 지표는 그대로 남

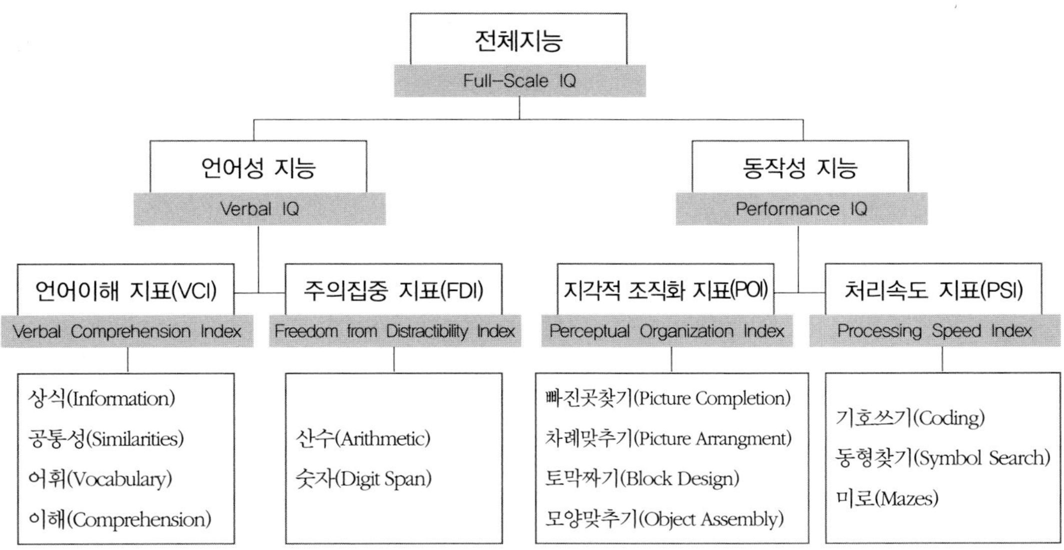


[그림 Ⅰ-1] K-WISC-Ⅲ의 구성

아 있는 반면, 주의집중 지표에서 동형찾기와 기호쓰기가 분리되어 처리속도 지표에 포함되었다([그림 I-1] 참조).

### 4) 한국 웩슬러 아동 지능검사 4판(K-WISC-IV, 2011)

한국 웩슬러 아동 지능검사 4판(Korean Wechsler Intelligence Scale for Children-IV: K-WISC-IV)은 미국판 WISC-IV(2003)를 표준화한 것으로, 6세에서 16세의 아동 · 청소년을 대상으로 제작되었다. K-WISC-IV에서 전체지능지수는 그대로 유지되지만, 언어성 지능과 동작성 지능이라는 개념이 없어지고 그 대신 언어이해 지표와 지각추론 지표로 각각 대체되었다. 또한 주의집중 지표 대신에 작업기억 지표라는 새로운 지표가 추가되었다([그림 I-2] 참조). 따라서 K-WISC-IV는 언어이해 지표, 지각추론 지표, 작업기억 지표, 처리속도 지표의 총 네 가지 지표로 구성되어 있다. 특히 K-WISC-IV는 유동지능을 측정하는 데 좀 더 초점을 맞추어 구성되었다. K-WISC-IV를 구성하는 소검사들은 K-WISC-III의 소검사들과 상당한 차이를 보인다. K-WISC-III의 소검사 중 차례맞추기, 모양맞추기와 미로의 세 가지 소검사가 삭제되었다. 반면에, K-WISC-IV에 단어추리(Word Reasoning), 행렬추리(Matrix Reasoning), 공통그림찾기(Picture Concepts), 순차연결(Letter-Number Sequencing), 선택(Cancellation)의 다섯 가지 소검사가 새로 추가되었다.

K-WISC-IV가 이전 개정판에 비해 두드러지게 다른 점은 다음과 같다.

첫째, 지능검사 해석 시 전체지능보다는 지표점수, 다시 말해 CHC 이론에 따르면 일반적인 인지능력(g요인)보다는 인지 영역 점수에 좀 더 중점을 두었다. 둘째, 소검사 수준에서도 많은 변화를 가져왔다. 예를 들어, 지각추론 지표에서 처리속도의 영향을 제거할 수 있도록 소검사를 구성하였다. 셋째, 유동추론의 중요성을 강조하였다. 넷째, 작업기억과 처리속도를 강조함으로써 학습장애와 주의력장애에 대한 이해를 높이고자 하였다.

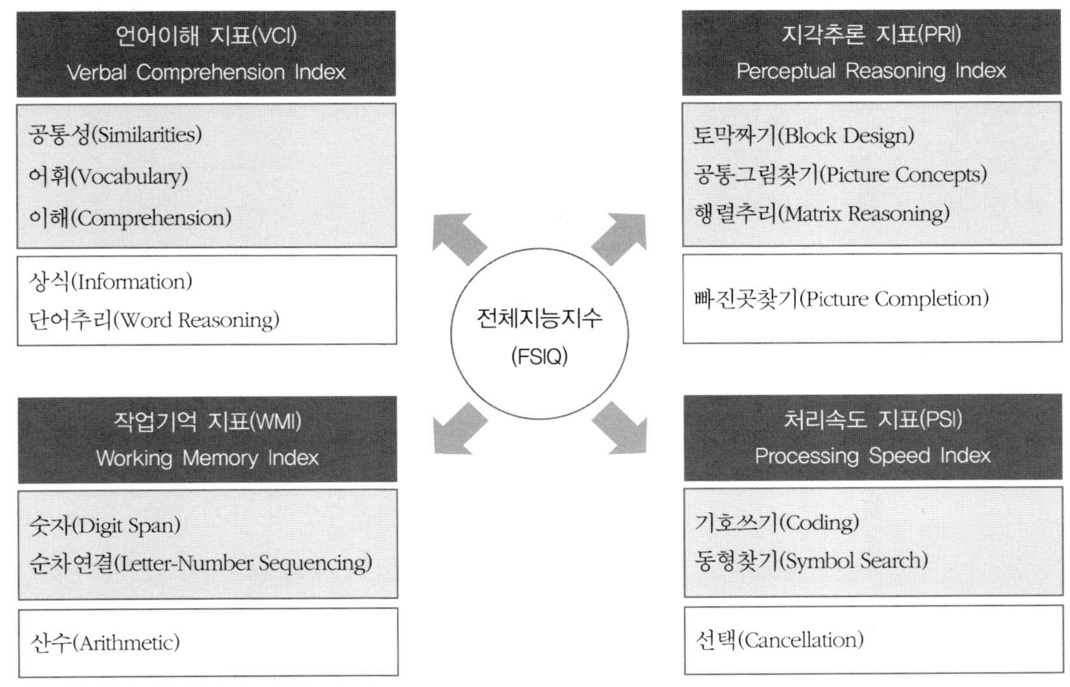


[그림 I-2] K-WISC-Ⅳ의 구성

### 5) 미국 웩슬러 아동 지능검사 5판(WISC-Ⅴ, 2014)

미국 웩슬러 아동 지능검사 5판(Wechsler Intelligence Scale for Children-Fifth Edition: WISC-V)이 미국에서 2014년에 이미 출판되었으며, 국내에는 아직 소개되지 않았다. 미국판 WISC-V의 특징은 다음과 같다. 첫째, WISC-V는 CHC 이론과 신경발달이론 및 임상적인 결과들을 바탕으로 지능검사의 기본 구조에 대해 다섯 가지 요인에 근거하여 지표점수를 산출하였다. 즉, WISC-V는 언어이해 지표, 시공간 지표, 유동추론 지표, 작업기억 지표, 처리속도 지표로 구성되어 있다. 둘째, 전체 IQ를 얻기 위해 소검사를 모두 실시하지 않고 일부 소검사로부터 산출할 수 있도록 구성함으로써 전체 지능을 얻는 데 걸리는 검사 시간을 절약하였다. 셋째, 특정 학습장애(specific learning disability)의 판별과 개입에 중요한 인지과정을 좀 더 많이 다루었다. 넷째, 종전의 지각추론 지표를 시공간 지표와 유동추론 지표로 구분하여 좀 더 새롭게 구성하였다. 마지막으로, 웩슬러 지능검사를 면대면 방식뿐만 아니라 기기를 활용한 디지털 형태로도 실시할 수 있도록 만들었다.

## 3. 아동용 웩슬러 지능검사 해석의 변천사

Kamphaus, Winsor, Rowe와 Kim(2005)은 웩슬러 지능검사를 해석하는 데 크게 네 가지 흐름으로 변화 양상을 구분하여 기술하였다.

제1시기는 지능검사를 해석할 때 전체 IQ에 초점을 두었다. 이 당시에는 Spearman의 지능에 대한 g이론과 연령에 기반을 둔 Stanford-Binet 검사의 영향을 주로 받았기 때문에, 일반지능을 토대로 한 지능검사가 사람을 분류하는 객관적인 방법으로 활용되었다. 따라서 초창기에는 전체 IQ가 지능검사 해석의 주된 초점이었다.

제2시기는 임상적인 프로파일을 분석하는 데 초점을 두었다. 임상 프로파일 분석이란 전체 IQ뿐만 아니라 소검사의 유형을 분석함으로써 개인의 특정한 지적 능력을 해석하려는 방법이다. 이 시기에는 지능을 언어성과 동작성 소검사로 구분하여 지능 그 자체가 여러 가지 다른 방식으로 나타날 수 있음을 시사하였다. 즉, 언어성 IQ와 동작성 IQ의 차이 및 소검사 프로파일 형태로부터 진단이나 처방적인 의미를 유추하고 적용하기 위해서 다양한 해석 절차를 개발하는 데 초점을 맞추었다. 그러나 언어성 IQ와 동작성 IQ 간의 차이와 임상적 분석을 토대로 한 웩슬러 지능검사 프로파일 형태에 대한 진단의 타당성은 입증하지 못하였다.

제3시기는 심리측정이론에 근거하여 프로파일을 분석하는 데 초점을 두었다. 근래 들어 컴퓨터 발달과 함께 쉽게 접근할 수 있는 통계 소프트웨어 패키지가 개발되어 웩슬러 지능검사의 소검사들을 요인분석하는 것이 가능해졌다. 요인분석 결과, WISC로부터 세 가지 요인(언어이해, 지각조직화, 주의집중)이 추출되었으며, 이후 개정된 WISC-R에서는 언어성-동작성의 이분법적인 모델이 아니라 세 요인을 지표로 삼아 지능검사의 결과를 해석하였다. 그러나 소검사 수준에서는 전체지능과 각 소검사들 간의 상관이 높지만 소검사마다의 독특성(specificity)이 부족해서 각 소검사별 해석은 지지되지 못하였다. 한편 프로파일 분석은 요인분석 결과를 바탕으로 이전보다 심리측정 면에서 좀 더 진전되었으며, 신경심리, 성격, 학습장애, 청소년 범죄를 포함한 다양한 영역에서 75개가 넘는 여러 프로파일 유형이 제시되었다. 그러나 이러한 프로파일 분석이 타당하다는 증거를 입증할 만한 경험적인 지지나 이론적인 토대가 부족하여 프로파일을 타당화하려는 노력은 크게 성공적이지 못하였다.

제4시기는 지능검사를 해석할 때 이론에 토대를 두고 적용하는 데 초점을 두었다. 웩슬러 지능검사는 원래 이론에 기반을 두고 개발된 검사가 아니므로 그간 타당도 면에서 지적을 받아 왔다. Kaufman(1979)은 지능검사를 해석할 때 이론에 기반을 두어야 한다고 주장하면서, 인지능력에 대한 개념 정립과 지적 측정도구의 연결을 중시하였다. 그는 WISC-R을 해석할 때 요인분석에서 추출된 세 요인을 근거로 하였다. 그다음에 개정된 WISC-III에서도 심리측정의 원리를 정확하게 적용하는 이론-기반 방법을 강조하였다. 근래 들어 웩슬러 지능검사의 해석에 영향을 미친 이론과 접근방법은 다음과 같다.

### 1) Cattell-Horn-Carroll(CHC) 이론

21세기에 들어오면서 소개된 Cattell-Horn-Carroll(CHC) 심리측정이론은 지능검사의 발전과 해석에 강력한 영향력을 끼쳤다. CHC 이론은 Cattell-Horn의 유동지능-결정지능 이론과 Carroll의 인지능력의 삼층이론을 결합한 인지능력이론이다. CHC 이론은 당시 이론이 절실하게 필요했던 지능검사 분야에서 여러 가지 검사를 개발할 때 이론적인 틀을 제공하였을 뿐만 아니라, 지능검사를 선택하고 해석하는 면에서도 많은 영향을 끼쳤다. WISC-III 이후에 개정된 WISC-IV도 이론적인 모호함을 해결하기 위해서 CHC 이론의 관점에서 지능검사의 구조를 파악하고, 이론에 좀 더 잘 부합되는 해석 지침을 마련하였다(Flanagan & Kaufman, 2004; Keith, Fine, Taub, Reynolds, &

Kranzler, 2006).

### 2) 교차배터리 평가

지능평가에서 측정의 질을 높이는 또 하나의 해석방법은 McGrew와 Flanagan(1998)이 제안한 교차배터리 평가(cross-battery assessment)다. 교차배터리 평가 방식이란 진단적인 결정을 안내하고 개인의 인지능력에 대해 좀 더 충분한 그림을 얻기 위해서 단일 배터리 평가를 사용하기보다는 여러 검사 배터리로부터 나온 정보를 사용하는 과정을 의미한다. 이 접근방법은 임상가들에게 좀 더 신뢰할 수 있고 타당한 방식으로, 하나의 평가 배터리보다 인지능력과 처리과정을 좀 더 깊이 있으면서도 선택적으로 다양하게 측정할 수 있는 수단을 제공해 주었다. Flanagan, Ortiz와 Alfonso(2007)는 지금까지 출판된 지능검사의 각 소검사들이 CHC 이론의 어떤 협의의 능력과 광의의 능력을 측정하는지 분류하였다. CHC 이론을 토대로 교차배터리 평가법을 통해 여러 검사에서 얻은 점수들을 비교 통합함으로써 결과 해석을 좀 더 용이하도록 하였다.

### 3) 개인 내 분석방법과 규준적 분석방법

임상가들이 검사 자료를 해석할 때 검사 자료가 이론, 연구, 심리측정과 임상적인 측면에서 모두 지지된다면, 자료로부터 좀 더 명백하고 유용한 결론을 유추하기 쉬울 것이다. 이러한 측면에서 비춰 본다면, WISC-IV를 해석하는 체계 중 개인 내 분석방법(ipsative/intraindividual analysis)은 신뢰도와 안정성이라는 심리측정 면에서 비판을 받아 왔다. 개인 내 분석이란 각 개인의 특정한 수행이 개인의 평균 수행 수준으로부터 얼마나 떨어져 있는지를 알아보는 것이다. 반면에, 규준적 분석방법(normative analysis)은 개인의 수행이 집단의 평균으로부터 얼마나 떨어져 있는지를 알아보는 것이다. Glutting과 동료들은 개인 내 분석방법이 아동의 독특한 인지적 강점과 약점의 패턴을 파악하고 교육적 개입법을 개발하는 데 실제적으로 유용하지 않다고 비판을 하였다(Kaufman, 2000). Flanagan과 Kaufman(2004)은 아직 미흡한 것으로 비판을 받는 개인 내 분석방법을 좀 더 향상시키기 위해서 심리측정적으로도 방어할 수 있는 해석 절차를 사용하였으며, 이를 통해 좀 더 유용한 정보를 유추하고자 여러 가지 시도를 하였다.

## 4. Flanagan과 Kaufman의 해석 절차

Flanagan과 Kaufman(2004)은 WISC-IV를 해석할 때 CHC 이론과 여러 연구 결과를 토대로 하면서 심리측정적으로도 뒷받침되는 절차를 제시하였다. Flanagan과 Kaufman이 WISC-IV를 해석할 때 이전과 달리 새롭게 시도한 주요 변화는 다음과 같다. 첫째, 검사 자료는 반드시 이론의 맥락 내에서 해석한다. WISC-IV는 이론과 절차면에서 CHC 인지능력이론에 기반을 둔다. CHC 이론은 인지능력의 구조에 관한 이론으로서 검사의 구성과 해석 면에서 현재 가장 많은 지지를 받고 있는 이론이다.

둘째, 개인의 인지적 강점과 약점을 파악하기 위해서 개인 내 분석을 할 때 규준적 관점을 함께 적용하여 분석을 한다. 개인 내 분석을 통해 해석할 때 빠지기 쉬운 함정은 상대적 약점으로 판명된 점수를 다른 사람들(규준)과 비교하지 않는다는 점이다. 즉, 개인 내 분석을 통해 드러난 상대적 약점이 또래집단의 규준과 비교해서 평균 범위에 속하는 경우와 결함 범위에 속하는 경우는 각각 해석이 다르다. 그러므로 여기서는 개인 내 분석과 규준적 분석을 연결시켜서 분석을 한다. 좀 더 구체적으로 설명하면, 지표 수준에서 개인의 인지적 강점과 약점 영역을 평가하기 위한 절차는 다음과 같다.

① 지표 프로파일에서 규준적 강점과 규준적 약점을 결정한다. 지표점수가 IQ 115점보다 큰 경우에는 '규준적 강점', IQ 85점보다 작은 경우에는 '규준적 약점', IQ 85~115점 사이는 '정상범위 내'로 평가한다.

② 지표 프로파일에서 개인적 강점과 약점을 결정한다. 개인의 네 지표점수를 합산하여 지표점수들의 평균을 산출한 뒤, 산출된 지표평균점수와 각 지표점수 차이의 크기가 0.5(또는 0.1) 수준에서 의미 있는지 결정한다. 제시된 점수 이상으로 차이가 나면 개인적 강점 혹은 개인적 약점으로 간주한다.

③ 개인적 강점과 약점이 10% 기저율 기준(표준화 집단에서 그러한 차이가 발생할 확률은 10%보다 적음)을 적용하여 드물게 발생하는 경우인지 결정한다. 즉, 변산이 지니는 임상적 의미를 평가하기 위해서 기저선 자료를 활용한다.

④ 진단적으로나 교육적으로 가장 중요한 주 강점(Key Assets)과 최우선시되는 약점(High-Priority Concerns)을 판별한다. 주 강점은 IQ가 115점보다 크고 개인적 강점이면서 점수 차이가 10% 이하로 드물게 발생하는 경우다. 반면에 최우선시되는 약점은 IQ가 85점보다 작고 개인적 약점이면서 10% 이하로 드물게 발생하는 점수 차이를 보이는 경우다.

셋째, 해석 시에 각 소검사 단위보다 지표나 군집의 사용을 추천한다. 그러나 이때 분석에 사용되는 지표나 군집은 단일 능력을 대표하면서도 정신조직 체계(mental organization)에서 기본이 되는 주요 요인을 대표할 수 있어야 한다. 이를 위해서 네 개의 지표점수나 군집점수를 해석하기 전에 반드시 각 지표나 군집을 이루는 소검사들 간 환산점수 차이가 5점(1.5 SD) 이상인지의 여부를 확인한다. 만일 소검사 간 환산점수 차이가 5점 이상이면, 지표점수나 군집점수가 단일 능력을 대표하는 것으로 보지 않으며, 따라서 해석이 가능하지 않거나 해석할 때 매우 주의를 요한다.

넷째, 개인의 인지적 강점과 약점은 특정 시점에서의 인지기능에 기반을 두고 개입을 하는 데 유용하게 적용할 수 있다. 그러나 이러한 프로파일은 시간이 흐름에 따라 안정적이지 못한 경우가 많다. 그러므로 인지적 강점과 약점을 토대로 개입을 할 때에는 당시의 웩슬러 지능검사 결과 외에도 관찰 자료, 의뢰 사유, 배경정보, 그리고 다른 검사 자료와 일치하는지 여부를 교차배터리 평가방법을 통해 타당도를 확인한 뒤에 개입을 해야 한다.

이처럼 Flanagan과 Kaufman(2009)은 전통적인 웩슬러 지능검사의 해석 절차와 달리 지표 수준 및 임상군집 수준에서의 해석 절차에 초점을 두는 반면, 소검사 수준에서의 해석은 지양하였다. 반면, Sattler(2008)는 지표 수준에서의 해석에 뒤이어 소검사 수준에서 강점과 약점을 찾아 프로파일을 분석하는 것을 강조하였다.

이 책은 임상 및 교육 현장에서 아동에 대한 심층적인 이해와 개입을 하기 위해 Flanagan과 Kaufman의 WISC-IV 해석 절차, 즉 지표 수준에서의 해석과 그다음으로 소검사보다는 임상군집 수준에서의 해석 절차에 더 중점을 두었다. 그러나 지표점수나 군집점수를 구성하는 소검사의 환산점수 간에 편차가 5점 이상으로 큰 경우에는 지표점수나 군집점수와 같은 합산점수가 단일 능력을 측정한다고 보기 어렵다. 이럴 때에는 소검사 수준에서의 해석이 유용할 경우도 종종 발생한다. 그러므로 본 검사에서는 소검사 수준에서 강점과 약점을 해석하는 Sattler 방식의 해석 절차도 함께 포함시킴으로써 지능검사로부터 나온 풍부한 자료를 가능한 한 폭넓게 활용하는 방안을 마련하고자 하였다. 아울러 CHC 이론, 교차타당도 분석, 규준적 기준을 결합한 개인 내 강점과 약점의 분석방법을 적극 도입하였다. 이 책은 웩슬러 지능검사 결과를 활용하여 개입하는 데 그 목적을 두고 있으므로 지능검사의 채점 및 해석에 관한 상세한 정보는 관련 서적을 좀 더 참고하기 바란다.

## 5. CHC 인지능력이론

Cattell-Horn-Carroll(CHC) 인지능력이론은 3층위의 위계모형으로 구성되어 있다 (Alfonso, Flanagan, & Radwan, 2005). [그림 I-3]에서 제시된 바와 같이 인간의 인지능력들은 1층위의 협의의 인지능력 70여 개, 2층위의 광의의 인지능력 10여 개, 그리고 가장 위의 3층위의 일반적인 정신능력(general mental ability factor)인 g요인이 위계적으로 구성되어 있다.

### 1) CHC 이론의 구조

CHC 모형의 가장 아래에 있는 1층위는 70여 개의 협의의 인지능력 및 처리과정으로 구성되어 있다. 1층위의 협의의 인지능력은 서로 상관하는 정도와 요인부하량에 따라서 2층위의 광의의 인지능력으로 수렴이 된다.

2층위는 10여 개의 광의의 인지능력 및 처리과정으로 구성되어 있는데, 여기에는 유동지능(Gf), 결정지능(Gc), 시각-공간 지능(Gv), 단기기억(Gsm), 장기 저장/인출(Glr), 처리속도(Gs), 청각처리(Ga), 수량적 지식(Gq), 읽기/쓰기(Grw), 결정/반응속도(Gt) 등이 포함된다.

CHC 모델에서 가장 상위층에 있는 3층위의 g요인(일반인지능력)은 하나의 능력이라기보다 오히려 일종의 뇌의 속성, 다시 말하면 뇌의 와트 수나 정신적인 마력(mental horsepower), 혹은 뇌의 모든 부분과 인지기능의 모든 측면을 높여 주는 전반

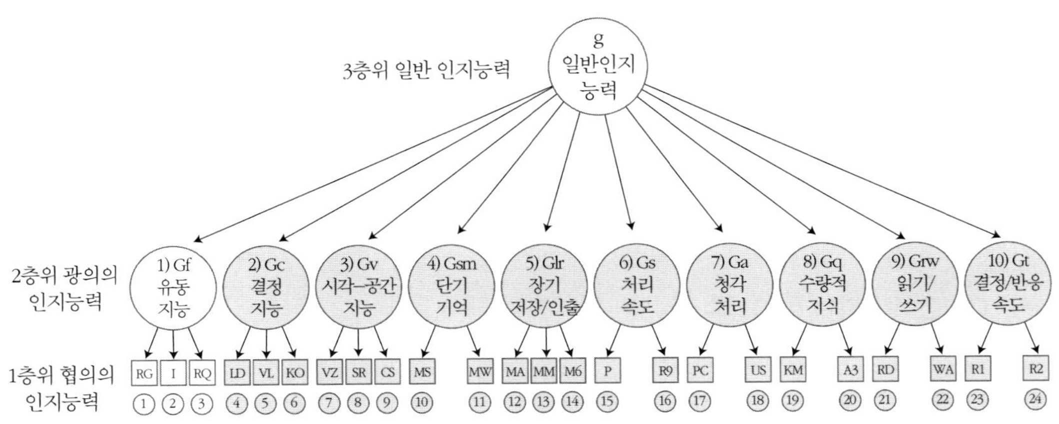


**[그림 I-3] CHC 인지능력이론**

출처: Alfonso, Flanagan, & Radwan (2005).

적인 효율성이라고 볼 수 있다. 이러한 g요인의 속성은 학습이나 추론, 추상적 사고 그리고 정보를 효율적이고 정확하게 처리하는 데 있어서 얼마나 능숙한가를 통해서 나타나게 된다. g요인은 특정 내용 영역과 상관이 없는 매우 일반적인 능력으로서 요인분석을 통해 산출된 것이 아니라, 오히려 생물학적, 유전적 그리고 비심리측정적 증거들에 의해서 확증되어 왔다(Jensen, 1998; Deary, 2001).

### 2) CHC 이론의 광의와 협의의 인지능력에 대한 정의

여기서는 CHC 이론에 포함되어 있는 광의의 인지능력과 대표적인 협의의 인지능력의 정의에 관해서 좀 더 상세히 살펴보고자 한다(Flanagan, Oritz, & Alfonso, 2007). 아울러 이러한 CHC의 광의의 인지능력 및 협의의 인지능력과 밀접한 연관성이 있는 WISC-IV의 소검사들은 어떤 것인지에 대해서도 살펴보고자 한다.

| Gf<br>유동지능 | Gc<br>결정지능 | Gv<br>시각-공간 지능 |
|---|---|---|
| 새로운 과제를 처리하고 해결하는 능력 | 교육이나 문화적 경험을 통해 습득된 지식을 다루는 능력 | 시공간 자극을 형성, 저장, 검색, 변형하는 능력 |
| **Gsm<br>단기기억** | **Glr<br>장기 저장/인출** | **Gs<br>처리속도** |
| 정보를 즉각적으로 지각하여 부호화하고 유지시키며 조작할 수 있는 능력 | 새로운 정보를 저장하고 응고화하며 인출할 수 있는 능력 | 간단하고 반복적인 인지과제를 자동으로 능숙하게 수행할 수 있는 능력 |

| Ga<br>청각처리 | Gq<br>수량적 지식 | Grw<br>읽기/쓰기 | Gt<br>결정/반응속도 |
|---|---|---|---|
| 다양한 소리자극 속에서 유의미한 정보를 지각, 처리하는 능력 | 수학적 지식을 저장하고 수 계산을 정확하게 수행하는 능력 | 저장된 읽기와 쓰기 기술 및 지식의 넓이와 깊이 | 단순 혹은 복잡한 자극에 대해 빠르게 의사결정하는 능력 |

[그림 I-4] CHC 이론에 따른 광의의 인지능력

### (1) 유동지능(Fluid Intelligence: Gf)

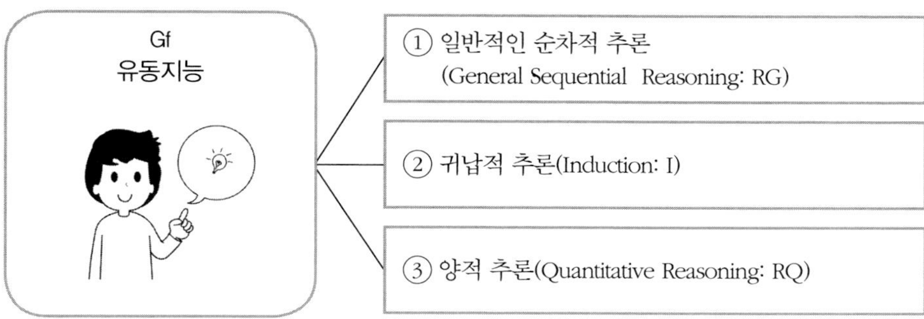


◆ 정의: 유동지능(혹은 유동추론)이란 자동적으로 수행할 수 없는 새로운 과제에 직면할 때 개인이 사용하는 정신작용(mental operation)을 모두 포함한다.

◆ 구성요소: 유동지능에 포함되는 정신작용은 낯선 상황에서의 추론과 문제해결능력, 개념 형성 및 인지능력, 유형 간의 관계 지각, 추측, 암시 이해, 문제해결 및 추정, 정보의 재조직화나 변형 등이다. 또한 일반적인 순차적 추론(제시된 규칙에서 출발하여 여러 단계를 거쳐 문제를 해결하는 능력), 피아제식 추론(순서대로 조직화하기, 보존, 분류 등의 인지적 능력), 추론속도(단시간에 추론 과제를 빠르고 유창하게 수행하는 능력) 등의 고차원적 능력도 포함된다(김수연, 2007; 박현옥, 2005).

◆ 유동지능(유동추론)에 선정된 대표적인 협의의 능력

① 일반적인 순차적 추론(General Sequential Reasoning: RG): 이미 명시된 규칙, 가정, 조건들로부터 시작하는 능력, 새로운 문제에 대한 해결책에 이르기 위해서 단계를 밟아 가는 능력과 같은 연역적 추론을 의미한다.

② 귀납적 추론(Induction: I): 하나의 문제나 일련의 자료를 지배하는 저변의 특징(예: 규칙, 개념, 과정, 경향, 구성원)을 발견하는 능력을 의미한다.

③ 양적 추론(Quantitative Reasoning: RQ): 수학적 관계와 속성을 포함하는 개념들

을 귀납적 혹은 연역적으로 추론하는 능력을 의미한다.

◆ WISC-IV에서 유동지능(유동추론)을 측정하는 소검사

- 행렬추리: 일반적인 순차적 추론(연역적 추론)(RG)
- 공통그림찾기, 단어추리: 귀납적 추론(I)
- 산수: 일반적인 순차적 추론(연역적 추론)(RG) + 수학적 성취(Mathematical Achievement: A3) + 양적 추론(RQ)

### (2) 결정지능(Crystalized Intelligence) 또는 이해-지식(Comprehension Knowledge: Gc)

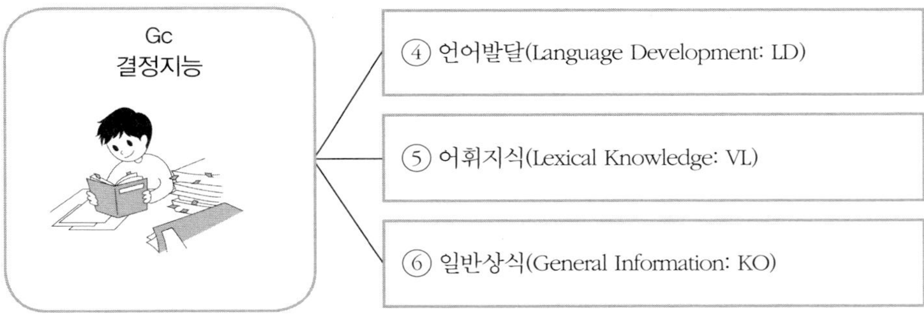


◆ 정의: 결정지능은 특정 문화의 언어, 정보 그리고 개념들에 관해 습득한 지식의 폭과 깊이, 그리고 이러한 지식의 적용을 의미한다. 결정지능은 정규적이거나 비정규적인 교육 경험과 일상적인 경험 속에서 인지적인 노력을 얼마나 기울였는가를 통해서 습득된다. 결정지능은 수량적 지식(Quantitative Knowledge: Gq)과 읽기/쓰기(Reading and Writing: Grw)처럼 학습 경험, 특히 교수를 통한 학습 경험에 의존하는 능력으로 개념화되지만, 절차(process)에 가까운 몇몇 협의의 구성개념도 포함한다. 예를 들어, 일반상식은 결정지능의 협의의 인지능력으로서 학습된 정보의 저장소다. 그러나 결정지능의 협의의 인지능력인 듣기능력은 학습

된 자료를 나타낼 뿐 아니라 구두로 제시된 정보를 이해하는 또 다른 능력을 반영한다. 그러므로 결정지능의 능력을 평가할 때에는 결정지능 아래 모든 협의의 능력들이 서로 연결되어 있으므로 지식이나 능력에 초점을 둔 협의의 능력들뿐만 아니라, 절차(처리과정)에 초점을 둔 협의의 구성개념에도 면밀하게 관심을 기울여야 한다.

◆ 구성요소: 언어를 기반으로 하는 '무엇'에 관한 서술지식과 '어떻게 하는 것'에 관한 절차지식의 저장 정도를 모두 포함한다. 서술지식은 획득된 지식으로서 장기기억(Long-term Storage and Retrieval: Glr)에 들어 있고, 관련 정보가 작업기억(Short-term Memory: Gsm)에 있을 때 활성화된다. 예를 들면, 자기 집 주소를 아는지 여부가 서술지식에 해당된다. 반면에, 절차지식은 정보를 변형하기 위해 이전에 학습된 절차를 가지고 추론하는 과정이다. 예를 들어, 학교에서 집으로 가는 길을 찾는 능력이 이에 해당된다. 아울러 구두로 하는 의사소통을 듣고 이해하는 듣기능력과 문화에 관한 정보 및 지식도 결정지능에 포함된다.

◆ 결정지능에 선정된 대표적인 협의의 능력

④ 언어발달(Language Development: LD): 일반적인 언어발달, 혹은 구어로 단어, 문장, 단락을 이해하는 능력을 의미한다.

⑤ 어휘지식(Lexical Knowledge: VL): 단어의 의미를 올바르게 이해하여 사용할 수 있는 어휘의 범위를 의미한다.

⑥ 일반(언어)상식(General(Verbal) Information: KO): 개인의 일반적인 지식의 범위로 정의할 수 있다.

〈참고〉 장기기억(General Crystalized Intelligence-Long-term Memory: Gc-LTM): 단어 정의에 대한 지식(어휘), 일반적인 정보나 지식(상식)을 평가한다. 이 군집 과제에서 어려움을 보이는 아동은 인출의 어려움 때문에 자신의 지식을 제시하는 데 어려움을 보이며, 특히 새로 습득한 것과 이후의 정보 인출 간에 시간적으로 현저한 지연이 있을 때 더 어려워한다. 이러한 어려움은 학습할 정보를 충분히 부호화하지 못하는 것과 관련이 있다.

◆WISC-IV에서 결정지능을 측정하는 소검사

- 언어이해 지표(어휘, 공통성, 이해): 어휘지식(VL), 언어발달(LD), 일반상식(KO)
- 상식: 일반상식(KO)
- 단어추리: 어휘지식(VL)
- 빠진곳찾기: 일반상식(KO)

### (3) 시각-공간 지능(Visual-Spatial Intelligence) 또는 시각적 처리(Visual Processing: Gv)

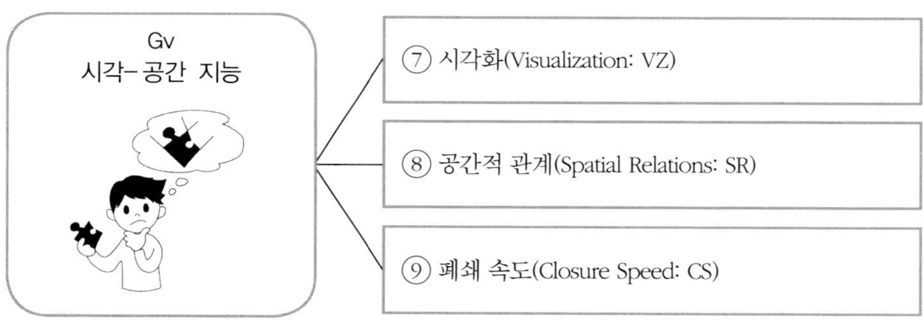


◆정의: 시각-공간 지능 또는 시각적 처리는 시각적 심상과 감각들을 만들어 내고, 저장하며, 검색하고, 변형하는 능력이다. 이러한 시각적 처리는 그림이나 기하학적인 자극과 같이 시각적인 모양이나 이미지를 지각하고 변형하는 과제나, 혹은 공간에서 이동하는 물체에 대하여 공간적인 오리엔테이션을 유지하는 과제들로 측정한다.

◆ 구성요소: 시각-공간 지능(시각적 처리)에는 시각화, 공간적 관계 파악능력, 폐쇄 속도가 포함된다. 그 외에도 정신적 표상이나 시각자극 이미지를 형성하고 저장하며 이후에 인식하거나 회상하는 시각기억(Visual Memory: MV), 패턴이 무엇인지 미리 아는 경우에 복잡한 시각배열에 포함된 시각 그림이나 패턴을 찾아내고 파악하는 폐쇄 융통성(Flexibility of Closure: CF)(예: 빠진곳찾기), 공간적 장이나 패턴을 정확하고 빠르게 검토하여 시각장이나 패턴을 통해 길을 파악하는 공간 스캐닝(Spatial Scanning: SS), 패턴의 일부분이 빠르게 연속적으로 제시될 때 그림이나 시각 패턴을 파악하여 판별하는 연속적인 지각 통합(Serial Perceptual Integration: PI) 능력 등이 포함된다.

◆ 시각-공간 지능(시각 처리)에 선정된 대표적인 협의의 능력

⑦ 시각화(Visualization: VZ): 머릿속으로 특정 물체나 시각 패턴을 그려 보거나 조작하고, 변형된 상태에서 그 자극이 어떻게 보일지 파악하거나 예측하는 능력을 의미한다.

⑧ 공간적 관계(Spatial Relations: SR): 상대적으로 단순한 시각 패턴을 빠르게 인식하고 조작하거나, 혹은 공간에 위치한 물체의 오리엔테이션을 유지하는 능력을 의미한다.

⑨ 폐쇄 속도(Closure Speed: CS): 패턴이 어떤 것인지 미리 알지 못하는 상태에서 불연속적이며 희미하거나 부분적으로 희미한 시각자극이나 패턴을 빠르게 결합하는 능력을 의미한다.

◆ WISC-IV에서 시각-공간 지능을 측정하는 소검사

- 토막짜기: 공간적 관계(SR)
- 빠진곳찾기: 폐쇄융통성(CF)

### (4) 단기기억(Short-term Memory: Gsm)

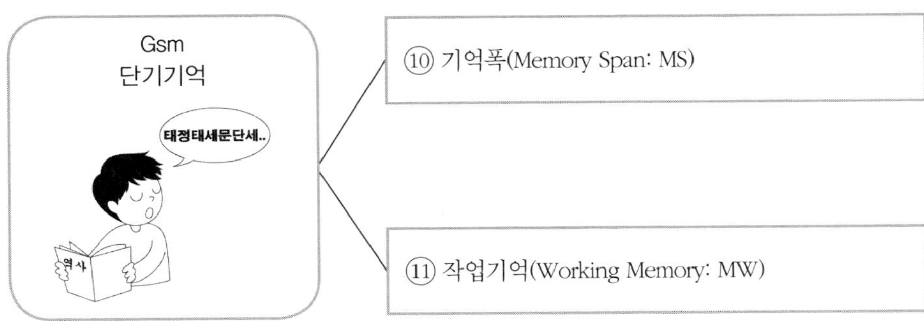


◆정의: 단기기억은 정보를 즉각적으로 지각하고 파악하여 유지하며, 이를 수초 내에 사용하는 능력이다. 예를 들어, 다이얼을 돌릴 수 있을 만큼 충분히 전화번호 숫자를 기억하는 능력, 혹은 지시사항에 따라 과제를 수행할 수 있을 만큼 충분히 구두로 된 지시를 보유하는 능력이다.

◆구성요소: 단기기억은 용량이 제한되어 있는 체계로, 일곱 개의 청크(chunk) 정보(7±2청크)를 보유할 수 있다. 아울러 단기기억은 작업기억이라는 협의의 능력을 포함한다. 대부분의 작업기억 모델은 음운고리(phonological loop), 시공간 잡기장(visuospatial sketchpad)과 중앙 집행(처리)기제를 포함하여 수많은 하위체계나 일시적인 버퍼(완충 역할)를 가정한다. 인지검사 배터리들 중에서 대부분의 검사는 작업기억 중에서 한 가지 측면만을 측정한다.

◆단기기억 기억폭에 선정된 대표적인 협의의 능력

⑩ 기억폭(Memory Span: MS): 순서가 정해진 요소들을 일시적으로 한 번 제시한 후, 주의를 기울여 바로 회상하는 능력을 의미한다.

⑪ 작업기억(Working Memory: MW): 분할된 주의력 및 한정된 단기기억의 관리를 필요로 하는 정보를 일시적으로 저장하여 일련의 인지적인 조작을 수행하는 능력을 의미한다.

◆WISC-IV에서 단기기억을 측정하는 소검사

- 순차연결: 작업기억(MW)
- 숫자: 기억폭(MS)과 작업기억(거꾸로따라외우기)(MW)

### (5) 장기 저장/인출(Long-term Storage and Retrieval: Glr)

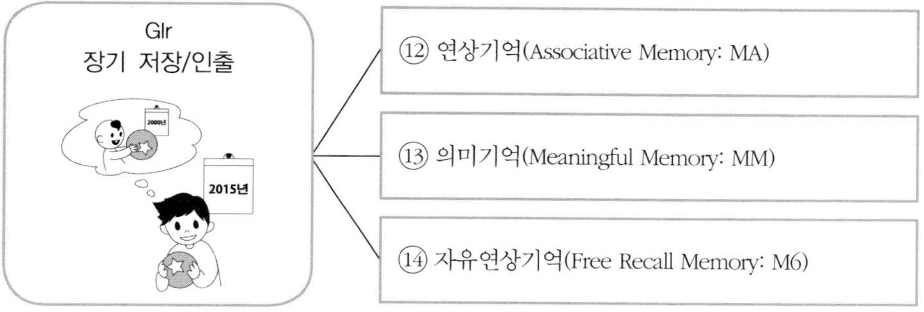


◆정의: 장기 저장/인출이란 새로운 정보를 장기기억에 저장하여 응고화하고, 추후 연상을 통해서 개념, 관념, 이름 등 저장된 정보를 능숙하게 인출하는 능력을 말한다. 창의성 연구에서는 이러한 능력을 아이디어 산출, 유창성, 혹은 연상의 유창성으로 언급해 왔다. 장기 저장/인출을 결정지능, 수량적 지식, 읽기/쓰기와 같이 습득된 지식을 저장하는 장소와 혼동하지 않는 것이 중요하다. 결정지능, 수량적 지식, 읽기/쓰기는 장기기억에 저장되어 있는 것을 나타내는 반면, 장기 저장/인출은 처음에 정보를 저장하고 그 이후에 저장된 정보를 인출하는 과정에서의 효율성 문제다. 장기 저장/인출을 정의할 때, 처음 과제 수행과 그 과제에 관한 정보 회상 사이에 시간 간격이 반드시 중요한 것은 아니다. 좀 더 중요한 것은 저장된 정보를 회상하려고 하기 이전에 처리과정에서 단기기억을 끌어오는 중간 활동이 발생하는가 여부다.

◆구성요소: 연상기억, 의미기억, 자유연상기억 외에도 아이디어 유창성, 연상 유

창성, 표현 유창성, 명명 유창성, 단어 유창성, 그림 유창성 등이 장기 저장/인출에 포함된다.

◆ 장기 저장/인출에 선정된 대표적인 협의의 능력

⑫ 연상기억(Associative Memory: MA): 쌍연합학습에서 한쪽을 제시하면 다른 쪽을 회상하는 능력을 의미한다.

⑬ 의미기억(Meaningful Memory: MM): 관련성이 있는 항목들, 의미 있는 항목들을 회상하는 능력을 의미한다.

⑭ 자유연상기억(Free Recall Memory: M6): 많은 항목을 제시한 후에 순서에 상관없이 가능한 한 많은 항목을 회상하는 능력을 의미한다.

◆ WISC-IV에서 장기 저장/인출을 측정하는 소검사

- WISC-IV에서는 장기 저장/인출을 측정하는 소검사가 없다.

### (6) 처리속도(Processing Speed: Gs)

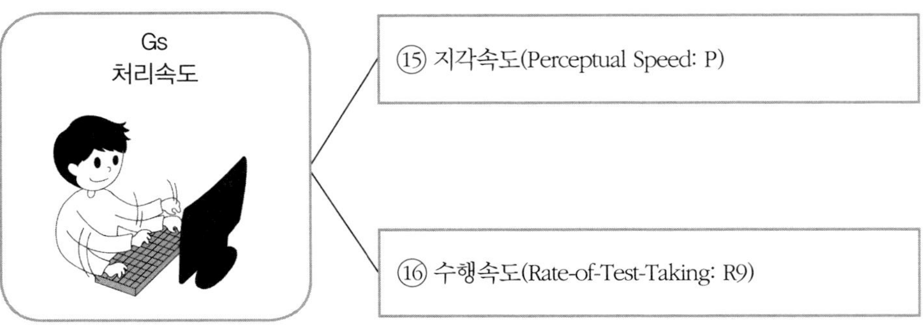


◆ 정의: 처리속도 혹은 정신적인 민첩성은 주의집중을 유지해야 하는 압력하에서 인지 과제들을 수행하는 능력이다. 처리속도의 핵심은 주의를 기울여 신속하게 처리하는 것이며, 특히 주어진 시간 내에 과제를 수행하는 정도를 측정한다. 인

지기능에 대한 정보처리 모델에 따르면, 많은 인지활동은 의도적인 노력을 필요로 한다. 그러나 인간은 배당할 수 있는 노력의 양이 한정되어 있으므로 처리속도가 매우 중요하다. 그 이유는 처리속도가 한정된 자원을 다른 인지과제에 얼마나 빨리 재분배할 수 있는지를 어느 정도 결정하기 때문이다.

◆구성요소: 처리속도에는 지각속도, 수행속도 외에도 숫자 용이성(Number Facility: N) 등이 포함된다.

◆ 처리속도에 선정된 대표적인 협의의 능력

⑮ 지각속도(Perceptual Speed: P): 시각장에서 나란히 혹은 각각 제시되는 시각 기호나 패턴을 빨리 찾아 비교하는 능력을 의미한다.

⑯ 수행속도(Rate-of-Test-Taking: R9): 상대적으로 쉽거나 혹은 매우 단순한 결정을 요하는 검사를 빨리 수행하는 능력을 의미한다.

〈참고〉 숫자 용이성(Number Facility: N): 숫자를 빠르고 정확하게 조작하고 다루는 능력을 의미한다(예: 숫자인식, 덧셈 · 뺄셈 · 곱셈 · 나눗셈 등).

◆WISC-IV에서 처리속도를 측정하는 소검사

- 기호쓰기: 수행속도(R9)
- 동형찾기: 지각속도(P), 수행속도(R9)
- 선택: 지각속도(P), 수행속도(R9)

### (7) 청각처리(Auditory Processing: Ga)

⑰-1 음성부호화: 분석(Phonetic Coding: Analysis: PC:A)
⑰-2 음성부호화: 종합(Phonetic Coding: Synthesis: PC:S)

⑱ 말소리구별(Speech Sound Discrimination: US)

◆정의: 청각처리는 청각자극 간에 패턴을 인식하고 분석하며 종합하는 능력과 왜곡된 조건하에서도 복잡한 음악 구조와 같은 소리 패턴과 말로부터 미묘한 뉘앙스를 구분하는 능력이다. 청각처리 영역은 소리와 음악 구조에서 패턴을 구별하는 능력과 같이 소리를 해석하고 조직화하는 능력, 소리의 구성요소, 소리 집합, 소리 패턴을 분석 · 조작 · 이해 · 종합하는 능력 등 매우 광범위하다. 청각처리 능력은 언어이해력(Gc)을 요하지 않지만, 언어기술의 발달에 매우 중요하다. 청각처리는 음성학적 인식/처리로 불리는 대부분의 능력을 포괄하며, 이런 능력을 측정하는 검사들은 성취도 검사에서 찾아볼 수 있다. 읽기장애를 가진 경우에 가장 핵심적인 결함은 음운 인식과 처리다.

◆구성요소: 음성부호화(Phonetic Coding, 단기기억에 있는 음성정보[말소리]를 부호화하고 처리하며 미묘한 차이를 민감하게 지각하는 능력), 말소리 구별(Speech Sound Discrimination, 언어를 이해하고 들을 때 왜곡이나 분산이 거의 없는 상황에서 음운이나 말소리의 차이를 구분하는 능력), 청각자극 왜곡에 대한 저항(Resistance to Auditory Stimulus Distortion, 언어를 이해하고 들을 때 왜곡하거나 산만하게 하는 요인으로부터 방해받지 않는 능력), 소리 패턴에 대한 기억(Memory for Sound Patterns, 톤이나 톤의 패턴, 목소리와 같은 청각적 사건을 단기간 보유하는 능력), 일반적인 소리구별

(General Sound Discrimination, 소리의 고저, 강도, 지속시간, 리듬과 같은 소리의 기본적인 속성과 관련해서 톤, 톤의 패턴, 음악 자료를 구분하는 능력) 등이 포함된다.

◆ 청각처리에 선정된 대표적인 협의의 능력

(17-1) 음성부호화: 분석(Phonetic Coding: Analysis: PC:A): 말소리의 더 큰 단위를 더 작은 단위로 분절하는 능력을 의미한다.

(17-2) 음성부호화: 종합(Phonetic Coding: Synthesis: PC:S): 작은 단위의 말을 더 큰 단위의 말로 합성시키는 능력을 의미한다.

⑱ 말소리구별(Speech Sound Discrimination: US): 약간 산만하거나 왜곡된 조건에서 말소리의 차이를 구분하는 능력을 의미한다.

◆ WISC-IV에서 청각처리를 측정하는 소검사

- WISC-IV에서는 청각처리를 측정하는 소검사가 없다.

### (8) 수량적(양적) 지식(Quantitative Knowledge: Gq)

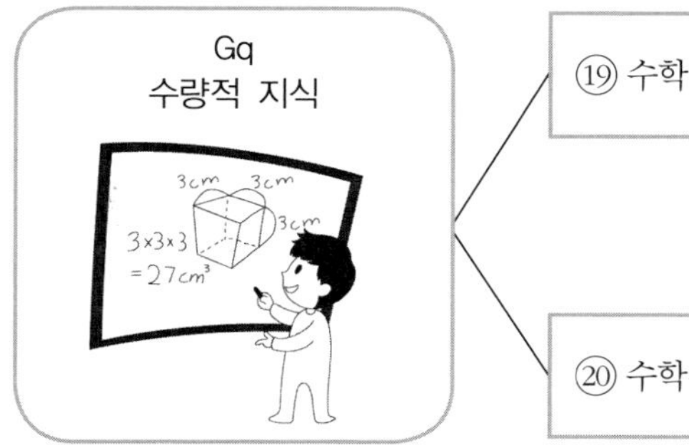


⑲ 수학적 지식(Mathematical Knowledge: KM)

⑳ 수학적 성취(Mathematical Achievement: A3)

◆ 정의: 수량적(양적) 지식이란 개인이 습득한 수학적 지식을 저장하고 수 계산을 정확하게 수행하는 능력이다. 수량적 지식(Gq)은 광의의 인지능력인 반면에, 이와 유사한 양적 추론(RQ)은 유동추론(Gf)의 협의능력으로서 수량적 지식(Gq)과

구분이 된다. 양적 추론(RQ)은 수량적인 문제를 풀 때 단지 귀납적이고 연역적으로 추론하는 능력을 나타낸다. 양적 추론(RQ)은 유동추론(Gf)의 협의능력이지만 기본적인 수개념과 수지식을 요하기 때문에 광의능력인 유동추론(Gf)과 양적 지식(Gq) 모두의 하위에 속하는 협의능력으로 개념화할 수 있다.

◆구성요소: 수량적 지식(Gq)은 수량적인 정보를 사용하고 숫자상징을 조작하는 능력을 의미하며, 수학적 지식과 성취로 구성된다. Gq 능력은 성취도 검사로 측정하는데, 대다수의 종합성취도검사는 산수계산, 응용문제, 일반 산수지식을 측정한다.

◆수량적(양적) 지식에 선정된 대표적인 협의의 능력

⑲ 수학적 지식(Mathematical Knowledge: KM): 수학에 관한 일반적 지식의 범위를 의미한다.

⑳ 수학적 성취(Mathematical Achievement: A3): 수학 성취 정도를 의미한다.

◆WISC-IV에서 수량적 지식을 측정하는 소검사

• 산수 소검사: 수량적 지식(Gg)의 하위에 있는 수학적 성취(A3)

### (9) 읽기/쓰기(Reading and Writing: Grw)

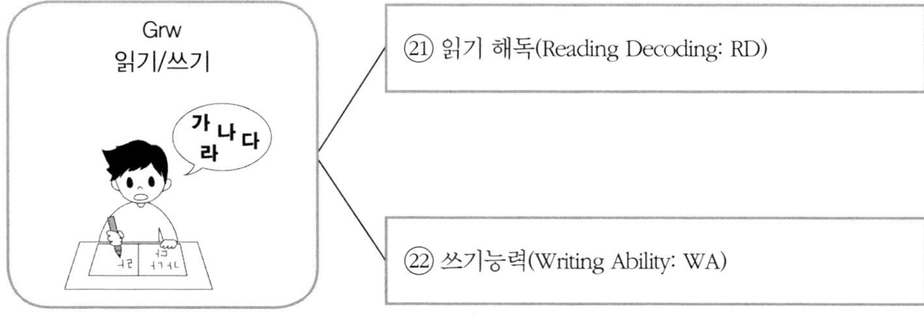

◆ 정의: 읽기/쓰기는 개인이 습득하여 저장된 읽기와 쓰기 기술 및 지식의 넓이와 깊이를 의미한다.

◆ 구성요소: 읽기/쓰기는 기본적인 기술(예: 한 단어 읽기와 철자), 복잡하게 연결된 이야기를 읽거나 쓰는 능력(예: 읽고 이해하기와 이야기 쓰기)을 모두 포함한다.

◆ 읽기/쓰기에 선정된 대표적인 협의의 능력

㉑ 읽기 해독(Reading Decoding: RD): 해독이란 문자를 구어로 전환하는 읽기의 기계적인 측면으로서, 글자-소리 대응 규칙을 활용하여 단어를 빠르게 소리 내어 읽을 수 있는 능력을 의미한다.

㉒ 쓰기능력(Writing Ability: WA): 쓰기는 글씨를 손으로 쓰는 능력, 맞춤법에 맞게 표기하는 능력, 작문에 이르기까지 다양한 능력을 요구하는 과정이다.

◆ WISC-IV에서 읽기/쓰기를 측정하는 소검사

- WISC-IV에서는 읽기/쓰기를 측정하는 소검사가 없다.

### (10) 결정/반응속도(Reaction and Decision Speed: Gt)

㉓ 단순반응시간(Simple Reaction Time: R1)

㉔ 선택반응시간(Choice Reaction Time: R2)

◆정의: 예/아니요, 맞다/틀리다, 자극의 유/무와 같이 단순한 자극을 보고 기본적인 의사결정을 하거나 반응하는 능력(단순반응시간), 또는 여러 개의 단순한 자극이 주어질 때 여럿 중에서 하나를 결정하거나 목표자극에 반응하는 능력(복잡한 반응시간)을 의미한다.

◆구성요소: 결정/반응속도에는 단순반응시간, 선택반응시간 외에 구문 처리속도, 정신적인 비교속도, 점검시간 등이 포함된다.

◆결정/반응속도에 선정된 대표적인 협의의 능력

㉓ 단순반응시간(Simple Reaction Time: R1): 단순자극을 보고 맞다/틀리다, 자극 유/무처럼 기본적인 의사결정을 하거나 반응하는 능력을 의미한다.

㉔ 선택반응시간(Choice Reaction Time: R2): 여러 개의 단순자극이 주어질 때 여럿 중에서 하나를 선택해서 결정하고 반응하는 능력을 의미한다.

◆WISC-IV에서 결정/반응속도를 측정하는 소검사

- WISC-IV에서는 결정/반응속도를 측정하는 소검사가 없다.

## 6. CHC 이론의 관점에서 WISC-Ⅳ 이해하기

여기서는 CHC 이론적 관점에 비추어 WISC-IV의 구조를 살펴보고, CHC 이론과 WISC-IV의 관계를 살펴보고자 한다. CHC 이론을 바탕으로 WISC-IV 지능검사를 이해하는 것은 WISC-IV를 좀 더 심층적으로 해석하는 데 도움이 될 것이다.

## 1) CHC 이론에 따른 WISC-IV의 구조분석

WISC-IV의 기술 및 해석지침서(Wechsler, 2003)에는 요인분석을 실시한 결과, 4요인 구조([그림 I-5]의 좌측 참조)를 지지하는 것으로 나와 있다. 그러나 이후에 Keith 등(2006)이 CHC 이론에 기초한 확인적 요인분석을 통해 WISC-IV의 구조를 알아본 결과, 4요인 구조보다 5요인 구조가 좀 더 타당하다고 밝혔다([그림 I-5]의 우측 참조).

좀 더 구체적으로 설명하면, WISC-IV의 언어이해 지표(VCI)는 CHC 이론의 결정지능(Gc)에 해당되며, 작업기억 지표는 단기기억(Gsm)에, 처리속도 지표는 처리속도(Gs)에

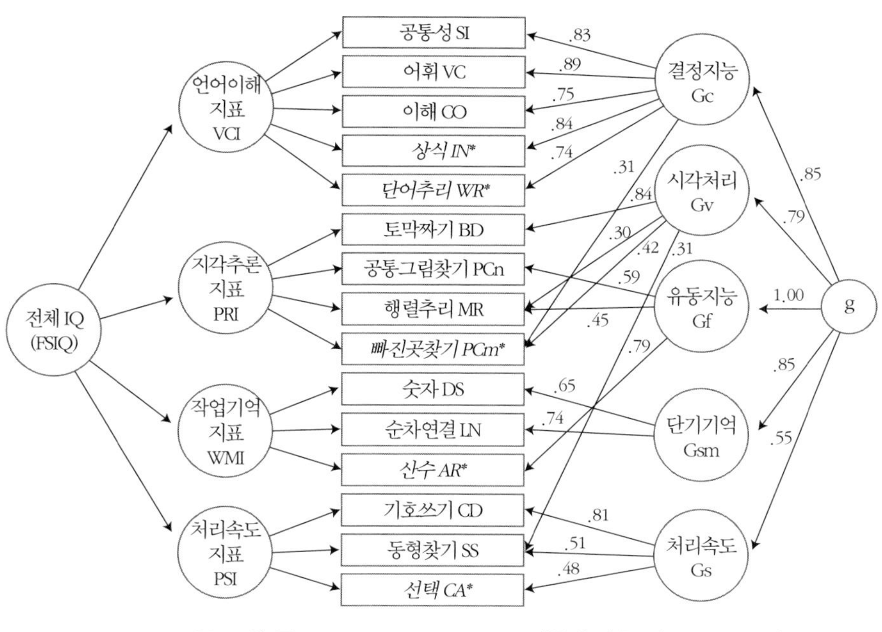


**[그림 I-5] 전문가 지침서에 근거한 K-WISC-IV 검사의 구조와 CHC 이론에 근거한 미국 WISC-IV 검사의 구조**

주: * 표시는 보충 소검사를 뜻함. CHC 이론에 따른 미국 WISC-IV 검사의 구조는 Keith, T. Z., Fine, J. G., Taub, G. E., Reynolds, M. R., & Kranzler, J. H. (2006). High order, multisample, confirmatory factor analysis of the Wechsler Intelligence Scale for Children-fourth edition: What does it measure? *School Psychology Review, 35*, 108-127, p. 121에서 인용(주 저자로부터 게재 허락 받음). 김상원, 김충육(2011). 아동인지능력 평가의 최근 동향: CHC이론과 K-WISC-IV. 한국심리학회지: 학교, 8(3), 337-358에서 재인용.

각각 해당된다. 그러나 WISC-IV에서는 지각추론 지표가 CHC 이론의 시각처리(Gv)와 유동지능(Gf)의 두 요인으로 분할되기 때문에 유동추론 능력만을 따로 점수화하는 데 어려움이 뒤따른다. 새로 출간된 미국판 WISC-V 지능검사는 CHC 이론에 좀 더 부합하도록 5요인 구조에 맞추어 소검사들을 구성하고 5개의 지표를 산출한다. 결론적으로 Cattell-Horn-Carroll(CHC) 인지능력이론에 비추어 볼 때, 웩슬러 지능검사에서 산출된 전체지능이란 새로운 과제를 다루는 유동지능, 후천적인 학습의 영향을 많이 받는 결정지능, 그 외의 여러 인지능력이 서로 상호작용한다고 결론지을 수 있다.

### 2) CHC 이론의 광의의 인지능력 및 임상군집과 WISC-IV 소검사의 관계

CHC 이론의 광의의 인지능력과 WISC-IV의 각 소검사의 관계를 정리해 보면 〈표 I-1〉과 같다.

이 표에서 보는 바와 같이 총 10개의 CHC 광의의 인지능력 요인 중에서 WISC-IV가 전혀 측정하지 않는 요인은 장기 저장/인출(Glr), 청각처리(Ga), 읽기/쓰기(Grw), 결

〈표 I-1〉 CHC 광의의 인지능력과 WISC-IV 소검사의 관계

| CHC 광의의 인지능력 | WISC-IV 소검사 |
|---|---|
| (1) Gf 유동지능 | 공통그림찾기, 행렬추리, 산수 |
| (2) Gc 결정지능 | 공통성, 어휘, 이해, 상식, 단어추리 |
| (3) Gv 시각-공간 지능 | 토막짜기, 빠진곳찾기 |
| (4) Gsm 단기기억 | 숫자, 순차연결 |
| (5) Glr 장기 저장/인출 | 없음 |
| (6) Gs 처리속도 | 기호쓰기, 동형찾기, 선택 |
| (7) Ga 청각처리 | 없음 |
| (8) Gq 수량적 지식 | 산수 |
| (9) Grw 읽기/쓰기 | 없음(학습성취도 검사로 측정) |
| (10) Gt 결정/반응속도 | 없음 |

출처: Flanagan & Kaufman (2009).

정/반응속도(Gt)다. 이 중에서 결정/반응속도(Gt)에 대해서는 아직 연구가 부족하고, 인지능력에서 중요한 장기 저장/인출(Glr), 청각처리(Ga)는 WISC-IV에서 아직 측정하지 못하고 있는 실정이다(Flanagan & Kaufman, 2004). 한편, 읽기/쓰기(Grw)는 WISC-IV 지능검사에서 측정하지 않지만, 학업성취도 검사를 통해서 측정이 가능하다. 따라서 학습성취와 CHC 인지 및 처리 능력의 관계를 살펴보면 〈표 I-2〉와 같다.

〈표 I-2〉 CHC 인지 및 처리 능력과 학습성취의 관계

| CHC 광의의 인지능력 | 읽기 성취 | 수학 성취 | 쓰기 성취 |
|---|---|---|---|
| Gf 유동지능 | 귀납적 추론(I)과 일반적인 순차적 추론(RG) 능력이 읽기 이해에서 중등도 수준의 역할을 함 | 모든 연령에 걸쳐서 귀납적 추론(I)과 일반적인 순차적 추론(RG) 능력이 일관되게 매우 중요함 | 귀납적 추론(I)과 일반적인 순차적 추론(RG) 능력이 기본적인 쓰기기술과 연관됨 |
| Gc 결정지능 | 모든 연령에 걸쳐서 언어발달(LD), 어휘지식(VL), 듣기능력(LS)이 중요함 | 모든 연령에 걸쳐서 언어발달(LD), 어휘 지식(VL), 듣기능력(LS)이 중요함 | 언어발달(LD), 어휘지식(VL), 일반상식(K0)이 특히 7세 이후에 중요함 |
| Gv 시각-공간 지능 | | 기하나 미분 같은 고급수학에 주로 중요함 | |
| Gsm 단기기억 | 기억폭(MS)이 작업기억(MW) 맥락 내에서 평가될 때 특히 중요함 | 기억폭(MS)이 작업기억(MW) 맥락 내에서 평가될 때 특히 중요함 | 기억폭(MS)이 특히 쓰기, 철자기술에 중요함. 반면에, 작업기억(MW)은 고급 쓰기기술과 관련 있음 |
| Glr 장기 저장/인출 | 이름대기 용이성(NA)이나 빠른 자동화된 이름대기가 초등학교 시절 매우 중요함. 연상기억(MA)도 중요함 | 기본적인 수학기술을 습득하고 수학적 사실에 대한 자동성을 발전시키는 데 중요함 | 이름대기 용이성(NA)이나 빠른 자동화된 이름대기가 쓰기 표현과도 관련이 있음 |
| Gs 처리속도 | 지각속도(P) 능력은 특히 초등학교 시절에 중요함 | 지각속도(P) 능력은 특히 초등학교 시절에 중요함 | 지각속도(P) 능력은 특히 초등학교 시절에 중요함 |
| Ga 청각처리 | 초등학교 때에는 음성부호화(PC)나 음운인식/처리(Phonological Awareness)가 매우 중요함 | | 초등학교 때에는 음성부호화(PC)나 음운인식/처리(Phonological Awareness)가 매우 중요함 |

출처: Flanagan & Kaufman (2009).

이후에 Flanagan과 Kaufman(2009)은 WISC-IV에 대한 요인분석 결과와 WISC-IV 소검사들에 대한 CHC 분류, 내용타당도 연구 결과에 대한 전문가들의 합의, 그리고 임상적인 판단들을 모두 토대로 하여 8개의 임상군집(군집을 구성하는 소검사들)을 구성하였다. 이러한 임상군집은 전체지능과 4개의 지표점수 외에 인지능력에 대한 정보를 얻고, 다른 검사 자료들을 통해서 인지 수행에 대한 가설을 만들어 내도록 사전 임상비교를 하는 데 사용될 수 있다(각 임상군집에 대한 비교방법 및 해석에 대한 가설은 다음 장에서 상세히 설명한다).

### 3) CHC 이론에 비추어 문제가 되는 WISC-Ⅳ의 소검사

〈표 I-3〉에는 CHC 이론에 비추어 볼 때, WISC-IV의 소검사들이 어떤 인지능력들을 측정하고 있는지 제시되어 있다. 그중에서 문제시되고 있는 소검사들에 대해 좀 더 살펴보고자 한다. 먼저, 산수와 상식은 이전에 주요 소검사였지만 WISC-IV에서는 보충 소검사로 분류되었다. 이는 WISC-IV에서 교육의 영향을 덜 받는 유동지능이 좀 더 강조되었음을 반영한다. 특히 산수 소검사가 어떤 능력을 측정하는지에 대해서 그

〈표 I-3〉 CHC 인지 및 처리능력과 WISC-IV 소검사들의 관계

| CHC 임상군집 | WISC-IV 소검사 |
|---|---|
| Gf 유동지능(유동추론) | 행렬추리, 공통그림찾기, 산수 |
| Gf-nonverbal 비언어적 유동추론 | 행렬추리, 공통그림찾기 |
| Gv 시각처리 | 토막짜기, 빠진곳찾기 |
| Gf-verbal 언어적 유동추론 | (기본적으로는 Gc 소검사들이지만 그중에서도 언어자극을 가지고 추론하는 능력을 요하기 때문에 아래 두 소검사가 해당됨) 공통성, 단어추리 |
| Gc-VL 어휘지식 | 단어추리, 어휘 |
| Gc-KO 일반상식 | 이해, 상식 |
| Gc-LTM 장기기억 | 어휘, 상식 |
| Gsm-MW 단기기억 | 순차연결, 숫자 |

간 여러 가지 다른 주장이 제기되어 왔다. 산수는 WISC-III에서 작업기억 지표에 속하였지만, Keith 등(2006)은 산수가 유동지능(Gf)을 측정한다고 보고한 반면, Flanagan, Oritiz와 Alfonso(2007)는 산수가 11~16세일 경우에는 유동지능(Gf)과 수량적 지식(Gq)을, 6~10세일 경우에는 단기기억-작업기억(Gsm-WM)과 수량적 지식(Gq)을 측정한다고 주장하였다. 이후에 Lecerf, Rossier, Favez, Roverte와 Coleaux(2010)는 산수 소검사가 수량적 지식(Gq)을 측정한다고 보고하는 등 각기 다른 주장들에 대해서 추후 더 많은 연구가 필요해 보인다. 아울러 몇몇 소검사는 인지능력을 측정할 때 일차적으로 측정하려는 능력뿐만 아니라, 부차적으로 다른 인지능력도 요구하는 것으로 밝혀졌다. 예를 들어, 빠진곳찾기 소검사는 시각-공간 지능(Gv)에 속하나 결정지능과도 연관이 있으며, 동형찾기는 처리속도 외에도 시각처리 능력을 필요로 한다. 또한 단어추리는 결정지능에 속하나 언어적 유동추론 능력(유동지능)을 요한다. 추후 더 많은 연구를 통해 이러한 소검사들이 어떤 인지능력을 측정하고 있는지 밝혀져야 할 것이다.

Wechsler Intelligence Scale

# II

# 웩슬러 지능검사 활용을 위한 해석 절차

## 1. 웩슬러 지능검사 활용을 위한 해석의 기본 방향

이 책은 웩슬러 지능검사 결과를 활용하여 개인의 인지적 강점 및 약점을 파악하고, 잠재력을 사용하는 데 걸림돌이 되는 요소들을 찾아내며, 이를 통해 인지기능을 개선하고 증진하는 것을 목표로 한다. 특히 주 대상인 아동들에게 효과적으로 개입하기 위해서는 사전의 철저한 평가와 심층적인 해석을 토대로 아동의 인지 특성을 깊이 이해하는 것이 선행되어야 한다. 이 책은 단순히 웩슬러 지능검사의 해석법 그 자체를 제시하기보다는 검사 결과를 활용하여 개입을 위한 해석 방안을 마련하는 데 초점을 두고 작성되었다. 따라서 웩슬러 지능검사의 실시, 채점 그리고 진단 · 평가에 대한 이해를 높이기 위해서는 다른 관련 도서를 좀 더 참고할 것을 적극 권장한다.

이 책은 K-WISC-IV의 해석을 위해 Prifitera, Saklofske와 Weiss(2008), Flanagan과 Kaufman(2009)이 CHC 이론에 근거해 제시한 지표와 군집 수준에서의 해석 절차를 토대로 하였다. 그뿐만 아니라, 지표 · 군집 수준에서 해석이 곤란할 때 소검사 수준에서도 강점과 약점을 찾아 해석이 가능하도록 Sattler(2008)의 해석방식을 함께 제시하였다.

웩슬러 지능검사를 실시하여 산출된 점수를 기술하는 방식으로는 전통적인 기술체계(〈표 II-1〉 참조)와 규준적인 기술체계(〈표 II-2〉 참조)가 있다. 이 책에서는 전통적인 기술체계를 토대로 산출된 점수를 기술하는 한편, Flanagan과 Kaufman(2009)이 제안한 대안적인 분류체계를 참고하여 규준적 강점과 약점을 제시하였다([그림 II-1] 참조).

〈표 II-1〉 WISC-IV의 전통적인 기술체계

| 표준점수 범위 | 기술적 분류 |
|---|---|
| 130 이상 | 매우 우수 |
| 120~129 | 우수 |
| 110~119 | 평균 상 |
| 90~109 | 평균 |
| 80~89 | 평균 하 |
| 70~79 | 경계선 수준 |
| 69 이하 | 지적 결손 |

〈표 II-2〉 WISC-IV의 규준적인 기술체계

| 표준점수 범위 | 수행기술 | |
|---|---|---|
| 131 이상 | 규준적 강점<br>(약 84%ile 이상, ≥+1SD) | 최상위(약 98%ile 이상, ≥+2SD) |
| 116~130 | | |
| 85~115 | 정상범위 내(±1SD 이내) | |
| 70~84 | 규준적 약점<br>(약 16%ile 미만, ≤−1SD) | |
| 69 이하 | | 최하위(약 2%ile 이하, ≤−2SD) |

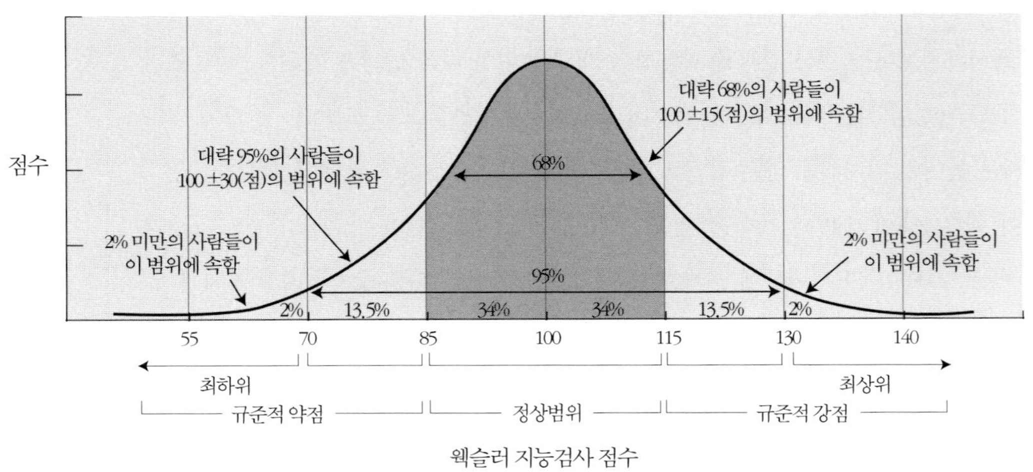


[그림 II-1] 웩슬러 지능검사의 규준적 해석체계

출처: Flanagan & Kaufman (2009).

대안적인 웩슬러 지능검사의 분류를 살펴보면, 전체지능이 ±2SD(표준편차)를 벗어나 IQ 131 이상이거나 IQ 69 이하인 경우에는 각각 최상위/규준적 강점이거나 최하위/규준적 약점에 해당된다. 그리고 평균에서 ±1SD를 벗어난 경우, 즉 IQ 116 이상이거나 IQ 84 이하인 경우는 각각 규준적 강점과 규준적 약점에 해당된다. 대부분의 아동은 전체지능이 ±1SD 이내 정상범위에 속한다. 전체지능이 정상범위에 속한다고 해서 지표점수 간에 차이가 적다는 의미는 아니다. 전체지능이 정상범위 내에 해당되는 아동들 중에서도 많은 아동이 지표점수들 간에 상당한 편차를 보인다.

〈표 II-3〉 K-WISC-Ⅳ 단계별 해석 절차를 위한 표

| 단계 | | 합산 점수 | 신뢰구간 (95%) | 백분위 | 기술적 분류 | 해석 여부* | 강점/약점 |
|---|---|---|---|---|---|---|---|
| 1단계: 전반적인 지적 능력 해석 | | | | | | | |
| 1-1. 전체지능지수(FSIQ) | | | | | | | |
| 1-2 | 일반능력지표(GAI) | | | | | | |
| | 인지숙달지표(CPI) | | | | | | |
| 1-3. GAI-CPI 차이 비교 | | | | | | | |
| 2단계: 지표점수 해석 | | | | | | | |
| 언어이해 지표(VCI) | | | | | | | |
| 공통성 | | | | | | | |
| 어휘 | | | | | | | |
| 이해 | | | | | | | |
| (상식) | | | | | | | |
| (단어추리) | | | | | | | |
| 지각추론 지표(PRI) | | | | | | | |
| 토막짜기 | | | | | | | |
| 공통그림찾기 | | | | | | | |
| 행렬추리 | | | | | | | |
| (빠진곳찾기) | | | | | | | |
| 작업기억 지표(WMI) | | | | | | | |
| 숫자 | | | | | | | |
| 순차연결 | | | | | | | |
| (산수) | | | | | | | |
| 처리속도 지표(PSI) | | | | | | | |
| 기호쓰기 | | | | | | | |
| 동형찾기 | | | | | | | |
| (선택) | | | | | | | |
| 3단계: 임상군집 해석 | | | | | | | |
| 유동추론 | (공통그림, 행렬, 산수)<br>( ) ( ) ( ) | | | | | | |
| 시각적 처리 | 토막, 빠진곳<br>( ) ( ) | | | | | | |
| 비언어적 유동추론 | 공통그림, 행렬,<br>( ) ( ) | | | | | | |
| 언어적 유동추론 | 공통성, 단어추리<br>( ) ( ) | | | | | | |
| 어휘지식 | 단어추리, 어휘<br>( ) ( ) | | | | | | |
| 일반상식 | 이해, 상식<br>( ) ( ) | | | | | | |
| 장기기억 | 어휘, 상식<br>( ) ( ) | | | | | | |
| 단기기억 | 숫자, 순차<br>( ) ( ) | | | | | | |

*지표 내 주요 소검사 간 점수 차이(혹은 임상군집 내 소검사 간 점수 차이)가 5점 이상이면, 해석 여부를 ×로 표시. 이럴 경우 지표(혹은 임상군집) 점수를 해석하지 않거나, 해석 시 매우 신중해야 함.

출처: Flanagan & Kaufman (2009)에서 참조.

웩슬러 지능검사 결과를 심층적으로 해석하려면 반드시 보충 소검사까지 모두 실시할 것을 권장한다. 아울러 해석을 할 때에는 검사 결과뿐만 아니라, 아동의 발달력, 행동관찰, 부모와의 임상적 면담, 그 외에 교차타당도를 위해 실시한 심리검사 결과들을 모두 종합하여 아동의 인지적 특성을 분석하는 것이 매우 중요하다. K-WISC-IV 해석을 하기 전에 먼저 〈표 II-3〉을 활용하여 검사 결과를 작성해 놓으면 해석을 하는 데 훨씬 더 편리하다.

## 2. 단계별 K-WISC-Ⅳ 해석 절차

### 1) 1단계: 아동의 전반적인 지적 능력 수준을 알아본다

아동의 전반적인 지적 능력을 파악하기 위해서는 먼저 규준점수인 전체지능을 확인한다.

**1-1.** 전체지능지수(Full Scale IQ: FSIQ)가 ±2SD를 벗어난 경우, 즉 전체 IQ 131 이상이거나 전체 IQ 69 이하인 경우에는 각각 '최상위/규준적 강점'과 '최하위/규준적 약점'에 해당된다. 이때에는 지표점수 간 차이에 상관없이 먼저 전체지능을 토대로 지적으로 특별한 재능이 있거나 혹은 심한 결손을 보이는 아동으로 분류를 한다.

전체 IQ가 ±2SD를 벗어나지 않는 경우에는 전반적인 지적 능력을 알아보기 위해서 우선 전체지능지수(FSIQ)를 활용할 것인지, 아니면 일반능력지표(General Ability Index: GAI)를 활용할 것인지 결정해야 한다. 개인 내 지표점수들 간에 IQ 23점 미만의 편차를 보이는 경우에는 전반적인 지적 능력을 추정하기 위해서 전체지능지수(FSIQ)를 사용한다.

**1-2.** 개인 내 지표점수들 간에 IQ 23점 이상의 심한 편차를 보이는 경우에는 전반

적인 지적 능력을 추정하기 위해서 전체지능지수(FSIQ)보다 일반능력지표(GAI)를 사용할 수 있다.

A 아동 사례

| 언어이해 지표 | 지각추론 지표 | 작업기억 지표 | 처리속도 지표 | 전체지능지수 (FSIQ) |
|---|---|---|---|---|
| 112 | 98 | 95 | 68 | 93 |

• 가장 높은 언어이해 지표점수와 가장 낮은 처리속도 지표점수 간 차이가 44점이므로, 전체지능지수가 전반적인 지적 능력을 대표하지 못함
→ 전체지능지수(FSIQ) 사용 NO!

• 전반적인 지적 능력을 추정하기 위해 일반능력지표(GAI)를 사용하려면, 언어이해 지표와 지각추론 지표 간 차이가 IQ 23점 미만이어야 함
→ 언어이해 지표와 지각추론 지표 간 차이가 IQ 14점이므로 일반능력지표(GAI) 사용 가능!

- 일반능력지표(GAI)를 계산하려면 언어이해 지표의 주요 소검사 3개와 지각추론 지표의 주요 소검사 3개의 환산점수를 더하여 환산점수의 합을 구한 뒤, 일반능력지표(GAI) 환산표(부록의 표 1)를 참조하여 환산점수의 합에 해당하는 GAI 합산점수를 확인한다(부록의 표 1 참조). 일반능력지표(GAI)로 전반적인 지적 능력을 추정하려면 일반능력지표(GAI)를 구성하는 언어이해 지표와 지각추론 지표 간 차이가 IQ 23점 미만이어야 한다. 언어이해 지표와 지각추론 지표 간에 IQ 23 이상의 심한 편차를 보이는 경우라면 일반능력지표(GAI) 대신 지표점수를 각각 따로 참조한다.

A 아동 사례: 일반능력지표* 산출법

| (1) | (2) | (3) | (4) | (5) |
|---|---|---|---|---|
| 언어이해 지표-지각추론 지표<br>112−98=14점 | 언어이해 지표 주요 소검사<br>공통성 13<br>어휘 11<br>이해 12 | 지각추론 지표 주요 소검사<br>토막짜기 8<br>공통그림 11<br>행렬추리 10 | 일반능력지표(GAI)에 속한 소검사 환산점수의 합을 구함 | 일반능력지표(GAI) 환산표(부록의 표 1)를 참조하여 환산점수 합(65)에 해당되는 GAI 합산점수를 확인 |
| 언어이해 지표와 지각추론 지표 간에 IQ 14점 차이 나므로 일반능력지표(GAI) 사용 가능 | 언어이해<br>환산점수<br>=36 | 지각추론<br>환산점수<br>=29 | 환산점수의 합<br>36+29=65 | GAI<br>합산점수<br>=106 |

* 일반능력지표(General Ability Index: GAI) = 언어이해 지표 + 지각추론 지표

**1-3.** 추가로 인지숙달지표(Cognitive Proficiency Index: CPI)를 산출해 본 뒤, 인지숙달지표(CPI)가 해석 가능한 경우라면 개인의 일반능력지표(GAI)와 인지숙달지표(CPI)의 차이가 특별히 큰지를 결정한다.

- 인지숙달지표(CPI)란 작업기억(WMI)과 처리속도(PSI)를 결합한 지표로서 특정 유형의 정보를 처리하는 데 능숙한 정도를 반영한다. 만일 아동의 인지숙달지표가 높다면, 시각적인 속도가 빠르고 정신적 통제가 잘되어 새로운 과제에 대한 유동추론과 과제의 습득을 용이하게 할 것이라고 본다.
- 인지숙달지표(CPI)는 작업기억 지표의 주요 소검사 2개와 처리속도 지표의 주요 소검사 2개의 환산점수를 더하여 환산점수의 합을 구한 뒤, 인지숙달지표(CPI) 환산표(부록의 표 2)를 참조하여 환산점수의 합에 해당되는 CPI 합산점수를 확인한다. 인지숙달지표(CPI)의 해석은 작업기억 지표와 처리속도 지표 간 점수 차이의 크기가 1.5SD(23점)보다 작을 때 가능하다.
- 인지숙달지표(CPI)가 해석 가능하다면, 개인의 일반능력지표(GAI)와 인지숙달지

표(CPI)의 차이가 특별히 큰지를 결정한다. 일반능력지표와 인지숙달지표 간 차이가 21점 이상이라면, 두 지표 간에 차이가 특별하게 크거나 지표 간 점수 차이가 일반집단에서 드물게(기저율 < 10%) 발생하는 경우라고 간주한다.

**A 아동 사례: CPI 사용 불가 경우**

| 작업기억 지표-처리속도 지표<br>95-68<br>=27점 |
|---|
| 두 지표 간 차이가 1.5SD(23점)보다 크므로<br>인지숙달지표(CPI) 사용 불가 |

**B 아동 사례: CPI 사용 가능한 경우**

| 언어이해 지표 | 지각추론 지표 | 작업기억 지표 | 처리속도 지표 | 전체지능지수 (FSIQ) |
|---|---|---|---|---|
| 96 | 102 | 86 | 76 | 88 |

| (1) | (2) | (3) | (4) | (5) | (6) |
|---|---|---|---|---|---|
| 작업기억 지표-처리 속도 지표<br>86-76=10점 | 작업기억 지표 주요 소검사<br>숫자 6<br>순차연결 9 | 처리속도 지표 주요 소검사<br>기호쓰기 5<br>동형찾기 7 | 인지숙달지표(CPI)에 속한 소검사 환산점수의 합을 구함 | 인지숙달지표(CPI) 환산표 (부록 표 2 참조) | GAI-CPI의 차이<br>99-77=22 |
| 두 지표 간 차이가 IQ 23 미만이므로 인지숙달지표(CPI) 사용 가능 | 작업기억 환산점수=15 | 처리속도 환산점수=12 | 환산점수의 합 =15+12=27 | CPI 합산점수 =77 | GAI-CPI의 차이가 IQ 21점 이상이므로, 유의한 차이로 해석 가능 |

## 2) 2단계: 지표점수 간 차이를 해석한다

**2-1.** 네 개의 각 지표점수가 단일하여 해석 가능한지 여부를 결정한다(보충소검사 제외 상태).

- 지표 내 주요 소검사 간 차이(가장 높은 주요 소검사 환산점수-가장 낮은 주요 소검사 환산점수)가 5점(1.5SD) 이상이면, 단일능력을 대표하는 지표로 간주할 수 없으므로, 이때에는 해석을 하지 않거나, 해석 시 매우 신중을 요한다.
- 해석할 수 없는 지표 내에 있는 소검사들이라도 이후 좀 더 구체적인 능력을 해석하는 단계에서 다른 소검사들과 결합하여 임상군집 수준(3단계) 혹은 소검사 수준(4단계)에서 의미 있는 해석을 할 수 있다.

B 아동의 사례

| 언어이해 지표 | | | 지각추론 지표 | | | 작업기억 지표 | | 처리속도 지표 | |
|---|---|---|---|---|---|---|---|---|---|
| 96 | | | 102 | | | 86 | | 76 | |
| 공통성 9 | 어휘 10 | 이해 9 | 토막 14 | 공통그림 8 | 행렬 9 | 숫자 6 | 순차연결 9 | 기호쓰기 5 | 동형찾기 7 |
| 공통성-어휘=-1 해석 yes | | | 토막-공통그림=6 해석 no | | | 순차연결-숫자=-3 해석 yes | | 기호쓰기-동형찾기=-2 해석 yes | |

- 또한 지표 내 주요 소검사 간 차이가 5점(1.5SD) 이상이어서 단일능력을 대표하는 지표로 보기 어렵더라도, 소검사 환산점수들의 규준적인 분류체계를 참조하여 아동이 기능하는 범위에 대한 일반적인 결론을 내릴 수 있다. 예를 들어, 소검사 환산점수들 간에 차이가 크면서 지표 내 해당 소검사 환산점수들이 모두 12점 이상일 경우, 이 지표에서 가정하는 능력은 단일점수로 요약될 수는 없지만 '평균에서 최상위 범위/규준적 강점'이 된다고 기술할 수 있다. 반면에, 소검

사 환산점수들 간에 차이가 크면서 환산점수가 모두 8점 미만인 경우, 하나의 점수로 요약될 수는 없지만 이 지표에서 측정하는 능력은 '평균하에서 최하위 범위/규준적 약점'으로 기술할 수 있다.

**2-2.** 지표 간 인지적 강점과 약점 영역을 평가한다.

① 지표 프로파일에서 개인 간 비교를 위해 규준적 강점과 규준적 약점을 결정한다.

- 단일한 것(주요 검사 간 차이가 5점 이내인 경우)으로 판명된 지표 중 지표점수가 IQ 115점보다 큰 것은 '규준적 강점'으로 본다.
- 단일한 것으로 판명된 지표 중 지표점수가 IQ 85점보다 작은 것은 '규준적 약점'으로 본다.
- 단일한 것으로 판명된 지표 중 지표점수가 IQ 85~115점 사이인 것은 '정상범위 내'로 본다.

② 지표 프로파일에서 개인 내 비교를 위해 개인적 강점과 개인적 약점을 결정한다.

- 먼저 네 지표점수(해석 가능한 지표와 해석 불가한 지표를 모두 포함)의 총점을 산출한 후 지표점수들의 평균을 구한다.
- 해석 가능한 지표점수에서 지표점수들의 평균을 뺀 뒤에 두 개 점수의 차이가 0.5 유의수준에서 의미 있는지 여부를 결정한다. 개인 내 지표점수를 지표점수 평균과 비교하여 개인의 상대적인 강점과 약점 영역을 파악한다. 〈표 II-4〉에 제시된 점수 이상으로 차이가 나면 개인적 강점 혹은 개인적 약점으로 간주할 수 있다.

〈표 II-4〉 각 지표점수와 지표점수들의 평균 간에 통계적으로 유의한 점수 차이 (모든 연령에 해당)

| | 언어이해 지표 | 지각추론 지표 | 작업기억 지표 | 처리속도 지표 |
|---|---|---|---|---|
| *p*=.05 | 6.8 | 7.2 | 7.3 | 8.4 |

출처: Flanagan & Kaufman (2009), pp. 152-153.

③ 지표 프로파일에서 개인적 강점과 개인적 약점이 일반집단에서 드물게 발생하는지(기저율 < 10%) 여부를 결정한다.

〈표 II-5〉 각 지표점수와 지표점수들의 평균 간 차이가 특별히 크거나, 드물게 발생하는 차이라고 볼 수 있는 기준

| 기저율 | 언어이해 지표 | 지각추론 지표 | 작업기억 지표 | 처리속도 지표 |
|---|---|---|---|---|
| *p*=.10 | 14.0 | 13.5 | 15.0 | 17.0 |

출처: Flanagan & Kaufman (2009), p. 155.

④ 진단적/교육적으로 가장 중요한 주 강점(Key Assets)과 최우선시되는 약점(High-Priority Concerns)을 판별한다.

- 주 강점은 IQ 115점보다 커서 규준적 강점이면서 개인적 강점이고, 일반집단에서 드물게 발생하는 점수 차이를 보이는 경우다.
- 최우선시되는 약점은 IQ 85점보다 작아서 규준적 약점이면서 개인적 약점이고, 일반집단에서 드물게 발생하는 점수 차이를 보이는 경우다.

A 아동의 사례

평균지표점수(지표점수들의 평균)=(112+98+95+68)/4=93.3

| | 언어이해 지표 | 지각추론 지표 | 작업기억 지표 | 처리속도 지표 |
|---|---|---|---|---|
| 지표점수 | 112 | 98 | 95 | 68 |
| 규준적 기술체계 | 정상범위 | 정상범위 | 정상범위 | (최하위) 규준적 약점 |
| 개인 내 비교 위한 통계적 유의도 (〈표 Ⅱ-4〉 참조) | 112는 93.3±6.8을 벗어남 (유의미 ◯) | 98은 93.3±7.2에 포함됨 (유의미 ×) | 95는 93.3±7.3에 포함됨 (유의미 ×) | 68은 93.3±8.4를 훨씬 더 벗어남 (유의미 ◯) |
| 기저율 < 10%를 적용한 점수 차이 (〈표 Ⅱ-5〉 참조) | 112는 93.3±14.0을 더 벗어남 (흔치 않음) | 98은 93.3±13.5에 포함됨 | 95는 93.3±15.0에 포함됨 | 68은 93.3±17.0을 훨씬 더 벗어남 (흔치 않음) |
| 진단적/교육적 중요성 | | | | 최우선시되는 약점 |

## 3) 3단계: 보충 소검사들을 모두 포함하여 임상군집 간 비교를 한다

- **임상군집 간 단일성 확인**: 임상군집 내의 소검사들 간 환산점수 차이가 5점보다 작으면, 임상군집은 단일능력 혹은 단일 처리과정을 측정하는 것으로 간주한다. 그러나 소검사들 간의 점수 차이가 5점 이상인 임상군집에 대해서는 임상군집이 단일능력을 대표하지 않으므로 해석을 하지 않거나, 해석 시 매우 신중을 기해야 한다.
- **임상군집 점수 구하기**: 단일능력(혹은 단일 처리과정)을 측정하는 임상군집인 경우, 군집을 구성하는 소검사들의 환산점수를 더하여 총점을 구한다. 그다음 환산점수들의 합을 표준점수로 변환한 규준표를 참조하여(부록 표 3-1~표 3-8) 임상군집의 합산점수를 구한다.
- **임상군집 간 비교**: 임상군집 간 차이가 특별히 크거나 일반집단에서 드물게 발생하는지(기저율 < 10%) 여부를 판단하기 위해서 〈표 Ⅱ-6〉을 참조한다. 두 군집

간 차이가 표에 제시된 점수보다 더 큰 경우라면, 두 군집 간 유의미한 차이가 있으며 매우 드물게 발생하는 것으로 해석한다.

〈표 II-6〉 임상군집 간 특별히 크거나 일반집단에서 드물게 발생하는 점수 차이의 크기

| 임상군집 비교 | 차이의 양 |
|---|---|
| 1. 유동추론(Gf)-시각적 처리(Gv) | 21 |
| 2. 비언어적 유동추론(Gf-nonverbal)-시각적 처리(Gv) | 24 |
| 3. 언어적 유동추론(Gf-verbal)-비언어적 유동추론(Gf-nonverbal) | 24 |
| 4. 어휘지식(Gc-VL)-일반 상식(Gv-K0) | 17 |
| 5. 장기기억(Gc-LTM)-단기기억(Gsm-WM) | 24 |
| 6. 장기기억(Gc-LTM)-언어적 유동추론(Gf-verbal) | 17 |

출처: Wechsler Intelligence Scale for Children-Fourth Edition (2003).

〈표 II-7〉 임상군집의 표

B 아동의 임상군집 해석의 예

| B 아동의 임상적 군집 해석 | | | | | | | |
|---|---|---|---|---|---|---|---|
| 단계 | | 합산 점수 | 신뢰구간 (95%) | 백분위 | 기술적 분류 | 해석 여부 | 강점/ 약점 |
| 유동추론 | 공통그림, 행렬, 산수 (8) (9) (9) | 91 | 82~101 | 28.5 | 평균 | ○ | 정상범위 |
| 시각적 처리 | 토막, 빠진곳 (14) (13) | 121 | 111~131 | 92.2 | 우수 | ○ | 규준적 강점 |
| 비언어적 유동추론 | 공통그림, 행렬, (8) (9) | 91 | 81~102 | 28.1 | 평균 | ○ | 정상범위 |
| 언어적 유동추론 | 공통성, 단어추리 (9) (7) | 88 | 79~98 | 22.1 | 평균 하 | ○ | 정상범위 |
| 어휘지식 | 단어추리, 어휘 (7) (10) | 91 | 82~100 | 27 | 평균 | ○ | 정상범위 |
| 일반상식 | 이해, 상식 (9) (5) | 83 | 73~93 | 13 | 평균 하 | ○ | 규준적 약점 |
| 장기기억 | 어휘, 상식 (10) (5) | 87 | 79~95 | 19 | 평균 하 | × | 정상범위 |
| 단기기억 | 숫자, 순차 (6) (9) | 86 | 78~94 | 17 | 평균 하 | ○ | 정상범위 |

| 임상군집 비교 | 기준점수 | B 아동 예시 | 유의미한 차이 |
|---|---|---|---|
| 1. 유동추론(Gf)−시각적 처리(Gv) | 21 | $\lvert 91-121 \rvert > 21$ | ○ |
| 2. 비언어적 유동추론(Gf-nonverbal)−<br>시각적 처리(Gv) | 24 | $\lvert 91-121 \rvert > 24$ | ○ |
| 3. 언어적 유동추론(Gf-verbal)−<br>비언어적 유동추론(Gf-nonverbal) | 24 | $\lvert 88-91 \rvert < 24$ | × |
| 4. 어휘지식(Gc-VL)−일반 상식(Gv-KO) | 17 | $\lvert 91-83 \rvert < 17$ | × |
| 5. 장기기억(Gc-LTM)−단기기억(Gsm-WM) | 24 | $\lvert 86-86 \rvert < 24$ | × |
| 6. 장기기억(Gc-LTM)−<br>언어적 유동추론(Gf-nonverbal) | 17 | $\lvert 86-88 \rvert < 17$ | × |

## 4) 4단계: 소검사 점수를 분석한다

지표점수나 군집점수 내 소검사들 간에 편차가 커서 단일능력을 측정한다고 보기 어려운 경우에는 소검사 점수를 통해 개인 내 강점과 약점을 알아본다.

**4-1.** '소검사 수준'에서의 비교를 한다(한국 웩슬러 아동용 지능검사 결과지의 분석 페이지에서 차이 비교 중 '소검사 수준'을 참조).

'소검사 수준'은 임상적으로 특별히 관심을 갖는 소검사들인 숫자−순차연결, 기호쓰기−동형찾기, 공통성−공통그림찾기 점수의 차이를 비교한 것이다. 해당 소검사 간 점수 차이가 임계치(5% 유의수준)를 벗어난 경우에 그 차이가 통계적으로 유의미한 것으로 판단한다. 아울러 유의미한 차이를 보인다면 전체 표본에 대한 소검사 환

*B 아동의 K-WISC-Ⅳ '소검사 수준' 비교 예시

| | 지표/소검사 | 환산점수 1 | | 환산점수 2 | | 차이 | 임계치 | 유의미한 차이 (Y) 또는 (N) | 누적비율 |
|---|---|---|---|---|---|---|---|---|---|
| 소검사 수준 | 숫자−순차연결 | 숫자 | 6 | 순차연결 | 9 | −3 | 3 | Y | 20.18 |
| | 기호쓰기−동형찾기 | 기호쓰기 | 5 | 동형찾기 | 7 | −2 | 4.06 | N | 31.21 |
| | 공통성−공통그림찾기 | 공통성 | 9 | 공통그림찾기 | 8 | 1 | 3.92 | N | 43.42 |

산점수 간 차이의 누적비율을 확인해 본다. 해당 소검사들의 공통점과 차이점은 다음과 같다.

- 숫자–순차연결: 두 소검사 모두 청각적인 단기기억을 측정한다. 숫자와 글자로 구성되어 있는 순차연결은 숫자로만 이루어져 있는 숫자외우기에 비해서 더 많은 정보처리 과정이 요구된다.
- 기호쓰기–동형찾기: 두 소검사는 모두 처리속도, 시지각적 변별력, 정확성, 주의집중력을 측정한다. 기호쓰기가 시지각적 상징연합 기술을 잘 측정하는 반면, 동형찾기는 시각적인 변별력을 주로 측정한다.
- 공통성–공통그림찾기: 두 소검사 모두 개념화능력을 포함하여 추상적 추론능력을 측정한다. 공통성은 언어적 자극에 대한 추론능력을 주로 측정하는 반면, 공통그림찾기는 시각적 자극에 대한 추상적 추론능력을 측정한다.

**4–2.** 개인 내 강점 및 약점을 결정한다(한국 웩슬러 아동용 지능검사 결과지의 '강점 및 약점 결정하기' 참조).

*B 아동의 K-WISC-IV 강점 및 약점 예시

| 소검사 | 소검사 환산점수 | 평균 환산점수 | 평균과의 차이 | 임계치 | 강점(S) 또는 약점(W) | 누적비율 |
|---|---|---|---|---|---|---|
| 토막짜기 | 14 | 8.6 | 5.4 | 2.33 | S | 94.1 |
| 공통성 | 9 | 8.6 | 0.4 | 2.52 | NA | 100.0 |
| 숫자 | 6 | 8.6 | −2.6 | 2.04 | W | 99.9 |
| 공통그림찾기 | 8 | 8.6 | −0.6 | 2.84 | NA | 100.0 |
| 기호쓰기 | 5 | 8.6 | −3.6 | 2.32 | W | 99.0 |
| 어휘 | 10 | 8.6 | 1.4 | 2.20 | NA | 100.0 |
| 순차연결 | 9 | 8.6 | 0.4 | 2.27 | NA | 100.0 |
| 행렬추리 | 9 | 8.6 | 0.4 | 2.42 | NA | 100.0 |
| 이해 | 9 | 8.6 | 0.4 | 3.03 | NA | 100.0 |
| 동형찾기 | 7 | 8.6 | −1.6 | 3.16 | NA | 100.0 |

각 소검사 점수에서 전체 소검사 점수의 평균을 빼고 그 차이가 유의미한지를 본다. 이를 위해서는 각 소검사 점수와 전체 소검사 평균점수의 차이를 임계치와 비교해 본다(5% 유의수준). 차이가 임계치를 벗어나 유의미한 경우에는 개인 내 강점 혹은 약점이 될 수 있다. 또한 누적비율 10% 미만 기준을 적용하여 개인 내 강점 또는 약점이 일반적으로 나타나는 경우인지, 아니면 드물게 발생하는 경우인지 여부를 알아본다.

## 5) 5단계: 처리점수를 분석한다

(한국 웩슬러 아동용 지능검사 결과지의 '처리분석' 참조)

처리점수들은 아동의 소검사 수행에 기여하는 인지적 능력에 관해서 좀 더 상세하고 특수한 정보를 제공한다. 예를 들면, 처리점수는 아동의 문제해결 능력이나 정보처리 스타일을 평가하는 데 도움이 된다. 그러나 처리점수의 해석과 관련해서는 아직 충분한 연구가 이루어지지 않은 상태이므로 참고용 수준의 자료로서 활용될 수 있다. 처리점수의 해석은 환산점수를 활용하여 유의미한 차이와 누적비율에 대한 분석을 통해 동일 연령대의 아동과 비교하여 인지적 능력에 대한 정보를 얻을 수 있다.

*B 아동의 K-WISC-IV 처리분석 예시
차이 비교

| 소검사/처리점수 | | 환산점수 1 | | 환산점수 2 | | 차이 | 임계치 | 유의미한 차이 (Y) 또는 (N) | 누적 비율 |
|---|---|---|---|---|---|---|---|---|---|
| 처리 점수 수준 | 토막짜기-시간 보너스가 없는 토막짜기 | 토막짜기 | 14 | 시간 보너스가 없는 토막짜기 | 14 | 0 | 3.34 | N | 25.8 |
| | 숫자 바로 따라 외우기-숫자 거꾸로 따라 외우기 | 숫자 바로 따라 외우기 | 6 | 숫자 거꾸로 따라 외우기 | 9 | -3 | 3.02 | N | 21.6 |
| | 선택(무선배열)-선택(일렬배열) | 선택 (무선배열) | 11 | 선택 (일렬배열) | 9 | 2 | 3.76 | N | 25.4 |

차이 비교

| 처리점수 | 원점수 1 | 원점수 2 | 차이 | 누적비율 |
|---|---|---|---|---|
| LDSF−LDSB | 4 | 6 | −2 | 100.0 |

5-1. 시간 보너스가 없는 토막짜기와 토막짜기의 비교

속도가 요구되지 않아서 시간 보너스가 없는 토막짜기에서는 문항을 빠르게 완성했을 때 추가로 받는 보너스 점수를 고려하지 않고 수행의 성공/실패 여부만 계산한다.

토막짜기 < 시간 보너스가 없는 토막짜기: 시공간 구성능력은 적절하지만, 빠른 시지각 정보처리나 운동 실행능력의 영역에서 어려움을 추측해 볼 수 있다.

5-2. 숫자 바로 따라 외우기와 숫자 거꾸로 따라 외우기의 비교

숫자 바로 따라 외우기는 기계적인 청각적 단기기억을 측정하는 반면, 숫자 거꾸로 따라 외우기는 더 많은 주의집중력과 복잡한 정신적 조작 및 변환을 요구한다.

- 숫자 바로 따라 외우기 > 숫자 거꾸로 따라 외우기: 숫자 거꾸로 따라 외우기의 수행이 숫자 바로 따라 외우기에 비해 매우 저조하다면, 이는 주의집중력, 순차적인 학습, 청킹(chuking), 숫자를 시각화하고 조작하는 데 어려움이 있음을 반영한다.
- 숫자 바로 따라 외우기 < 숫자 거꾸로 따라 외우기: 드물지만 청각적 단기기억이 도전적인 과제에서 오히려 더 잘 발휘되는 경우다.

5-3. 선택(무선배열)과 선택(일렬배열)

선택 소검사는 선택적인 시각적 주의와 처리속도를 요구한다.

- 선택(무선배열) < 선택(일렬배열): 만일 무선으로 배열된 선택 과제보다 일렬로 배

열된 선택 과제에서 훨씬 더 수행을 잘했다면, 이는 아동이 과제를 수행할 때 구조화된 배열을 통해 도움을 받았다고 추측해 볼 수 있다.

**5-4.** 가장 긴 숫자 바로 따라 외우기와 가장 긴 숫자 거꾸로 따라 외우기(LDSF-LDSB)

바로 따라 외우기에서 회상한 가장 긴 숫자(Longest Digit Span Forward: LDSF)의 개수로부터 거꾸로 따라 외우기에서 회상한 가장 긴 숫자(Longest Digit Span Backward: LDSB)의 개수를 뺀 원점수 간 차이를 구한다. 가장 긴 숫자 바로 따라 외우기에서 가장 긴 숫자 거꾸로 따라 외우기의 차이에 대한 또래 아동들의 누적비율과 비교하여 또래보다 얼마나 드문 경우인지 여부를 확인한다.

가장 긴 숫자 바로 따라 외우기와 가장 긴 숫자 거꾸로 따라 외우기의 차이가 또래 집단의 아동들이 보이는 차이와 비교하여 드물게 발생하는 경우라면, 이러한 차이는 아동의 비일관적인 수행을 반영하는 것으로 추측해 볼 수 있다.

지금까지 설명한 K-WISC-IV의 단계별 해석 절차를 요약하면 〈표 II-8〉과 같다.

〈표 II-8〉 K-WISC-Ⅳ의 단계별 해석 절차

| | |
|---|---|
| 1단계 | • 아동의 전반적인 지적 능력 수준을 알아본다.<br>1-1. 전체지능지수(FSIQ)를 고려한다.<br>1-2. 지표들 간 심한 편차(23점 이상)를 보일 경우, 전체 IQ 대신 일반능력지표(GAI)를 사용하여 전반적인 지적 능력을 추정할 수 있다.<br>1-3. 일반능력지표(GAI)와 인지숙달지표(CPI)의 차이가 특별히 큰지 살펴본다. |
| 2단계 | • 지표점수의 차이를 해석한다.<br>2-1. 지표점수가 단일하여 해석 가능한지 살펴본다.<br>2-2. 지표 간 인지적 강점과 약점을 결정한다<br>-지표 프로파일에서 규준적 강/약점을 결정한다.<br>-지표 프로파일에서 개인적 강/약점을 결정한다.<br>-개인적 강/약점이 10% 기저율을 기준으로 드문 경우인지 결정한다.<br>-진단적/교육적으로 중요한 주 강점(Key Assets)과 최우선시되는 약점(High-Priority Concerns)을 판별한다. |

| | |
|---|---|
| 3단계 | • 임상군집 간 비교를 한다.<br>3-1. 임상군집의 해석 가능 여부를 살펴본다.<br>3-2. 군집 내 소검사 환산점수의 합을 구한 뒤, 부록의 환산표를 참조하여 임상군집의 합산점수를 구한다.<br>3-3. 임상군집 간 비교를 통해 점수 차이가 특별히 크거나 드물게 발생하는지 여부를 판단한다. |
| 4단계 | • 소검사 간에 변산을 해석한다.<br>4-1. '소검사 수준' 에서의 비교를 한다.<br>4-2. 개인 내 강점 및 약점을 결정한다. |
| 5단계 | • 처리점수, 소검사 내 패턴이나 검사태도에 대한 질적 분석을 통해 아동의 지적 능력에 대한 가설을 검토한다. |

Wechsler Intelligence Scale

# III

# 임상 및 교육 현장에서 웩슬러 지능검사의 전략적 활용법

## 1. 웩슬러 지능검사에 기초한 전반적인 개입 전략

이 장에서는 웩슬러 지능검사에 기초한 개입 절차를 평가-이해-개입의 기능적인 임상 모델에 맞추어 소개하고자 한다. 앞 장에서는 아동의 인지적 특성을 이해하기 위하여 K-WISC-IV의 단계별 해석 절차를 기술하였다. 개입을 위해 K-WISC-IV를 해석할 때는 반드시 웩슬러 지능검사의 주요 소검사뿐만 아니라, 보충 소검사를 모두 실시해야 검사를 통해 충분한 정보를 얻을 수 있다. 더 나아가 아동의 인지 특성을 좀 더 심층적으로 이해하려면 웩슬러 지능검사 결과뿐만 아니라, 아동의 발달력, 행동관찰, 부모님과의 임상적 면담, 그리고 교차타당도를 위해 실시한 심리검사 결과들을 모두 종합하여 분석하는 것이 매우 중요하다. 이 장에서는 개입 전략을 웩슬러 지능검사의 해석 절차에 맞추어 제시하고자 한다. 웩슬러 지능검사를 활용한 대략적인 개입 전략은 다음과 같다.

첫째, 아동의 전반적인 지적 능력 수준에서 개입 방향을 정한다.

둘째, 지표 수준에서 가장 취약한 영역(언어이해, 지각추론, 작업기억, 처리속도)을 결정하여 개입 방향을 정한다.

셋째, 임상군집 점수가 해석 가능한지 여부를 먼저 확인한 후, 임상군집 간 계획된 쌍비교를 한다. 임상군집 간 비교를 통해 점수 차이가 드물게 나타나는 경우라면, 이러한 차이에 대한 개입 가설을 고려한다. 임상군집 간 비교를 통해 유의미한 차이가 없다면 가장 저조한 점수를 보이는 임상군집에 대한 가설을 참조한다.

넷째, 지표 수준이나 임상군집 수준에서 소검사들 간 편차가 특히 큰 경우에는 소검사들 간 비교분석을 통해 개인 내 혹은 개인 간 강점과 약점을 찾되, 약점을 위주로 개입한다. 웩슬러 지능검사 결과에 따른 좀 더 상세한 개입 절차는 다음과 같다.

## 1) 전반적인 지적 능력 수준에서의 개입

**1-1.** 전체 IQ가 2SD(표준편차)를 벗어나는지 여부를 확인한다. 대다수의 아동은 전체 IQ가 2SD를 벗어나지 않는다. 그러나 전체 IQ가 2SD를 벗어나 IQ 131 이상(최상위/규준적 강점)이거나 IQ 69 이하(최하위/규준적 약점)에 속할 경우, 지표검사 간 점수 차이에 상관없이 전체 IQ를 토대로 지적으로 특별한 재능이 있거나 혹은 심한 결손을 보이는 아동으로 분류하여 이에 적합한 배치를 하는 것이 우선이다. 그러나 전체 IQ가 2SD를 벗어난 아동도 지표 간에 상당한 편차를 보일 수 있다. 그러므로 지표 간의 점수 차이를 고려하여 전체지능지수가 2SD를 벗어난 아동에게도 개별화된 개입을 할 수 있다. 전체지능지수가 2SD 범위 내에 속하는 대다수 아동의 경우, 지표별, 군집별, 소검사별 수준에 따라 취약한 영역을 파악하여 순차적으로 개입 방안을 수립한다.

**1-2.** 전반적인 지적 능력을 추정하는 대표점수를 정한다. 지표 간의 점수 차이가 IQ 23점 미만일 경우에는 전체 IQ가 전반적인 지적 능력을 대표한다. 이때에는 먼저 지표 수준에서 가장 취약한 영역을 파악하여 개입 방향을 결정한다. 그러나 지표점수 간의 차이가 심하여 IQ 23점 이상의 편차를 보이는 경우에는 일반능력지표(GAI)를 사용하여 전반적인 지적 능력을 추정할 수 있다. 이때 일반능력지표(GAI)를 구성하는 언어이해 지표와 지각추론 지표 간 차이가 IQ 23점 미만이어야 해석 가능하다. 아울러 지표 수준을 고려하여 개입하기 이전에 일반능력지표(GAI)와 인지숙달지표(CPI) 간의 차이도 비교해 본다.

**1-3.** 일반능력지표(GAI)와 인지숙달지표(CPI) 간의 차이를 비교한다. 만일 일반능력지표(GAI)에 비해 인지숙달지표(CPI) 점수가 21점 이상 낮다면, 임상적으로 신경학적인 기질의 결함이 있는지, 특히 학습장애, 뇌손상, 아스퍼거 장애를 가진 경우가 아닌지(Weiss, Saklofske, Prifitera, & Holdnack, 2006) 유의할 필요가 있다. 인지숙달지표

(CPI)가 매우 저조한 경우에는 정신적 통제가 잘되지 않으므로 정보를 빠르고 능숙하게 처리하는 데 어려움을 보인다. 따라서 새로운 과제를 습득하고 추론하며 문제를 해결하는 데 효율성이 낮아진다.

B 아동(10세 남아)의 K-WISC-IV 단계별 해석표(전반적인 지적 능력 및 지표 수준)

| 단계 | | 합산 점수 | 신뢰구간 (95%) | 백분위 | 기술적 분류 | 해석 여부 | 강점/ 약점 |
|---|---|---|---|---|---|---|---|
| 1단계: 전반적인 지적 능력 해석 | | | | | | | |
| 1-1. 전체지능지수(FSIQ) | | 88 | 83~94 | 20.2 | 평균 하/ 정상범위 | O | |
| 1-2 | 일반능력지표(GAI) | 99 | 92~106 | 47.6 | 평균/ 정상범위 | O | |
| | 인지숙달지표(CPI) | 77 | 68~86 | 6.4 | 경계선/ 규준적 약점 | O | |
| 1-3. GAI-CPI 차이 비교 | | | | | | | |
| 2단계: 지표점수 해석 | | | | | | | |
| 언어이해 지표(VCI) | | 96 | 90~103 | 39.9 | 평균/ 정상범위 | O* | |
| 공통성 | | 9 | | | | | |
| 어휘 | | 10 | | | | | |
| 이해 | | 9 | | | | | |
| (상식) | | 5 | | | | | |
| (단어추리) | | 7 | | | | | |
| 지각추론 지표(PRI) | | 102 | 95~109 | 55.6 | 평균/ 정상범위 | x | 개인 강점 |
| 토막짜기 | | 14 | | | | | |
| 공통그림찾기 | | 8 | | | | | |
| 행렬추리 | | 9 | | | | | |
| (빠진곳찾기) | | 13 | | | | | |
| 작업기억 지표(WMI) | | 86 | 80~94 | 17 | 평균 하/ 정상범위 | O | |
| 숫자 | | 6 | | | | | |
| 순차연결 | | 9 | | | | | |
| (산수) | | 9 | | | | | |
| 처리속도 지표(PSI) | | 76 | 72~88 | 5.7 | 경계선/ 규준적 약점 | O | 개인 약점 |
| 기호쓰기 | | 5 | | | | | |
| 동형찾기 | | 7 | | | | | |
| (선택) | | 11 | | | | | |

*언어이해 지표의 해석 가능성 여부는 언어이해 지표를 구성하는 주요 소검사 간 차이가 5점 미만이어야 함.

• B 아동(10세 남아)의 전반적인 지적 능력 수준에 대한 개입 방향 예시

1. 전반적인 지적 능력 수준에서의 개입 방향

1-1. 이 아동은 전체 IQ가 2SD(표준편차)를 벗어나지 않는다.

1-2. 지표 간 편차가 IQ 26점이므로, 전체지능지수 대신 일반능력지표 점수(IQ 99)가 아동의 전반적인 지적 능력을 대표하는지 검토한다. 일반능력지표(GAI)를 구성하는 언어이해 지표와 지각추론 지표 간 차이가 IQ 23점 미만이므로 일반능력지표(GAI)로 전반적인 지적 능력을 추정한다.

1-3. 일반능력지표(GAI)와 인지숙달지표(CPI) 간 차이를 비교한다. 인지숙달지표(CPI)를 구성하는 작업기억과 처리속도 간 차이가 IQ 23점 미만이므로 일반능력지표(GAI)와 인지숙달지표(CPI) 간 차이를 해석할 수 있다. 인지숙달지표 점수가 일반능력지표 점수보다 22점 더 낮으므로, 이 아동은 정신적 통제가 잘되지 않고, 정보를 빠르고 능숙하게 처리하는 데 어려움이 있을 것으로 보인다. 따라서 작업기억과 처리속도 영역에 대한 개입이 절실히 요구된다.

## 2) 지표 수준에서의 개입

**2-1.** 웩슬러 지능검사 지표 프로파일에서 최우선적으로 개입할 영역(대체로 가장 낮은 지표점수)을 결정한다. 지표점수(언어이해, 지각추론, 작업기억, 처리속도) 중에서 최우선시되는 약점(High Priority Concern), 규준적 약점, 혹은 개인적 약점에 해당하는 지표가 있는지 여부를 파악하여 가장 최우선적으로 개입할 지표 영역을 결정한다.

**2-2.** 최우선적으로 개입할 지표 영역(혹은 가장 낮은 지표점수 영역)에 해당되는 아동의 특성, 낮은 지표점수에 영향을 주는 요인들, 그리고 문제점을 진단하기 위한 분석 방법과 절차를 알아본다. 각 지표 수준에서 개입을 할 때에는 일반적인 개입방법과 좀 더 세분화하여 주 요인별로 개입하는 방법이 있다.

**2-3.** 필요하다면 특정 원인을 확인하고 교차타당도를 높이기 위해 추가적으로 다

른 검사를 실시하거나 타 영역과의 연계 여부(예를 들어, 언어치료 혹은 작업치료 등)를 고려할 수 있다. 이처럼 가능한 모든 정보를 토대로 아동에 대해 좀 더 심층적인 이해를 한다.

- B 아동(10세 남아)의 지표 수준에 대한 개입 방향 예시

2. 지표 수준에서의 개입 방향
이 아동은 지표 수준에서 처리속도 영역이 규준적/개인적 약점에 해당된다. 따라서 처리속도 영역에 대한 개입이 가장 우선시되므로 처리속도 지표가 낮을 때의 개입법을 참조한다.
2-1. 먼저 처리속도 지표에서 어려움을 보이는 아동의 특성을 이해한다.
2-2. 처리속도에 영향을 미치는 다양한 요인이 있으므로 문제점을 진단하기 위해서 요인별 분석방법을 체크한다. 처리속도 문제의 원인은 시각처리, 시각-운동 협응능력, 또는 두 가지 요인이 모두 영향을 미칠 수 있는데, 이 아동의 경우에는 임상군집 수준에서 시각적 처리가 매우 우수하기 때문에 시각-운동 협응능력이 매우 부진한 것으로 보인다.
2-3. 시각운동 협응 및 소근육 운동기능이 부진할 때, 환경적으로 고려할 점, 개입 방법 그리고 개입 내용을 고려하여 개입 방안을 세운다.

### 3) CHC 이론에 근거한 임상군집 수준에서의 개입

**3-1.** 임상군집 점수가 해석 가능한지 여부를 알아본다. 임상군집의 단일성 여부를 확인하려면, 군집 내 소검사들 간에 환산점수의 차이가 5점 미만이어야 한다.

**3-2.** 임상군집 간 계획된 쌍비교를 한다. 〈표 II-6〉에 제시된 점수보다 더 큰 점수 차이(기저율[2] 10% 미만)를 보이는 임상군집 쌍에 대한 가설과 이에 따른 개입 방법을 고려한다. 임상군집 간 계획된 비교를 통해 유의미한 차이를 보이는 임상군집 쌍이 없다면, (해석 가능한) 가장 낮은 임상군집에 개입을 하기 위한 가설을 참조할 수 있다.

2) 표준화 집단에서 그러한 차이가 발생할 확률

B 아동(10세 남아)의 K-WISC-IV 단계별 해석표(임상군집 수준)

| B 아동의 임상적 군집 해석 | | | | | | | |
|---|---|---|---|---|---|---|---|
| 단계 | | 합산 점수 | 신뢰구간 (95%) | 백분위 | 기술적 분류 | 해석 여부 | 강점/약점 |
| 유동추론 | 공통그림, 행렬, 산수<br>(8) (9) (9) | 91 | 82~101 | 28.5 | 평균 | ○ | 정상범위 |
| 시각적 처리 | 토막, 빠진곳<br>(14) (13) | 121 | 111~131 | 92.2 | 우수 | ○ | 규준적 강점 |
| 비언어적 유동추론 | 공통그림, 행렬,<br>(8) (9) | 91 | 81~102 | 28.1 | 평균 | ○ | 정상범위 |
| 언어적 유동추론 | 공통성, 단어추리<br>(9) (7) | 88 | 79~98 | 22.1 | 평균 하 | ○ | 정상범위 |
| 어휘지식 | 단어추리, 어휘<br>(7) (10) | 91 | 82~100 | 27 | 평균 | ○ | 정상범위 |
| 일반상식 | 이해, 상식<br>(9) (5) | 83 | 73~93 | 13 | 평균 하 | ○ | 규준적 약점 |
| 장기기억 | 어휘, 상식<br>(10) (5) | 87 | 79~95 | 19 | 평균 하 | × | 정상범위 |
| 단기기억 | 숫자, 순차<br>(6) (9) | 86 | 78~94 | 17 | 평균 하 | ○ | 정상범위 |

| 임상군집 비교 | 기준점수 | B 아동 예시 | 유의미한 차이 |
|---|---|---|---|
| 1. 유동추론(Gf)−시각적 처리(Gv) | 21 | \|91−121\|>21 | ○ |
| 2. 비언어적 유동추론(Gf-nonverbal)−시각적 처리(Gv) | 24 | \|91−121\|>24 | ○ |
| 3. 언어적 유동추론(Gf-verbal)−비언어적 유동추론(Gf-nonverbal) | 24 | \|88−91\|<24 | × |
| 4. 어휘지식(Gc-VL)−일반 상식(Gv-KO) | 17 | \|91−83\|<17 | × |
| 5. 장기기억(Gc-LTM)−단기기억(Gsm-WM) | 24 | \|86−86\|<24 | × |
| 6. 장기기억(Gc-LTM)−언어적 유동추론(Gf-nonverbal) | 17 | \|86−88\|<17 | × |

• B 아동(10세 남아)의 임상군집 수준에 대한 개입 방향 예시

3. 임상군집 수준에서의 개입 방향

3-1. 각 임상군집 점수가 해석 가능한지 여부를 확인해 본 결과, 이 아동은 장기기억을 제외한 모든 임상군집에 대해 해석이 가능하다.

3-2. 임상군집 간 계획된 비교분석을 한 결과, 이 아동은 유동추론과 시각적 처리 간, 비언어적 유동추론과 시각적 처리 간에 매우 드물게 발생하는 유의한 차이를 보였다.
유동추론(91), 비언어적 유동추론(91) < 시각적 처리(121)
그러므로 이러한 임상군집 점수 차이에 해당하는 가설 및 제시한 개입법을 참조한다.

## 4) 소검사 수준에서의 개입

Flanagan과 Kaufman(2004)은 지능검사의 결과를 해석할 때 각 소검사의 단위보다 지표나 임상군집의 사용을 추천한다. 그러나 분석에 사용되는 지표나 임상군집을 구성하는 소검사들 간에 편차가 심할 경우에는 단일능력을 대표한다고 간주하기 어렵다. 따라서 지표나 군집 수준에서 해석이 어려울 경우에는 다음과 같이 소검사들 간에 '소검사 수준' 비교, 강점 및 약점 결정, 처리점수의 분석을 통해서 개인 내 혹은 개인 간 강점과 약점을 찾되, 약점을 위주로 개입한다.

**4-1.** '소검사 수준' 비교를 한다. 유의미한 차이를 보이는 경우 이에 대한 가설을 참조한다.

4-1. 아동(10세 남아) K-WISC-Ⅳ의 '소검사 수준' 비교

| | 환산점수 1 | | 환산점수 2 | | 차이 | 임계치 | 유의미한 차이 | 누적비율 |
|---|---|---|---|---|---|---|---|---|
| 소검사 수준 | 숫자 | 6 | 순차연결 | 9 | −3 | 3 | Y | 20.18 |
| | 기호쓰기 | 5 | 동형찾기 | 7 | −2 | 4.06 | N | 31.21 |
| | 공통성 | 9 | 공통그림찾기 | 8 | 1 | 3.92 | N | 43.42 |

• 4-1. B 아동 '소검사 수준' 개입의 예시

숫자와 순차연결은 모두 아동의 청각적인 단기기억을 측정한다. 아동은 숫자 따라 외우기보다 오히려 더 많은 정보처리를 요하는 순차연결에서 좀 더 나은 수행을 보였다. 뿐만 아니라 처리분석을 보면 숫자 바로 따라 외우기 과제보다 숫자 거꾸로 따라 외우기에서 상대적으로 더 나은 수행을 보였다. 이러한 점으로 미루어, 아동은 청각적인 작업기억보다는 오히려 음성학적인 인식과 청각처리와 같은 기본단계에서 어려움이 있는 것으로 추측해 볼 수 있겠다. 그러므로 아동이 언어기능상의 문제나 학습장애 여부를 좀 더 정확하게 평가할 수 있도록 기초학습기능평가와 언어검사를 추가로 실시해 보는 것이 필요하다.

**4-2.** 소검사 수준에서 강점 및 약점을 확인한다. 아동이 강점 영역을 활용하면서도 취약한 부분을 보강할 수 있도록 약점 영역에 대한 개입법을 참조한다.

4-2. B 아동(10세 남아) K-WISC-Ⅳ의 강점 및 약점

| 소검사 | 소검사 환산점수 | 평균 환산점수 | 평균과의 차이 | 임계치 | 강점(S) 혹은 약점(W) | 누적 비율 |
|---|---|---|---|---|---|---|
| 토막짜기 | 14 | 8.6 | 5.4 | 2.33 | S | 94.1 |
| 공통성 | 9 | 8.6 | 0.4 | 2.52 | NA | 100.0 |
| 숫자 | 6 | 8.6 | −2.6 | 2.04 | W | 99.9 |
| 공통그림찾기 | 8 | 8.6 | −0.6 | 2.84 | NA | 100.0 |
| 기호쓰기 | 5 | 8.6 | −3.6 | 2.32 | W | 99.0 |
| 어휘 | 10 | 8.6 | 1.4 | 2.20 | NA | 100.0 |
| 순차연결 | 9 | 8.6 | 0.4 | 2.27 | NA | 100.0 |
| 행렬추리 | 9 | 8.6 | 0.4 | 2.42 | NA | 100.0 |
| 이해 | 9 | 8.6 | 0.4 | 3.03 | NA | 100.0 |
| 동형찾기 | 7 | 8.6 | −1.6 | 3.16 | NA | 100.0 |

• 4-2. B 아동 '강점 및 약점' 개입의 예시

소검사 수준에서 아동의 강점은 토막짜기 소검사인 반면, 아동의 약점은 숫자와 기호쓰기 소검사다. 아동이 강점 영역을 활용하면서도 취약한 부분을 보강할 수 있도록 숫자 따라 외우기와 기호쓰기 소검사가 낮을 경우의 개입법을 각각 참고하여 개입한다.

**4-3.** 처리점수를 분석하여 유의미한 차이가 있는지 혹은 누적비율이 10% 미만인 경우가 있는지 확인한다. 아동의 문제해결 능력이나 정보 스타일에 관한 정보를 참조한다.

4-3. B 아동(10세 남아) K-WISC-Ⅳ의 '처리분석'

| | 환산점수 1 | | 환산점수 2 | | 차이 | 임계치 | 유의미한 차이 | 누적 비율 |
|---|---|---|---|---|---|---|---|---|
| Process level | 토막짜기 | 14 | 시간 보너스가 없는 토막짜기 | 14 | 0 | 3.34 | N | 25.8 |
| | 숫자 바로 따라 외우기 | 6 | 숫자 거꾸로 따라 외우기 | 9 | −3 | 3.02 | N | 21.6 |
| | 선택 (무선배열) | 11 | 선택 (일렬배열) | 9 | 2 | 3.76 | N | 25.4 |

• 4-3. B 아동 '처리점수' 개입의 예시

처리점수를 분석한 결과, 아동은 토막짜기-시간 보너스 없는 토막짜기, 숫자 바로 따라 외우기-숫자 거꾸로 따라 외우기, 선택(무선배열)-선택(일렬배열) 간에 유의미한 차이가 없다. 숫자 바로 따라 외우기-숫자 거꾸로 따라 외우기에서 유의미한 차이는 없었지만 숫자 거꾸로 따라 외우기 과제에서의 수행이 숫자 바로 따라 외우기 과제에서의 수행보다 상대적으로 우수한 편이다. 그러므로 B 아동은 좀 더 도전적인 과제에서 청각적 단기기억이 더 잘 발휘될 수 있음을 염두에 두고 개입한다.

이 책에서는 웩슬러 지능검사를 활용한 전반적인 개입 전략과 구체적 교수지침을 제시할 뿐만 아니라, 각 영역별(언어이해, 지각추론, 작업기억, 처리속도)로 개입한 사례들을 수록하였다. 구체적인 사례 제시를 함으로써, 개별화된 개입을 할 때 목표설정, 회기구성, 워크북 활용 면에서 도움이 되도록 하였다.

지금까지 설명한 전반적인 개입 전략은 〈표 III-1〉에 요약하여 제시하였다.

〈표 III-1〉 웩슬러 지능검사를 토대로 한 전반적인 개입 전략

| | |
|---|---|
| 1단계 | 전반적인 지적 능력 수준에서의 개입<br>1-1. 전체지능지수가 2SD(표준편차)를 벗어나는지 여부를 확인한다.<br>1-2. 전반적인 지적 능력을 추정하는 대표점수를 정한다.<br>1-3. 일반능력지표(GAI)와 인지숙달지표(CPI) 간 차이를 비교한다. |
| 2단계 | 지표 수준에서의 개입<br>2-1. 웩슬러 지능검사 지표 프로파일에서 최우선적으로 개입할 영역(대체로 가장 낮은 지표점수)을 결정한다.<br>2-2. 최우선적으로 개입할 지표영역에 해당되는 아동의 특성, 낮은 지표점수에 영향을 주는 요인들, 그리고 문제점을 진단하기 위한 분석방법과 절차를 알아본다.<br>2-3. 필요하다면 특정 원인을 확인하고 추가검사를 실시할 수 있다. |
| 3단계 | CHC 이론에 근거한 임상군집 수준에서의 개입<br>3-1. 임상군집 점수가 해석 가능한지 여부를 알아본다.<br>3-2. 임상군집 간 계획된 쌍비교를 한다. |
| 4단계 | 소검사별 수준에서의 개입<br>4-1. 소검사 수준의 비교를 한다.<br>4-2. 강점과 약점을 결정한다.<br>4-3. 처리점수를 분석한다. |

다음에서는 지표 수준에서 영역별(언어이해, 지각추론, 작업기억, 처리속도) 개입법, 임상군집 수준에서의 개입법, 그리고 소검사 수준에서의 개입법에 대하여 상세히 기술하였다.

# 2. 지표 수준에서의 개입법

지표 수준에서 개입방법은 Prifitera, Saklofske와 Weiss(2006), 그리고 Nicolson, Alcorn과 Erford(2006)의 내용을 참조하였다.

## 1) 언어이해 지표에 대한 개입법

네 가지 지표 중 언어이해 지표 영역의 점수가 가장 낮을 경우, 이에 대한 개입법은 다음과 같다.

### (1) 언어이해 지표의 측정영역

언어이해 지표는 언어적 추론, 이해력, 개념화를 측정하며(Wechsler, 2003), 청각적인 처리, 주의력, 장기기억에 저장된 언어적 정보도 측정한다. 이 영역에서는 어휘와 언어적 개념을 통해 생각하는 능력뿐만 아니라 언어발달 자체도 중요하게 여겨진다.

핵심 소검사는 공통성, 어휘와 이해 소검사이며, 보충 소검사에는 기존의 상식 소검사와 새로이 추가된 단어추리 소검사가 포함된다. CHC 이론에 따른 소검사 군집을 살펴보면, 언어이해 지표에는 결정지능(언어이해 지표의 모든 소검사), 언어적 유동추론(공통성, 단어추리), 어휘지식(단어추리, 어휘), 일반지식(이해, 상식), 장기기억(어휘, 상식)을 필요로 하는 과제들이 포함된다.

언어이해 소검사는 언어, 문화, 교육의 영향을 많이 받는 문항들이 포함되어 있으므로 학교, 가정, 일반 문화에 노출됨으로써 다양하게 얻을 수 있는 기술과 지식이 필요하며, 이 지표는 또한 학업성취를 잘 예측하는 인자로 볼 수 있다.

### (2) 언어이해 지표에서 어려움을 보이는 아동의 특성

- 전반적으로 구어를 이해하거나 구어로 자기를 표현하는 데 있어서, 혹은 이 두

가지 모두에서 어려움을 보인다.

- 단어와 그 의미를 이해하는 어휘력이 제한되어 있거나, 정확한 단어의 의미를 사용하여 자신의 생각이나 의견을 표현하는 언어가 제한되어 있다.
- 관용구, 문장, 숙어, 구어적 표현의 의미를 듣고 이해하는 데 어려움을 보인다.
- 연령 및 실제 다양한 상황에 적합한 언어적 표현이 부족하다.
- 모국어나 제2외국어를 배울 경우, 언어를 이해하고 활용하는 데 어려움을 보인다.
- 기억기능 자체는 적절하지만 일반적 지식과 특정 주제에 관한 지식의 범위가 제한적이며, 이는 구어를 통해 생각과 지식을 제한적으로 표현하는 양상으로 나타난다.
- 읽기와 수학 성취에서 어려움을 보인다.

### (3) 언어이해 지표에 영향을 주는 요인

언어이해 지표는 기본적인 언어능력을 포함할 뿐만 아니라, 다차원적인 인지기술의 통합을 요구한다. 그러므로 언어이해 지표에서 낮은 성취를 보인다면 이러한 여러 요인이 복합적으로 작용한 것이므로 기본적인 원인을 탐색해 보는 것이 매우 중요하다. 낮은 점수의 원인은 주로 저조한 언어능력, 언어능력의 계발을 돕는 문화적 · 교육적 기회의 부족, 언어능력의 습득과 발달을 저해하는 여러 걸림돌과 같은 많은 복합적인 요인에 기인한다. 특히 언어능력은 언어적인 지적 능력(verbal intellectual ability)과 언어기술(language skills)과 관련된 언어 자체의 문제로 구별해 볼 수 있다. 이 외에도 주의력과 작업기억, 집행능력과 같은 여러 인지기술이 영향을 미친다. 따라서 K-WISC-IV 표준형 검사에서 산출된 언어이해 지표 점수가 낮을 경우 기본적인 언어기능(기술)의 문제인지 아니면 언어적인 지적 능력 발달의 저하 때문인지 구분하는 것이 중요하다.

① 언어적인 지적 능력의 부족

언어적인 지적 능력이란 언어를 기반으로 한 추론능력을 사용하여 정보를 분석하고 문제를 해결하는 능력을 의미한다. 웩슬러 언어성 지능검사에서는 복잡하고 추상적인 문제를 해결하기 위한 언어 사용에 초점을 맞추는 반면, 개념이 적절히 표현되면 때로는 언어 사용의 실수를 크게 문제 삼지 않기도 한다.

② 언어기술의 부족

언어능력 중에서 언어기술이란 언어의 이해, 표현, 문장 구성의 세 가지 측면에서 이해할 수 있다. 언어성 지능검사에서 수행을 잘하려면 손상되지 않은 언어기술이 필수적이라고 할 수 있다. 만약 언어이해 지표에서의 낮은 점수가 언어기술 자체의 문제 때문이라고 한다면 언어기술을 측정하는 검사를 추가로 실시한다. 좀 더 구체적으로 살펴보면, 음소를 포함한 음운적인 처리, 명명하기, 어휘와 단어지식, 연상적 의미지식, 구문론적 이해, 다중 요구에 따르는 능력, 언어 산출, 언어 반복, 의사소통 및 화용론과 같이 세분화된 언어검사를 통해 언어기술이 얼마나 잘 발달되었는지를 평가해야 한다(Weiss et al., 2006). 이러한 언어검사들을 통해서 언어적 손상의 심각도, 언어 문제의 특성을 파악할 수 있고, 진단에 도움을 받을 수 있으며, 더 나아가 언어 치료와의 연계 문제도 고려해야 한다.

③ 인지기술의 부족

주의력, 집행기능, 작업기억, 서술기억 등의 인지기술은 언어능력, 특히 언어기술에 영향을 끼친다. 매우 저조한 작업기억은 언어를 활용하는 동시에 지적 과제를 수행할 능력을 감소시킨다. 또한 집행기능은 표현언어 기술에 중요한 역할을 한다.

④ 문화적 · 교육적 기회의 부족

후천적으로 문화적 · 교육적 기회가 부족한 경우는 언어이해 지표가 지적 능력을 적절히 측정하지 못한다. 따라서 오히려 지각추론 지표가 아동의 능력을 측정하는 데 좀 더 타당하다.

⑤ 언어능력의 습득과 발달을 저해하는 여러 걸림돌

언어능력의 습득과 발달을 저해하는 여러 걸림돌, 예를 들면 학습장애나 주의력결핍 과잉행동장애(ADHD), 청각 및 시각 손상 등과 같이 많은 복합적인 요인들은 언어능력의 발달에 지장을 초래한다.

### (4) 언어이해 지표의 문제점 진단을 위한 분석 절차

언어이해 지표 영역에서 어려움을 보이는 경우에는 원인을 면밀하게 탐색하고, 필요한 경우 추가적인 분석을 실시하여 그에 따른 개입 전략을 세우는 것이 필요하다.

① 1단계

K-WISC-IV 검사에서 산출된 언어이해 지표점수가 낮을 경우에는 우선 기본적인 언어기능(언어기술)의 문제인지, 기억인출 기술의 부족 때문인지, 아니면 언어적인 지적 능력의 발달 저하 때문인지 탐색하는 것이 중요하다.

② 2단계

이러한 탐색을 위해 WISC-IV 통합본의 언어처리 소검사를 추가로 실시해 볼 수 있다. 통합본의 언어처리 소검사란 언어이해 지표의 소검사를 객관식으로 변환시킨 것으로 '재인패러다임'을 활용한 것이다(객관식 공통성 검사, 객관식 어휘검사, 객관식 그림어휘검사, 객관식 이해검사, 객관식 상식검사). 이를 통해 언어적인 지식 자체가 습득되지 않은 것인지, 언어로 저장은 되어 있지만 기억인출 기술의 부족으로 그 정보에 접근하지 못하는 것인지, 회상이 안 되는 것인지, 언어표현의 문제 때문인지 등 다양한 원인을 탐색해 볼 수 있다.

그러나 국내에서 표준화한 K-WISC-IV는 통합본이 표준화되어 있지 않으므로 사실상 실시가 어려운 상황이다. 하지만 검사자가 언어이해 지표 소검사를 객관식으로 변환시켜 활용해 보는 것은 아동에 대한 더 많은 정보를 얻는 데 참고가 될 수 있을 것이다.

③ 3단계

언어기능(기술)을 좀 더 명확하게 측정하기 위해서는 추가로 언어검사를 실시한다. 웩슬러 언어이해 소검사들은 원래 개념적이고 추상적으로 추론하는 기술을 측정하도록 만들어졌다. 그렇기 때문에 언어이해 소검사는 언어기술의 영향력에 민감하기는 하지만 언어기술을 명확하게 측정하는 것은 아니다. 그러므로 추가로 언어기술을 측정하는 검사를 실시할 수 있다.

현재 우리나라에 표준화되어 있는 관련 언어검사로는 음운인식검사, 빠른 자동화된 이름대기 검사, 언어적 작업기억검사 등이 있고, 이를 표준화한 검사의 예로는 읽기 성취 및 읽기 인지처리능력 검사(김애화, 김의정, 황민아, 유현실, 2013)가 있다. 언어검사를 고려해야 할 경우는 언어장애의 가족력, 의학적인 문제(예: 좌반구의 측두엽 간질, 뇌손상 등), 언어문제가 주 호소는 아니지만 임상적으로 문제인 경우(예: 읽기장애, 자폐증, 초기 품행장애 징후 등), 저변에 언어발달 문제가 있는 경우, 언어지연을 보이는 경우 등이다.

언어기술이 광범위하게 손상되면 언어이해 지표의 점수도 전반적으로 낮아진다. 언어 소검사에서 변동은 저변에 있는 언어적 문제의 심각도와 관련되어 나타난다. 즉, 언어기술의 결함이 광범위한 경우에는 언어성 지능도 전반적으로 저하되며 언어성 지능을 측정하는 소검사에서 모두 낮은 점수를 나타낼 것이다. 반면에, 언어장애가 비교적 가벼운 경우에는 소검사들 간 차이가 비교적 크게 나타날 수도 있다. 언어 소검사의 프로파일은 언어손상의 특성에 관해 어느 정도 정보를 제공할 수는 있지만 해석의 근거는 특정한 언어검사 결과에 기반을 두어야 한다.

④ 4단계

언어이해 지표점수와 추가로 실시한 언어검사 점수 간 차이를 비교해 본다. 비교해 본 결과, 다음 중 어떤 경우에 해당하는지 살펴본다.

- WISC-IV 언어이해 지표 소검사와 추가로 실시한 언어검사 결과를 비교하였을 때, 언어이해 지표와 언어검사 점수가 모두 낮은 경우는 언어장애일 가능성이 높으며, 언어를 추상적으로 사용하는 데 결함이 있고 기본적으로 언어를 이해하고 산출하는 능력이 매우 빈약한 경우다.
- WISC-IV 언어이해 지표점수가 낮지만 특정 언어검사 결과에서는 평균 혹은 그 이상인 아동의 경우, 언어의 이해와 사용이 구체적(concrete) 수준에 머물러 있고, 언어를 사용하여 개념적이고 추상적인 추론 과제를 해결하는 데 어려움을 보이며, 언어장애는 특별히 없다. 또한 언어성 지능은 낮지만 음운처리가 정상적인 아동은 단순한 읽기능력에 비해 읽기이해 점수가 낮게 나올 수 있다.
- 언어 결함이 경미한 경우에는 학업과 장기적으로 심리사회적인 어려움을 보일 위험이 높다. 예를 들어, 읽기, 수학과 같은 학업문제나 주의력결핍 문제를 호소하는 아동들은 언어성 지능의 소검사에서 '평균 하' 수준을 보이는 경우가 규준집단 아동보다 세 배나 많고, 좀 더 심한 언어문제를 겪을 위험성이 5~6배나 높다. 이들 중에서 특히 언어적인 어려움이 있는 경우에 도움이 필요하다. 주로 학습문제로 의뢰된 아동의 경우, 음운인식, 빠른 자동화된 이름대기와 같은 언어적 영역에서 수행상 어려움을 겪을 수 있고, 이는 주로 난독증과 관련이 있다.
  - 음운 인식의 어려움: 특히 언어성 지능이 정상적이지만 읽기기술이 떨어진다면 음운을 듣고 알아차리거나 해석하는 것을 어려워한다.
  - 주의력결핍장애 아동은 언어 사용 전반에 걸친 결함보다는 언어기술의 통제와 관련이 있으며, 통제적인 실행기능과 언어 사용에 오류가 많고 수행에서 일관성이 부족함을 보인다.
- 언어 산출이란 자신의 심적 내용을 상대방에게 전달하기 위해 언어를 생성하고 표현하는 과정이다(조명한 외, 2003). 언어성 소검사에서 낮은 점수를 얻은 경우,

임상가는 산출문제가 어디서 비롯되었는지를 결정해야 한다. 이때 추가로 언어 산출척도를 사용하여 산출문제가 언어를 효과적으로 접근하고 사용하는 데 있어 좀 더 근본적인 문제에 기인한 것인지, 아니면 개념화하거나 추상적으로 추론하는 것과 같은 지적 발달이 빈약한 것 때문인지를 알아볼 수 있다. 가장 단순한 언어산출척도는 보통 명사의 의미(semantic) 산출을 요구하는 과제(범주/의미 유창성)로서, 예를 들어 가능한 한 많은 동물이름 대기와 같은 과제가 있다. 이 검사에서 결함을 보이면 정보 접근에서의 중요한 문제가 있음을 암시한다. 언어성 지능이나 언어평가 점수가 낮지만 의미 유창성 과제에서 수행이 평균 이상이라면, 아동의 노력 수준을 추정할 수 있다. 즉, 지능검사와 언어검사 수행 시 최선을 다하지 않았을 가능성이 있는지 검토한다.

⑤ 5단계

WISC-IV의 언어이해 지표점수가 낮은 반면 작업기억 지표점수가 더 높은 경우라면, 정보를 정확하게 따라하기(반복, repeat)는 가능하지만 언어를 효과적으로 이해하고 사용하는 능력이 제한되어 있다고 볼 수 있다. 언어장애가 있는 경우에는 대부분 청각적 작업기억의 결함을 나타낸다(Montgomery, 2003). 만일 작업기억 지표점수가 낮지 않은 경우에는 추가 검사가 필요하다.

언어이해 지표점수가 낮으면서 작업기억 지표점수가 낮지 않을 때에는 정보를 반복하는 능력과 언어적인 이해력을 측정하는 검사를 직접 비교해 본다. 문장을 반복하는 능력도 양호하고 문장 이해력도 좋다면, 낮은 언어이해 지표점수는 언어를 매개로 한 개념적인 추론능력이 빈약하기 때문이거나, 표현언어 문제 때문일 수 있다. 반복능력과 이해력이 낮고 언어이해 지표점수도 함께 낮다면, 언어장애일 가능성이 높다. 한편, 반복과 작업기억 지표점수가 보통 수준 이상이지만 언어이해 지표점수가 낮을 때, 작업기억과 실제 언어 사용 사이에 차이가 생긴다. 가장 극단적인 형태는 내용이나 적절한 맥락에 대한 고려 없이 반복하는 반향어로서 자폐증과 연관이 있다(Rapin & Dunn, 2003). 또한 이 프로파일은 언어장애는 아니지만 적절한 초기 학습 경험의 부족으로 언어기술이 제대로 발달하지 못한 빈곤계층의 아동에서도 볼 수 있다. 이 경우 언어학습에 필요한 인지기제는 제대로 발달되어 있지만 제한된 언어 경험으로 인해서 이해력과 표현력에서 또래보다 뒤처지게 된다.

⑥ 6단계

언어이해 영역은 결정지능을 나타내며 학습과 긴밀한 연계가 있으므로 학습성취도검사를 실시하여 학업성취 면에서의 수행 수준을 알아보는 것이 매우 도움이 된다.

⑦ 7단계

사회성 및 실용언어 문제 여부를 살펴본다. 자폐 스펙트럼 장애를 가진 아동은 특정 언어손상을 가진 아동과 유사하게 화용론에서의 결함을 보인다. 실용언어 결함을 가진 모든 아동이 다 자폐적인 것은 아니다. 하지만 아동이 언어를 사회적으로 부적절하게 사용하는 경우, 예를 들어 질문에 바로 반응하지 않거나, 두서없이 말을 하거나, 주제에 벗어난 대화를 하거나, 똑같은 주제를 반복하거나, 언어해석이 매우 구체적 수준이거나, 유머를 알아채지 못한다면(Martin & McDonald, 2003), 이는 웩슬러 언어성 소검사의 수행을 방해할 수 있다. 저조한 언어기능이 사회적 기능에 미치는 영향력을 평가하는 것은 진단적으로 상당히 유용한 정보를 줄 수 있다.

### (5) 언어이해 지표에 대한 일반적 개입법

언어이해 지표점수가 낮은 경우 가정, 교육 및 치료 현장에서 개입을 할 때 전반적으로 고려해야 할 점에 대해서 먼저 기술하고자 한다. 아울러 언어이해 지표점수가 저조한 경우 다양한 요인이 복합적으로 작용하므로 보다 정확한 원인을 파악한 후에 원인별로 개입할 수 있는 방법에 대해서도 설명하고자 한다.

① 환경과 관련하여 고려해야 할 점

• 아동과 치료사의 물리적 거리 및 학습환경이 중요하다. 가능하면 아동이 치료사

와 가까이에 앉는 것이 좋고, 책상 위에 있는 불필요한 물건들을 치운다. 즉, 아동의 주의를 분산시킬 만한 요소들이 있는 환경을 피한다.

- 구어적 지시나 설명을 들을 때 방해가 될 만한 배경 소리를 줄이며, 소리 나는 것으로부터 떨어져 앉게 한다.

② 개입(교수)방법과 관련하여 고려해야 할 점

- 치료사(교사)는 아동에게 설명을 하거나 지시를 할 때, 아동이 내용이나 지시사항을 이해했는지 확인해야 한다. 만약 이해하지 못했다면 더욱 쉽고 간단한 말로 풀어서 설명한다. 또한 지시를 부분으로 쪼개서 순차적으로 제시해 복잡성을 줄인다.
- 치료사(교사)는 아동으로 하여금 구어로 지시한 사항이나 수업 내용을 언제 이해하지 못하는지 스스로 인식하게 도와준다. 아동이 이해가 잘 안 될 때에는 치료사(교사)나 부모에게 다시 한 번 설명해 주도록 요청하는 법을 아동에게 가르친다.
- 치료사(교사)는 아동들이 기억하는 데 도움이 되도록 언어적인 단서를 제공함으로써 중요한 점을 강조할 수 있다(예: "이건 중요해." "이것을 기억해." "여기에 주목해라." 등).
- 치료사(교사)는 개념과 절차를 가르치기 위해서 시범과 모델링을 제공한다. 아동에게 숙제를 명확하게 하기 위해서 설명한 것을 녹음하도록 허용할 수 있다.
- 치료사(교사)는 그림, 그래프, 차트, 지도, 그래픽 조직자, 흐름도 등 시각화 자료를 활용한다. 언어만 사용하지 않고 들은 내용에 대해 시각적 · 절차적 표상으로 보충할 수 있도록 지도한다. 듣기, 기억하기 등을 연습할 때는 언어적 자극을 시각적 이미지로 바꾸는 것(심상화)도 연습시킬 수 있다.
- 치료사(교사)는 보고, 듣고, 말하기 통합활동을 시행한다. 시청각적으로 다양한 과제를 제시하여 아동이 보고, 듣고, 말하는 통합적인 학습방식이 이루어질 수 있도록 수업을 계획한다.

③ 개입(교수) 내용과 관련하여 고려해야 할 점

- 치료사(교사)는 아동의 연령 및 수준에 맞게 자료들을 선정해야 한다. 적절한 자료란 아동에게 정보를 제공하고 교육적이면서도 흥미와 관심을 이끌어 낼 수 있는 자료를 의미한다. 아동의 이해 수준보다 약간 쉬운 수준에서 시작하는 것이 동기 유발의 측면에서 효과적이다.
- 기본적으로 언어적 자극을 주는 문화에 아동을 노출시켜 언어능력을 증진시킨다. 이때 다양한 시청각 자료가 활용될 수 있다(예: 책, 그림, 사진, 지도, 그래프, TV 프로그램, 영화, DVD 등).

### (6) 언어이해 지표에 대한 원인별 개입법

① 언어기능(기술)에서 주로 어려움을 보이는 경우

- 아동과 대화할 때 성인이 좀 더 정교하고 정확한 어휘 및 용어를 사용하여 아동에게 좋은 모델이 되어야 한다. 또한 아동의 말에 반응할 때는 아동의 연령에 적합한 어휘와 문장구조를 가진 말로 반복해서 말한다.
- 지시를 내릴 때는 가능한 한 간단하게 말한다. 반면, 아동이 치료사의 질문에 대답하거나 말을 해야 하는 경우에는 주어, 서술어, 수식어 등을 합친 전체 문장을 사용하도록 해야 한다.
- 언어기술을 향상시키기 위해서는 잘 보고 잘 듣는 기술이 중요하다. 그리고 이를 통해 제시된 자료들을 아동이 재구성하는 활동을 할 수 있다.
- 아동의 듣기기술을 향상시키기 위해 이야기를 녹음하여 동일한 이야기를 반복적으로 듣게 하는 것도 이야기를 이해하는 데 도움이 될 수 있다.
- 청각 자료를 활용할 때는 아동에게 이야기(소설 또는 수필)를 들려주고, 이야기의 기본적인 내용들에 근거하여 이야기를 다시 말해 보도록 하는 것이 도움이 된다. 이런 기술을 사용해서 이야기의 길이, 주제 등을 다양하게 확장한다(신문, 잡지 기사, 역사적 설명, 특정 주제에 관한 보고서 등).

• 시각 자료를 활용할 때는 아동이 제시된 시각자극을 정확한 단어를 사용하여 묘사하고 자신의 느낌, 생각, 의견 등을 말할 수 있도록 격려한다.
• 시각자극을 활용한다. 치료사(교사)는 그림을 보여 준 후 아동으로 하여금 그 장면을 묘사하고, 의미를 해석하게 하며, 자신의 의견이나 느낀 점까지 말할 수 있도록 활동을 확장시킨다.
• 유익한 TV 프로그램을 선정하여 아동에게 시청하게 한 후, 다른 사람들에게 시청한 내용을 설명하게 한다.

② 언어적 학습 영역에서 주로 어려움을 보이는 경우
• 읽기 과제의 경우, 아동이 구절을 읽고 그 의미를 설명하면서 해석하게 한다. 이때 단어들을 기계적으로 읽는 것보다는 구절의 의미와 해석에 강조를 둬야 한다. 밑줄을 긋는 것은 아동이 중요한 부분을 끄집어 내게 하는 데 도움을 준다.
• 지시사항에서 사용한 용어들을 다시 한 번 직접적으로 설명한다. 아동에게 어휘를 가르칠 때는 어휘의 뜻을 직접 가르치는 방법도 있지만 아동이 단어를 직접 찾아보도록 사전을 사용하는 방법을 가르쳐야 한다. 또한 동의어, 반의어, 유의어 등 어휘의 범위를 확장할 경우에도 동일한 방법이 적용될 수 있다. 이때 전자사전, 인터넷 등 다양한 형태의 자원을 활용할 수 있다.
• 치료사(교사)와 아동이 시나 수필을 함께 읽고 의미를 파악한 후, 다른 사람에게 그 의미를 설명하고 각자 느낀 점을 이야기한다. 더 나아가 아동들이 시나 수필을 직접 써 보고 서로 교환하여 설명하도록 한다.
• 읽기(단어인지, 유창성, 독해 등)나 쓰기(필기, 맞춤법, 작문 등)의 하위기술 중 어디에 문제가 있는지 확인하고 그에 맞는 개입을 시행한다. 예를 들어, 읽기기술 중 단어인지에서 어려움이 있을 경우 발음중심법에 근거한 교수법을 시행한다. 이 외에 다른 하위기술에 대한 설명과 개입은 김애화 등(2013)을 참조하여 활용한다.
• 음운인식에서 어려움을 보이는 경우, 이와 관련된 각종 논문이나 학술지, 시판검사(김애화 외, 2013; 김동일, 2010)에서 제시되어 있는 자료를 활용하여 훈련시킬

수 있다.

- 빠른이름대기에서 어려움을 보이는 경우, 앞에 제시된 검사에 나와 있는 검사자극과 유사한 자극(항목이 다른)을 만들어 사용할 수 있다.

③ 언어적 지능(언어적인 지적 능력)에서 주로 어려움을 보이는 경우

- 학습을 하기 전 아동에게 새로운 용어와 개념에 대한 정의를 먼저 제공해야 한다. 특히 아동들이 생소한 주제들을 배울 경우 더더욱 용어 및 개념을 주의해야 한다. 아동들에게 노트, 수첩 등에 새로운 용어와 그 정의를 따로 적게 하고 그 목록을 정기적으로 공부하도록 한다.
- 이전 지식과 관련 있는 새로운 정보와 개념을 가르칠 때에는 기존과 현재의 지식 간 간격(gap)이 있는지 점검한다. 간격이 있다면 현재의 그 자료를 마치 새로운 것을 가르치는 것처럼 한다.

### (7) 언어이해 지표 개입법 예시: 필수과제 워크시트 1 2

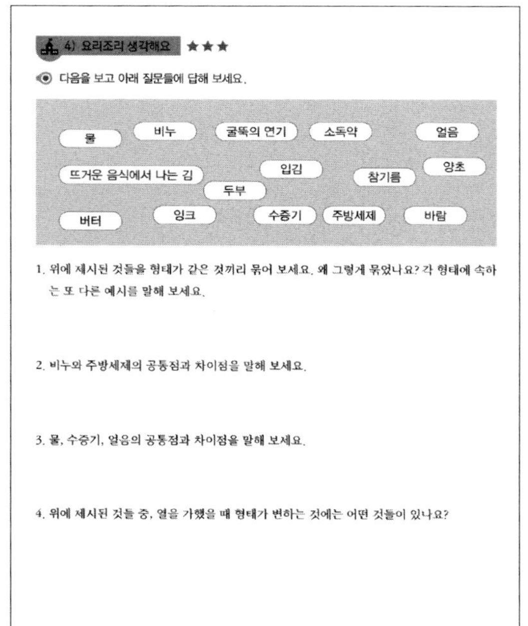

4) 요리조리 생각해요 ★★★

다음을 보고 아래 질문들에 답해 보세요.

물 / 비누 / 굴뚝의 연기 / 소독약 / 얼음 / 뜨거운 음식에서 나는 김 / 입김 / 참기름 / 양초 / 두부 / 버터 / 잉크 / 수증기 / 주방세제 / 바람

1. 위에 제시된 것들을 형태가 같은 것끼리 묶어 보세요. 왜 그렇게 묶었나요? 각 형태에 속하는 또 다른 예시를 말해 보세요.
2. 비누와 주방세제의 공통점과 차이점을 말해 보세요.
3. 물, 수증기, 얼음의 공통점과 차이점을 말해 보세요.
4. 위에 제시된 것들 중, 열을 가했을 때 형태가 변하는 것에는 어떤 것들이 있나요?

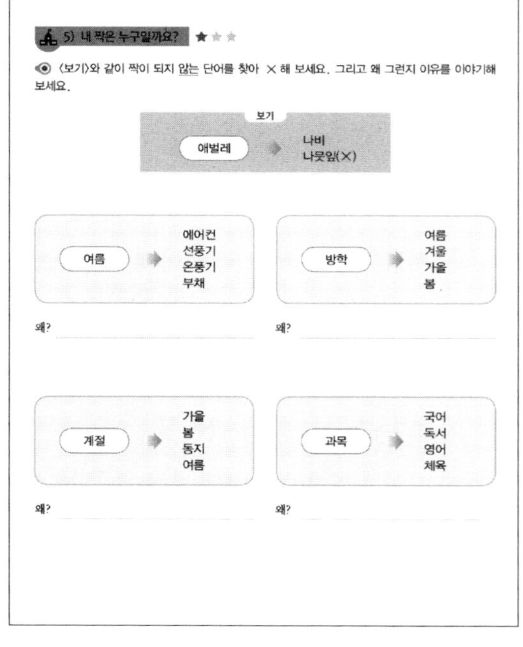

5) 내 짝은 누구일까요? ★★★

〈보기〉와 같이 짝이 되지 않는 단어를 찾아 × 해 보세요. 그리고 왜 그런지 이유를 이야기해 보세요.

보기: 애벌레 → 나비 / 나뭇잎(×)

여름 → 에어컨 / 선풍기 / 온풍기 / 부채

왜?

방학 → 여름 / 겨울 / 가을 / 봄

왜?

계절 → 가을 / 봄 / 동지 / 여름

왜?

과목 → 국어 / 독서 / 영어 / 체육

왜?

출처: 2권 『언어발달 영역 인지기능 향상 워크북』.

## 2) 지각추론 지표에 대한 개입법

네 가지 지표 중 지각추론 지표 영역의 점수가 가장 낮을 경우, 이에 대한 개입법은 다음과 같다.

### (1) 지각추론 지표의 측정영역

K-WISC-IV에서 지각추론 지표는 아동이 시지각 자료를 해석하고 조직화하는 능력뿐만 아니라 유동추론(유동지능)을 측정한다. 유동추론의 측정은 주로 지각적 조직화를 측정한 WISC-III의 소검사와 특히 달라진 점이다(Wechsler, 2003). 또한 K-WISC-IV의 지각추론 지표는 시간 보너스를 제공하는 차례맞추기나 모양맞추기와 같은 소검사들이 빠지고, 토막짜기에서는 시간 보너스가 있는 점수와 없는 점수의 두 가지로 산출되기 때문에 속도의 영향을 덜 받는다. 아울러 높은 수준의 추론을 할 때에는 집행기능(executive function)이 영향을 주는데, K-WISC-IV에서 제외된 소검사인 미로찾기와 같은 경우는 즉각적인 계획 세우기, 자기점검하기(self-monitoring), 충동적인 반응 억제하기와 같은 능력에 초점을 두므로 필요한 경우에는 따로 실시하여 집행기능의 영향력을 추가로 평가할 수 있다.

유동추론(유동지능)은 수학 성취의 발달과 연관성이 높으며, 읽기와 쓰기 기술의 발달에 중간 정도 수준으로 기여한다. 쓰기 표현은 전 연령에 걸쳐 유동추론과 관련이 있다. 지각추론 지표에서 시각처리는 기하나 미적분처럼 좀 더 상위 수학을 하는 데 중요하다.

WISC-IV 지각추론 지표의 핵심 소검사는 토막짜기이며, 주로 유동추론을 평가하기 위해 공통그림찾기와 행렬추리 소검사가 새로 추가되었다. 반면에, 차례맞추기와 모양맞추기는 핵심 소검사에서 삭제되고, 빠진곳찾기는 보충 소검사에 포함되었다.

지각추론 지표에서 낮은 점수는 지능의 문제, 주의집중력 부족(특히 세부적인 것에 대한), 저조한 지각능력을 의미할 수 있다. 무엇이 문제인지 알기 위해서는 지각을 측정하는 다른 검사를 이용해서 점수를 비교해 본다. 이 영역의 점수가 낮을 경우 시각

처리의 문제인지, 유동추론의 문제인지, 혹은 둘 다 문제인지 고려해야 하고, 운동기능 역시 점검해야 한다.

### (2) 지각추론 지표에서 어려움을 보이는 아동의 특성

지각추론 지표에서 낮은 점수를 보이는 경우는 크게 시지각적 정보처리, 유동추론, 또는 운동기능에서 어려움을 보이는 세 가지 경우로 나누어 설명할 수 있다.

① 시지각적/시공간적 정보처리에 어려움이 있는 아동

- 시각정보를 의미 있는 패턴으로 조직화하는 것이 어렵다.
- '마음의 눈으로 뭔가를 보기 위해서' 시각적인 심상을 형성하는 것이 어렵다.
- 좌우를 기억하고 구분하는 것이 어렵다.
- 사물이나 시각 패턴을 공간에서 변경하거나 회전한다면 어떻게 보일지와 관련하여 정신적으로 조작하는 것이 어렵다.
- 연결되어 있지 않은 자극이나 희미하거나 부분적으로 숨겨진 시각적 정보 유형을 의미 있는 전체로 조합하는 것이 어렵다.
- 주어진 공간적인 시각장이나 패턴을 통해 길을 발견하는 것이 어렵다(예:미로 찾기).
- 시각적인 길이나 거리를 직접 측정하지 않고 추정・비교하는 것이 어렵다.
- 기하, 미적분, 다른 고급 수학에서 수학 개념을 이해하는 것이 어렵다.
- 차트, 지도, 청사진을 읽고 필요한 정보를 추출하는 것이 어렵다.
- 책상, 옷장, 방 안과 같은 공간에서 물건들을 배열하는 것이 어렵다.
- 시각적으로 세밀한 것을 놓치는 경우가 많다.

② 유동추론(유동지능)에 어려움이 있는 아동

- 추론을 요하는 비교적 새롭고 낯선 과제에 직면했을 때 어려움을 보인다.
- 개념을 이해하고 형성하는 것이 어렵다.

- 패턴 간의 관계를 지각하는 것이 어렵다.
- 제시된 정보로부터 추론을 하는 것이 어렵다.
- 주제나 행동에 내포되는 의미(함의)를 이해하는 것이 어렵다.
- 복잡한 문제해결과 개념형성이 어렵다.
- '그리고', '혹은' 논리를 이해하고 사용하는 것이 어렵다.
- 여러 가지 다른 결론을 통해서 논리적 추론을 하거나, 그 패턴을 따르는 것이 어렵다.
- 수학을 이해하고 계산하는 데 필요한 양적 추론을 하는 것이 어렵다.
- 개념 이해나 자동적으로 풀 수 없는 새로운 문제해결을 위해 언어 사용에 지나치게 의존한다.
- 새로운 상황으로 정보를 전이하고 일반화하는 것이 어렵다.

③ 시각-운동 협응능력 및 미세운동 기능에 어려움이 있는 아동

- 글자 형성과 글자 패턴을 기억하는 것이 어렵다.
- 칠판이나 교재의 정보를 베껴 쓰는 것이 어렵다.
- 단추 끼우기, 지퍼 올리기, 신발끈 묶기 등 일상생활에서 손으로 하는 미세 작업을 수행할 시 어려움을 보인다.
- 글자 쓰기, 색칠하기를 싫어한다.

### (3) 지각추론 지표에 영향을 주는 요인

지각추론 지표의 소검사들은 학교에서 배우지 않는 것들이다. 지각추론 지표에서 수행이 저조한 이유로는 여러 가지가 있는데, 우선 시지각적인 처리기술과 관련하여 시각적 변별력, 시각 주의력과 작업기억력, 전체 대 부분을 시각적으로 처리하는 능력, 처리속도, 운동기술 및 실행기능을 고려해야 한다. 무엇보다 지각추론 지표에서의 낮은 수행이 순수한 지각의 문제인지 아니면 유동추론의 문제인지 또는 운동기능의 문제인지 구별하는 것이 중요하다.

### (4) 지각추론 지표의 문제점 진단을 위한 분석 절차

지각추론 지표에서 어려움을 보이는 경우 다음에 제시된 바와 같이 원인을 면밀하게 탐색하고, 필요한 경우 추가적인 분석을 실시하며, 그에 따라 개입 전략을 세우는 것이 필요하다.

① 1단계

시지각적/시공간적 자극처리에 결함이 있는지 살펴본다. 좌반구의 시각체계는 시각정보의 '국소적인' 상세한 부분들을 해독하는 반면, 우반구의 시각체계는 '전체적인' 조직화 정보의 형태를 해독한다. 이러한 시각체계는 복잡하며, 작은 단위의 시각정보가 점점 더 높은 수준에서 통합된다. 이런 주요한 과정들이 지각적인 특성을 인식하는 데 정확성, 시각적 이미지의 예민함에 영향을 준다. 이처럼 관련된 시각체계의 결함이 있는 경우에는 시각장의 결함, 시각적 변별, 부분적 대 전체적 처리, 공간적 처리에서의 어려움을 보인다.

② 2단계

시각-운동 협응능력의 문제인지 살펴본다. 지각추론 지표에서의 낮은 수행이 순수한 지각의 문제인지 아니면 운동기능의 문제인지 구별하는 것이 중요하다. 이를 위해 시지각발달검사(Korean Developmental Test of Visual Perception: K-DTVP-2)를 추가로 시행하도록 권장한다. 시지각발달검사를 구성하는 8개 하위검사는 눈-손 협응(eye-hand coordination), 공간위치(position in space), 따라그리기(copying), 도형-배경(figure-ground), 공간관계(spatial relations), 시각통합(visual closure), 시각-운동 속도(visual-motor speed), 형태항상성(form constancy)이다. 이중에서 눈-손 협응, 따라그리기, 공간관계, 시각-운동 속도는 높은 점수를 얻기 위해 운동기능이 좀 더 많이 요구되는 검사다.

③ 3단계

유동추론의 문제로 인해 수행이 저하되었는지 살펴본다.

### (5) 지각추론 지표에 대한 일반적 개입법

지각추론 지표점수가 낮은 경우 가정, 교육현장, 치료현장에서 개입을 할 때 전반적으로 고려해야 할 점에 대해서 먼저 기술하고자 한다. 아울러 지각추론 지표점수가 저조한 경우 다양한 요인이 복합적으로 작용하므로 보다 정확한 원인을 파악한 후에 원인별로 개입할 수 있는 방법에 대해서도 설명하고자 한다.

① 환경과 관련하여 고려해야 할 점

- 시력을 반드시 점검한다.
- 과제를 시작하기 전에 책상을 깨끗하게 치웠는지 확인한다. 과제에 불필요하고 시각적으로 혼란스러운 것을 제거하여 아동을 산만하게 하는 요소들이 없는 작업 공간을 유지한다.

② 개입(교수)방법과 관련하여 고려해야 할 점

- 쉬운 것에서 어려운 것으로, 단순한 것에서 복잡한 것으로 점진적으로 발전시키되, 작은 것이라도 성공 경험을 많이 할 수 있도록 지도한다.
- 시각 및 운동 과제를 쉽게 재구성하여 제공하되 좀 더 섬세한 협응을 요하는 활동들은 서서히 도입한다. 초기 개입 시에는 수행을 방해하는 것을 최소화하면서 큰 자극을 베끼게 하거나 시각-운동 작업을 위한 안내를 제공한다.
- 대근육 운동이나 그 외 유사한 기술을 활용할 수 있다. 다양한 부위의 신체를 움직이게 하는 체육활동도 종종 도움이 된다.
- 아동을 압도할 수 있는 시각적인 제시물(예: 그림, 다이어그램, 차트 등)의 수를 줄이고 분명하게 언어로 지시한다. 새로운 기술(skills)과 개념, 그래프 등 시각을 기반으로 한 개념과 과제들은 모두 말로 설명한다.
- 공간적인 조직화를 요하는 과제에 대해서도 언어적 지시를 통해 도움을 제공한다. 아동이 시각이나 공간적인 작업을 하면서 자기 스스로에게 말하는 언어적 중재를 사용하도록 격려한다.

- 충분한 학습효과를 내기 위해서 개념을 반복하고 검토한다. 아동이 기억하는 내용을 이해하는지 점검한다.
- 수학문제의 수를 줄이고, 여백이 많은 종이에 문제를 제공한다. 아동에게 칠판이나 교과서의 문제를 베끼도록 요구하지 않는다. 그 대신 노트나 숙제장을 제공한다. 베껴쓰기를 할 때 속도를 요구하지 않는다. 아동이 정확성을 기하기 위해 교정을 보도록 여유시간을 허락한다. 아동에게 베낄 때 각 단어나 숫자, 세부적인 것을 말하게 함으로써 언어적으로 생각할 수 있도록 가르친다.

③ 개입(교수) 내용과 관련하여 고려해야 할 점

- 연령과 발달 수준에 적합한 그림, 모양, 글자, 단어 문장을 활용하되, 똑같은 형태를 지각하는 활동에 초점을 맞춘다.
- 숫자, 글자, 기호, 사물 카드를 바닥에 펼친 후 일정한 규칙(예: 같은 모양 찾기)에 따라 말하고 쓴다.
- 실제 그림, 기하학적 형태, 글자 등이 포함된 숨은그림찾기를 하고, 찾은 자극의 윤곽을 굵은 펜으로 따라 그린다.
- 위, 아래, 오른쪽, 왼쪽, 대각선, 중간, 사이 등 시공간과 관련된 언어적 표현을 실제 개념과 연결시킨다(예: 운동화의 좌우 구별, 오른손과 왼손 구별 등).
- 퍼즐, 칠교 등의 교구를 활용한다.

### (6) 지각추론 지표에 대한 원인별 개입법

① 시지각/시공간 처리에서 주로 어려움을 보이는 경우

- 같은 그림, 모양, 단어, 숫자이지만 글씨체나 색깔 혹은 크기가 다른 것끼리 찾아 짝짓기를 한다.
- 치료자가 제시하는 자극의 위치를 지각한다.
- 아동에게 종이의 왼쪽에서 오른쪽으로 글씨를 쓰게 한다. 글씨를 쓰기 시작하는

종이의 왼쪽에는 초록색으로 '가라'고 표시하고, 종이 오른쪽 끝에 빨간색으로 '정지'라고 표시하는 것도 좋은 방법이다.

- 수학 연습문제를 완성하기 위해 그래프 종이와 줄이 쳐진 종이를 사용하여 아동이 위치를 통해 자릿값과 숫자 배열 방법을 배우게 한다.
- 치료자가 손가락, 막대기, 포인터 등을 사용하여 왼쪽에서 오른쪽, 위에서 아래로 특정 자극을 지적하면 아동은 시선을 이동시켜 그 자극을 찾아 말한다.

② 유동추론에서 주로 어려움을 보이는 경우

- 모든 과제는 언어적으로 지시한다.
- 다양한 비언어적 자극을 통해 차이점과 유사점 찾기, 분류하기, 상위개념과 하위개념 구분하기와 관련된 과제를 시행한다. 이해를 확실히 하기 위해서 개념과 절차를 언어로 직접 제시한다.
- 비록 그림이나 사진 자료를 활용하더라도 언어적인 지시를 통해 기억할 수 있는 사건 순서에 주의를 기울이면서 문제를 해결할 수 있도록 가르친다.
- 수학을 언어를 통해 체계적으로 한 단계씩 가르친다.
- 개념을 가르치기 위해서 언어적으로 설명하는 것과 함께 실제 대상과 조작할 수 있는 자료를 사용한다.
- 개념을 이해하고 기억하기 위해서 자기-혼잣말하기(self-talk)를 통해 아동 자신을 언어적으로 가이드하고, 따라야 할 절차나 단계들을 나열하도록 가르친다.
- 과제의 난이도를 세심하게 조정한다.
- 숙제와 과제들을 순차적으로 단계별로 설명한다.
- 개념을 설명하거나 지시사항을 줄 때 복잡하거나 긴 지시사항, 비유적인 말을 피한다.
- 문제해결 전략을 가장 잘 적용될 수 있는 맥락에서 가르친다.
- 가능한 한 조기에 읽고 이해하는 기술을 가르치고, 읽은 내용을 강조해서 아동의 개념 이해를 돕는다.

- 쓰인 내용을 순차적인 단계로 조직화하고 언어적인 전략이나 절차를 나타낼 수 있도록 목록(혹은 그래픽 조직자)을 제시한다.

③ 시각-운동 협응능력 및 미세운동 기능에서 주로 어려움을 보이는 경우

- 단어, 문장, 이야기를 손 또는 타자로 베껴 쓰고 읽는다.
- 모양자나 여러 가지 모형틀 또는 글자판을 대고 그린다.
- 색칠활동을 하되 기하학적 형태나 실제 모양 모두 가능하다. 처음에는 굵은 선으로 시작하여 점차 얇은 선으로 변화를 준다.
- 특정 형태 자르기 또는 색칠하고 자르기를 통합한 활동을 시행한다.
- 행동 따라 하기, 발자국 따라 가기, 한 줄 따라 걷기, 기찻길 걷기, 징검다리 걷기 등을 시행한다.
- 구슬 꿰기, 실 꿰기, 옷 입히기 등을 시행한다.
- 자유화 또는 구조화된 미술 공예 활동이 모두 유용하다. 예를 들어, 손가락으로 페인트 칠하기, 도자기 만들기, 찰흙놀이, 페그보드(나무못 꽂는 판)와 모형 조립 등을 활용할 수 있다.
- 견본이 있는 도미노나 디자인을 보고 따라 한다.
- 다양한 도구(종이, 모래, 칠판 등) 위에 여러 가지 필기구(연필, 색연필, 보드마커 등)를 활용하여 쓰기, 순서대로 점 이어 모양 완성하기, 숫자 · 글자 · 단어 따라 쓰기 등의 활동을 할 수 있다. 특히 배경과 대비되는 철자나 그림은 형태의 시각화를 촉진한다.
- 왼쪽에서 오른쪽으로, 위에서 아래로, 또는 사선, 곡선 등 다양한 선 긋기를 한다.

### (7) 지각추론 지표 개입법 예시: 필수과제 워크시트 [1] [2]

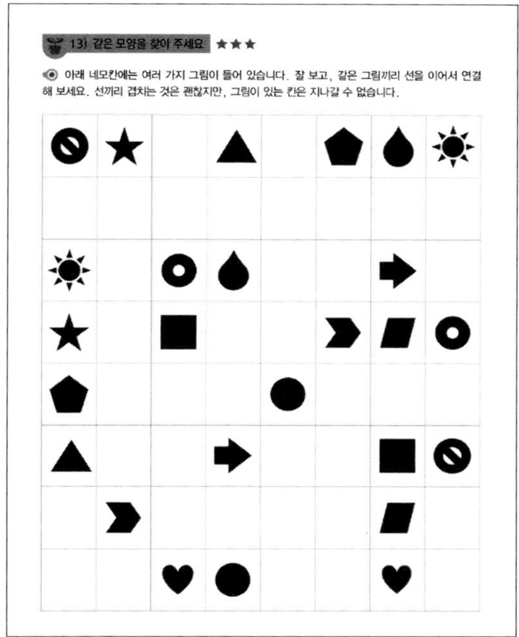


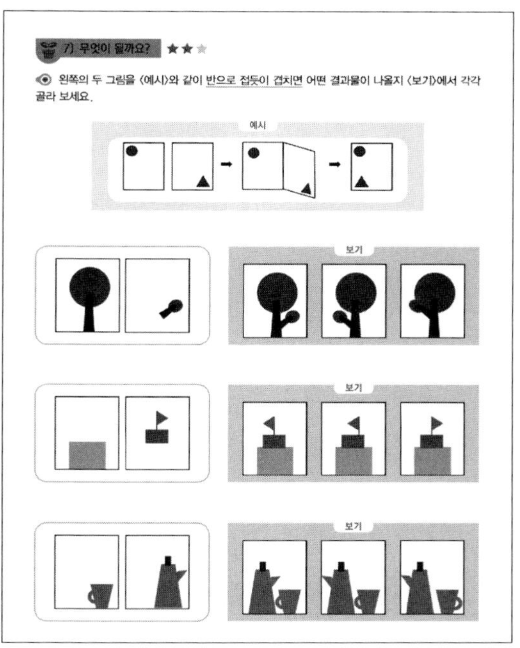


출처: 3권 『지각발달 영역 인지기능 향상 워크북』.

## 3) 작업기억 지표에 대한 개입법

네 가지 지표 중 작업기억 지표 영역의 점수가 가장 낮을 경우, 이에 대한 개입법은 다음과 같다.

### (1) 작업기억 지표의 측정영역

작업기억(working memory)이란 짧은 시간 동안 정보를 기억하고, 정신적인 조작을 수행하면서, 정보를 산출하고 반응하는 능력이다. 작업기억은 단기기억(short-term memory)의 연장선상(Atkinson & Shiffrin, 1971)에서 일시적으로 정보를 유지함과 동시에 작업대 역할로서(Klatzky, 1980) 정보처리하는 능력을 포함한다고 볼 수 있다.

작업기억에 관한 여러 모델 중 신경기반 모델에서는 자극이 즉각적인 기억에 들어와 유지되는 입력과정과 즉각적 기억에서 활성화된 정보를 변형시키는 정신적 조작의 과정을 제시한다(Jonides, Lacey, & Nee, 2005). Baddeley(2003)의 작업기억 모델에서는 주의력을 통제하는 중앙 실행기능(central executive)이 언어와 시각 자극으로 저장되고 재생되는 음운고리(phonological loop)와 시공간 잡기장(visuo-spatial sketchpad)에 작용을 하며, 또한 장기기억으로부터 정보를 내려받아 작업장으로서의 역할을 하는 삽화적 완충제(episodic buffer)에도 작용을 한다고 보았다. 작업기억에 대한 여러 이론과 모형을 종합해 보면, 작업기억에는 입력기능, 장기기억으로부터 정보 인출하기(retrieval), 전략적 과정의 실행, 주의를 기울이고 실행하는 과정, 언어와 시공간에 저장된 것을 구분하기가 포함된다.

K-WISC-IV 검사에서 작업기억 지표는 주의력, 집중력과 작업기억 능력을 측정하는 소검사로 구성되어 있다. 핵심 소검사에는 기존의 숫자와 새로이 추가된 순차연결이 있고, 산수는 보충 소검사에 해당된다. WISC-III에서 주의를 기울이고 집중하며 외부 요인들에 의해 방해받지 않는 능력인 '주의집중' 요인이 대체된 것으로 볼 수 있다. 그러나 K-WISC-IV의 작업기억 지표는 주의력, 집중력과 더불어 기계적인 과제보다 좀 더 고차원적인 과제로 구성되어 주의를 유지하면서 정신적인 통제를 발휘하는 능력(재배열, 여러 종류의 자극 저장, 연산 작업)을 모두 포함한다. 아울러 K-WISC-IV에서 작업기억 지표를 구성하는 소검사(숫자, 순차연결, 산수)는 청각적인 작업기억력을 측정한다. 핵심과 보충 소검사에서 시각적 작업기억력이 부재하므로, K-WISC-IV의 작업기억 통합본에서는 시각적 자극에 대한 작업기억을 측정하는 처리 소검사를 포함시켰다.

산수 소검사의 경우, Kaufman(1994)은 WISC-III에서 '주의집중'이란 요인에 수리력을 포함시켰다. 그러나 K-WISC-IV의 작업기억 지표에서는 산수 소검사를 보충검사에 편성시켰다. 그 이유는 산수 소검사가 작업기억을 측정하는 데 적절하지만, 수리력과 관련된 기술을 제대로 습득하지 못하였거나 산술에 장애가 있는 경우라면 산수 소검사가 작업기억을 재는 정확한 지표가 아니라, 수학 관련 학습의 어려움을 반영할 수 있기 때문이다.

### (2) 작업기억 지표에서 어려움을 보이는 아동의 특성

- 일반적인 지적 능력은 나쁘지 않아도 작업기억력이 좋지 못한 경우, 지시사항을 자주 잊어버리고, 동시에 처리하고 저장하는 과제를 다루기 힘들어하며, 복잡한 과제에서는 혼란을 겪게 된다. 가장 흔한 결과로 이 아동들은 과제를 완수하지 못한 채 활동을 포기한다.
- 작업기억이 낮은 아동은 수업시간에 손을 들지만 물어보면 대답을 잊어버린다.
- 여러 단계를 거쳐야 하는 과제들을 할 때 어려움을 겪게 되며, 과제를 유지하고 지속하는 것이 어렵다. 이들은 과제를 완수하기 위하여 충분한 정보를 머릿속에 담아 둘 수가 없기 때문에 특히 대집단 활동을 하는 것이 어렵다.
- 작업기억에서 중요한 정보를 잊어버리는 것의 예로는 따르려고 한 지시사항, 지금 하고 있는 상세한 것들, 복잡한 과제 내에서 어디로 가야 하는지 등을 잊어버리는 것이다.
- 작업기억이 낮은 아동들은 낮은 수준의 전략과 낮은 처리조건으로 전반적인 효율성이 감소된다. 이로 인해 결국 학습성취가 저조하다.
- 작업기억이 낮은 아동의 특징적인 행동에는 다음과 같은 예가 있다.
  - 첫 번째 단계를 넘어 다음 단계의 지시사항을 따르는 것이 어렵다.
  - 문장, 단락을 구성하는 것이 어렵다.
  - 긴 나눗셈과 같이 한 단계 이상이 요구되는 수학 계산에서 어려움을 보인다.
  - 방금 보거나 들은 정보에 주의를 기울이거나 바로 회상하는 데 어려움을 보인다.

### (3) 작업기억 지표에 영향을 주는 요인

작업기억 지표에 영향을 주는 요인들로는 청각적인 변별과 예민함, 시연(rehearsal)과 같은 부호화 전략 등이 포함된다. 작업기억 지표의 점수가 낮으면 산만하고, 청각기억이 부족하며, 집중하지 못하는 특성을 나타낸다. 산만한 아동들의 경우, 그 원인은 뇌의 역기능이나 주의력결핍 과잉행동장애(ADHD)와 같이 신경생물학적인 요인들에 기인할 수도 있지만, 때로는 환경과 문화적인 요소나 정서적 요인과 관련이 있을 수도 있다.

### (4) 작업기억 지표의 문제점 진단을 위한 분석 절차

① 1단계

작업기억 지표에서 어려움을 보이는 경우, 다양한 요인이 영향을 미칠 수 있으므로 여러 요인의 가능성을 고려하여 저조한 수행의 기본 원인을 탐색해 본다. 즉, 청각적 변별력이나 민감성의 문제, 시연과 같은 부호화 전략의 문제, 혹은 작업기억의 발달을 저해하는 다른 요인(ADHD, 정서, 사회적 관계와 같은 환경적 요인 등)이 관련이 있는지 탐색해 본다.

② 2단계

기억력 관련 검사들을 추가로 실시한다면 보다 정확한 원인을 파악하는 데 도움이 될 수 있다(기억 관련 검사, 전산화된 주의력 검사 등).

### (5) 작업기억 지표에 대한 개입법

작업기억 지표점수가 낮은 경우 가정, 교육현장, 치료현장에서 개입을 할 때 전반적으로 고려해야 할 점은 다음과 같다.

① 환경과 관련하여 고려해야 할 점

- 환경적으로 산만하게 하거나 불필요한 자극을 줄일 수 있도록 물리적 환경을 조성한다. 우선 개별 좌석을 조용한 곳에 따로 마련한다.
- 시각적으로 주의를 빼앗길 수 있는 그림을 제거하며, 전등 혹은 스탠드의 불빛도 깜빡거리지 않고 적절하게 작동하는지 확인한다.
- 청각적으로 산만하게 할 수 있는 소리를 줄이기 위해 마루에 카펫과 같은 것 깔

아 놓기, 소음을 줄이는 천장 타일과 커튼 사용하기, 부드러운 깔창으로 된 신발 신기 등 환경을 조성하여 외부의 소리를 줄일 수 있도록 한다.

② 개입(교수)방법과 관련하여 고려해야 할 점

- 개입 시 "○○야, 선생님의 말을 들어봐." "○○야, 이것을 기억해."와 같은 말을 가끔씩 사용하면 아동이 좀 더 주의를 기울이는 데 도움이 된다. 아동이 집중을 하지 못하고 돌아다닌다면 가까이에 있는 과제에 집중하도록 주의를 환기시켜 줘야 한다.
- 지시사항은 가능하면 간단하고 단순하게 하고, 긴 지시의 경우 각 단계로 쪼갠다.
- 치료사(교사)가 지시사항을 자주 반복한다.
- 여러 단계가 포함되어 있고 꽤 긴 시간 동안 지속해야 하는 과제에 대해서는 아동에게 처음부터 지시사항을 반복하지 말고, 그 과제에서 각 단계마다 중요한 정보를 상기시켜 준다.
- 아동이 해야 할 일을 기억하는지 확인하기 위해서 함께 점검한다.
- 한 번에 주어지는 단계의 개수를 줄인다.
- 지시사항을 기억하는지 확인하기 위해서 아동에게 이를 반복하게 한다.
- 언어중재나 기억술(mnemonic)과 같이 기억을 돕는 전략을 가르친다.
- 매일의 스케줄이나 시간표를 공책 표지나 책상 및 교실 벽에 붙인다.
- 자리에서 이탈하는 아동의 행동을 줄인다. 이때 착석행동을 보상하는 등 행동수정 기술이 효과적이다.

③ 개입(교수) 내용과 관련하여 고려해야 할 점

- 읽을 때 중요한 자료에 밑줄을 긋도록 한다. 때로는 줄을 잘 따라가는 데 도움이 되는 포인터나 자를 대고 읽게 하거나, 손으로 짚으며 읽게 할 수 있다.
- 부호화하기, 리허설, 회상기술을 높일 수 있는 기억술 전략들이 도움이 된다. 또한 스트레스를 줄이는 것과 잘 듣는 훈련을 하는 것도 도움이 된다.

- 특히 순차적으로 하는 활동은 아동이 집중해서 순서를 따르는 데 도움이 된다. 예를 들면, 치료사가 제시된 순서대로 토막을 두드리고, 아동이 이를 차례대로 반복하게 하는 활동, 또는 치료사가 일련의 카드를 제시하거나 만화를 잘라 순서를 바꾸고 다시 재배열하게 하는 활동 등이 있다.
- 아동에게 잘못 배열된 순서를 논리적으로 나열하고 이야기하도록 한다. 또는 미완성인 물체의 그림 속에서 누락된 부분을 찾고, 두 그림을 비교하여 달라진 곳을 찾게 하는 활동 역시 집중에 도움이 된다.
- 기억 게임과 같은 활동이 효과적이다.

### (6) 작업기억 지표 개입법 예시: 필수과제 워크시트 [1] [2]

3) 잘 기억하세요 ★★☆

나는 초등학교 5학년 차상은입니다. 학교 끝나고 해야 할 일이 너무 많습니다. 어디에 들러서(장소) 무엇을 해야 하는지(행동)를 함께 외워 볼까요?

"상은아! 학교 끝나고 ……"

1. 일단 태권도 학원에 가서 1시간 수업을 들어야 해.
2. 그리고 도서관에 가서 읽고 싶은 책 2권을 빌려 와.
3. 아참, 중앙상가에 들러 종량제 쓰레기봉투를 사다 줄래?
4. 집에 오는 길에 중학생 형한테 준비물 좀 전해 주고 집으로 오렴.

1. 상은이가 들른 장소와, 그 장소에서 무엇을 했는지 기억나는 대로 적어 보세요.

| 장소 | 태권도 학원 | ➔ | 도서관 | ➔ | 중앙상가 | ➔ | 중학교 |
|---|---|---|---|---|---|---|---|
| 행동 | | | | | | | |

2. 지도 위에 상은이가 움직인 길을 그려 보세요.

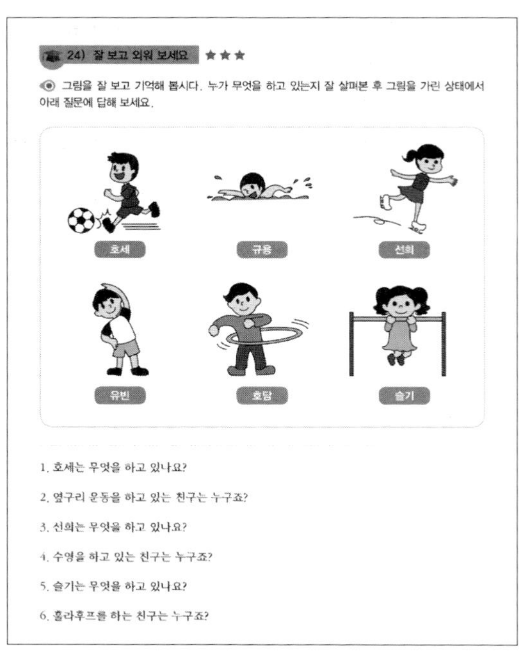

24) 잘 보고 외워 보세요 ★★★

그림을 잘 보고 기억해 봅시다. 누가 무엇을 하고 있는지 잘 살펴본 후 그림을 가린 상태에서 아래 질문에 답해 보세요.



1. 호세는 무엇을 하고 있나요?
2. 옆구리 운동을 하고 있는 친구는 누구죠?
3. 선희는 무엇을 하고 있나요?
4. 수영을 하고 있는 친구는 누구죠?
5. 슬기는 무엇을 하고 있나요?
6. 훌라후프를 하는 친구는 누구죠?

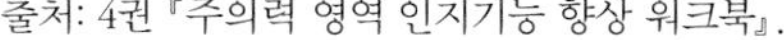
출처: 4권 『주의력 영역 인지기능 향상 워크북』.

## 4) 처리속도 지표에 대한 개입법

네 가지 지표 중 처리속도 지표 영역의 점수가 가장 낮을 경우, 이에 대한 개입법은 다음과 같다.

### (1) 처리속도 지표의 측정영역

처리속도 지표는 아동이 형태와 상징이 같은지 다른지를 인식하며, 숫자와 형태, 혹은 하나의 표시와 하나의 형태를 짝지어 기억하는 능력 등 비언어적인 정보를 가능한 한 정확하고 빠르게 처리하는 능력을 측정한다. 이 지표에서는 형태와 상징을 짝지어 기억하는 것이 중요하며, 빠른 결정을 내리는 시간 관련 요소가 중요한 요인이다. 처리속도는 특히 초등학생 시기에 읽기와 수학 성취의 발달과 관련성이 높다. 고학년 아동들은 이러한 기본적인 학습 기술들을 자동적으로 사용하여 문제해결, 주제에 초점을 맞춘 쓰기, 복잡한 읽기와 같은 좀 더 복잡한 과제에 통합시킨다.

### (2) 처리속도 지표에서 어려움을 보이는 아동의 특성

- 연산 수행이 느리고, 곱셈표를 배우지 못하며, 계산에서 자동성에 도달하지 못하고 손가락을 사용한다.
- 교실에서 과제를 완수하는 데 시간이 오래 걸린다.
- 정해진 시간에 시험을 마치지 못한다.
- 정해진 시간 내에 베끼는 연습 과제를 마치지 못한다.
- 느리게 읽는다.
- 시간 압력하에서 과제를 완수하는 데 좀 더 시간이 걸린다.
- 정답을 맞히기는 하지만 수행하기까지 시간이 오래 걸린다.

### (3) 처리속도 지표에 영향을 주는 요인

처리속도 지표는 정신적인 처리과정과 글을 쓸 때 소근육 운동 처리기능의 속도를 측정한다. 이는 지능에서 의사결정 속도와 운동기능을 이용한 처리속도, 광범위한 인지속도와 처리속도, 또는 광범위한 인지속도와 결정속도처럼 두 요인을 포함한다. 또한 이 지표는 장기기억이나 학습과 관련되지 않고, 오히려 상징을 인식(재인)하는 것, 단기 비언어적 기억과 관련된다. 또한 시각-운동 협응능력, 지각, 단기 비언어적 학습이 포함된다.

이 지표에서 낮은 점수를 보일 때 탐색해 봐야 할 주요 가설은 부진한 시각 변별, 주의력과 탐색능력이나 시각운동 기술의 결함이다. 이러한 시지각 기술 외에 작업기억, 절차와 우연학습, 시지각과정을 집행하는 통제력이 영향을 미칠 수 있다.

#### (4) 처리속도 지표의 문제점 진단을 위한 분석 절차

① 1단계

처리속도 지표가 낮은 경우, 다양한 요인이 영향을 미칠 수 있으므로 이러한 가능성을 고려하여 저조한 수행의 기본 원인을 탐색해 본다.

② 2단계

소근육 운동기능을 측정하는 검사들을 추가 실시한다면 보다 정확한 원인을 파악하는 데 도움이 될 수 있다. 이를 위해 시지각발달검사(K-DTVP-2)의 실시를 권장한다. 시지각발달검사를 구성하는 8개 하위검사는 눈-손 협응(eye-hand coordination), 공간위치(position in space), 따라그리기(copying), 도형-배경(figure-ground), 공간관계(spatial relations), 시각통합(visual closure), 시각-운동 속도(visual-motor speed), 형태항상성(form constancy)이다. 이 중에서 눈-손 협응, 따라그리기, 공간관계, 시각-운동 속도는 높은 점수를 얻기 위해 운동기능이 좀 더 많이 요구되는 검사다.

#### (5) 처리속도 지표에 대한 일반적 개입법

처리속도 지표점수가 낮은 경우 가정, 교육현장, 치료현장에서 개입을 할 때 전반적으로 고려해야 할 점에 대해서 먼저 기술하고자 한다. 아울러 처리속도 지표점수가 저조한 경우 다양한 요인이 복합적으로 작용하므로 보다 정확한 원인을 파악한 후에 원인별로 개입할 수 있는 방법에 대해서도 설명하고자 한다.

① 환경과 관련하여 고려해야 할 점

• 수행을 증진하는 데 방해되는 것을 줄인다.

② 개입(교수)방법과 관련하여 고려해야 할 점

• 아동이 반응하는 데 필요한 수행시간을 충분히 허용하며, 초반에는 시간의 압력 하에서 작업하지 않게 한다.
• 양보다는 질적인 산물, 즉 정확도를 더 중시하고 부여하는 과제의 양을 줄인다.
• 베끼기를 요구할 때에는 속도를 요구하지 않는다. 아동이 정확성을 위해 재확인 하도록 추가 시간을 허용한다.
• 아동에게 자신의 과제를 완성할 시간을 넉넉히 제공하거나, 과제를 적게 줄여 주어서 정해진 시간 내에 완수할 수 있게 한다.
• 쓰기와 관련된 과제를 할 때에는 초반에는 속도를 요구하지 않지만, 점차 익숙 해지면 속도를 강조한다.

③ 개입(교수) 내용과 관련하여 고려해야 할 점

• 형태, 상징, 글자, 단어, 문장, 그림, 사물 등을 짝짓기(matching)하는 연습으로 구성한다.
• 시간 내 퍼즐 맞추기, 순서에 따라 블록 두드리기, 단어찾기 게임에서 숨겨진 단어 찾기, 더 큰 그림 안에 숨겨진 그림, 형태, 상징 찾기와 같은 활동을 할 수 있다.
• 지도에서 목표 위치를 찾고, 거기에 도착하기 위해 가장 빠르고 짧은 경로를 표시하는 것과 같은 지도활동이 좋고, 신속한 결정, 단기기억과 연관된 게임도 도움이 된다.

### (6) 처리속도 지표에 대한 원인별 개입법

① 시각-운동 협응능력 및 소근육 운동기능에서 주로 어려움을 보이는 경우

- 주어진 지시에 따라 여러 가지 기호, 상징(문자, 숫자), 형태, 문장, 그림, 사물 등을 짝짓거나 그리는 연습을 한다.
- 지각추론 지표에 대한 원인별 개입법을 참조한다(p. 96).

② 처리속도에서 주로 어려움을 보이는 경우

- 아동에게 자신의 과제를 정해진 시간 내에 완수할 수 있도록 아동과 함께 시간을 재고, 기록하며, 보상하는 활동을 계획한다.
- 읽기 유창성, 공통된 글자 순서를 자동적으로 인지하는 능력을 훈련시킴으로써 읽기속도를 증진시키도록 한다.
- 아동에게 각 과제에 쓰는 시간을 모니터하는 방법을 가르친다. 스톱워치나 타이머를 사용할 수 있다. 시작 시간과 끝나는 시간을 종이에 기록할 수도 있다. 아동이 각 과제를 하는 데 필요한 시간을 점진적으로 줄여 가도록 목표를 세운다.
- 기본 기술에 대해서 속도와 자동성을 구축하도록 시간을 재는 활동을 제공한다.
  - 빈도가 높은 단어목록을 가능한 한 빨리 읽게 한다.
  - 간단한 산수를 가능한 한 빨리 계산하게 한다.
  - 플래시 카드와 교육적 소프트웨어를 통해 단순한 수학 계산을 학습한다.
- 비언어적 자극에 대한 단기기억 훈련(예: 메모리 게임), 신속한 결정과 관련된 게임이 도움이 된다. 즉, 시간 내 퍼즐 맞추기, 순서에 따라 빠르게 사물을 두드리기(예: 두더지 게임), 단어퍼즐에서 숨겨진 단어 찾기 게임, 지도에서 위치 찾기, 가장 빠르고 짧은 경로를 표시하는 지도활동을 할 수 있다.

(7) 처리속도 지표 개입법 예시: 필수과제 워크시트 [1] [2]

6) 다르게 말해요 ★★☆

아래에는 두, 쿠, 우라는 글자가 적혀 있습니다. 〈시작〉부터 〈끝〉까지 위에서 아래로 이동하면서 두는 "유", 쿠는 "키", 우는 "산"이라고 읽어 보세요. 먼저, 연습을 해 본 후에 시작하세요.

※ 읽는 방향을 '왼쪽에서 오른쪽', '위에서 아래' 등으로 바꾸어서 반복적으로 연습할 수 있습니다.

※ 시간을 정해 놓고 얼마나 빨리, 많이 읽을 수 있는지 알아보는 방법과 모두 다 읽는 데 시간이 얼마나 걸리는지 알아보는 방법이 있습니다.

〈시작〉

| | | | | |
|---|---|---|---|---|
| 두 (유) | 쿠 | 우 | 두 | 우 |
| 우 (산) | 쿠 | 쿠 | 쿠 | 두 |
| 쿠 (키) | 두 | 우 | 우 | 쿠 |
| 우 | 우 | 우 | 두 | 두 |
| 두 | 쿠 | 두 | 쿠 | 우 |
| 쿠 | 우 | 쿠 | 두 | 우 |

〈끝〉

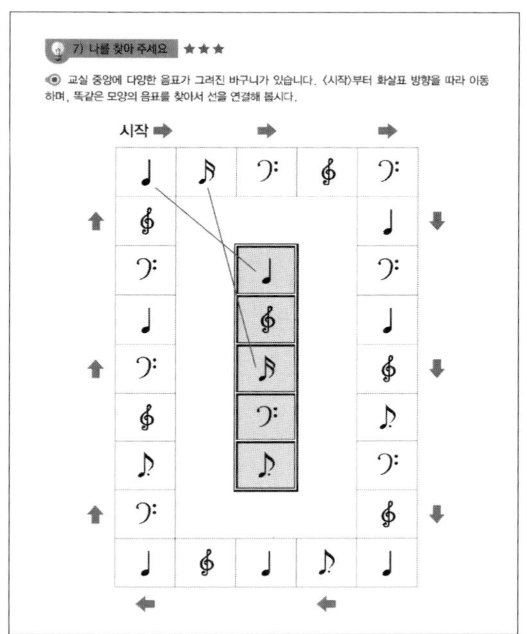


출처: 5권『정보처리 영역 인지기능 향상 워크북』.

## 3. 임상군집 수준에서의 개입법

지표 수준에 이어 임상군집 수준에서 개입할 때에는 먼저 임상군집 점수가 해석 가능한지 여부를 확인한다. 그다음 임상군집 쌍비교를 통해서 군집 간 차이가 드물게 발생해서 유의한 차이를 보이는 경우, 이에 대한 가설과 개입 방안을 적용한다. 마지막으로 유의미한 차이를 보이는 임상군집 쌍이 없는 경우에는 가장 낮은 임상군집에 대한 개입 방안을 참고해서 적용한다. 임상군집 수준에서의 개입법은 Mascolo(2008)를 참조하였다.

**3-1. 임상군집 점수가 해석 가능한지 여부를 알아본다.** 임상군집에 속한 소검사들

간에 차이가 5점(1SD) 이상이면, 임상군집이 단일능력을 대표한다고 볼 수 없으므로 해석을 하지 않거나 군집점수를 해석할 때 주의를 요한다.

**3-2. 임상군집 간 계획된 쌍비교를 통해 점수 차이가 10% 기저율보다 드물게 발생하는지 여부를 판단한다.** 임상군집 간 쌍비교를 통해 군집 간 차이의 크기가 다음 표에 제시된 점수보다 크다면, 일반집단에서 10% 기저율보다 드물게 발생하는 경우로서 유의미한 차이에 해당된다. 임상군집 간 유의미한 차이를 보인다면, 그러한 차이를 보이는 이유에 대한 가설과 이에 대한 개입법을 참고하여 적용한다.

| 임상군집 비교 | 차이의 양 |
|---|---|
| 1. 유동추론(공통그림찾기, 행렬추리, 산수)-시각적 처리(토막짜기, 빠진곳찾기) | 21 |
| 2. 비언어적 유동추론(공통그림찾기, 행렬추리)-시각적 처리(토막짜기, 빠진곳찾기) | 24 |
| 3. 언어적 유동추론(공통성, 단어추리)-비언어적 유동추론(공통그림찾기, 행렬추리) | 24 |
| 4. 어휘지식(단어추리, 어휘)-일반상식(이해, 상식) | 17 |
| 5. 장기기억(어휘, 상식)-단기기억(숫자외우기, 순차연결) | 24 |
| 6. 장기기억(어휘, 상식)-언어적 유동추론(공통성, 단어추리) | 17 |

① 유동추론 군집(공통그림찾기, 행렬추리, 산수) 혹은 비언어적 유동추론 군집(공통그림찾기, 행렬추리) > 시각적 처리 군집(토막짜기, 빠진곳찾기)

- 차이에 대한 가설
  - 아동의 전반적인 추론능력은 좋으며 시각적 처리의 어려움에도 불구하고 아동이 덜 시각적인 특징에 초점을 맞추어 문제를 풀 수 있음을 의미한다. 예를 들어, 행렬추리에서 아동은 정답에 이르기 위해서 패턴의 공간적인 측면에 초점을 두기보다는 행렬을 완성하기 위해 패턴 안에 있는 점들의 숫자에 초점을 맞출 수 있다.
  - 시각적 처리 군집보다 유동추론 군집이 높은 아동들은 시각정보를 통해 문제를 풀 경우 언어적인 중재 전략을 사용할 때 더 잘할 수 있다. 즉, 시각정보를

언어정보로 변환한 후에 시각자극을 포함한 문제를 풀 수 있다.

• 개입법

–시각적인 모델, 그림, 시연에 지나치게 의존하는 것을 피한다.

–시각적인 시연과 함께 구두 설명을 병행한다.

–공간적 과제를 부분으로 쪼개어 순차적으로 접근한다.

–아동이 시각적인 추상적 개념에 관해서 배울 때 직접적이고 구체적으로 조작하는 경험이 필요하며, 이때는 반드시 언어적인 정보가 보충이 되어야 한다.

② 유동추론 군집(공통그림찾기, 행렬추리, 산수) 혹은 비언어적 유동추론 군집(공통그림찾기, 행렬추리), < 시각적 처리 군집(토막짜기, 빠진곳찾기)

• 차이에 대한 가설

–아동의 시지각 기술 자체는 괜찮지만 시각정보를 통해 추론할 경우 어려움을 경험한다.

–'그래프, 차트 보기'와 같이 시각자극에 기초하여 예측하는 수학 과제에서 곤란을 겪을 수 있다. 즉, 이런 수행 패턴을 보이는 아동은 시각정보를 해석하는데 어려움을 보일 수 있다.

–시지각추론 기술보다 시각처리 기술이 더 높은 경우에는 시각정보에서 매우 상세한 것을 볼 수 있으나 문제해결을 위해 시각정보를 통합하는 것에 어려움을 보일 수 있다.

• 개입법

–수학 과제(예: 표와 그래프 등)를 해결할 때 단계별로 지시사항을 제공한다.

–문제해결을 위해 통합적으로 고려해야 하는 핵심 시각적 정보를 강조한다.

③ 언어적 유동추론 군집(공통성, 단어추리) > 비언어적 유동추론 군집(공통그림, 행렬추리)

• 차이에 대한 가설

-아동이 시각적 자극보다 언어적 자극을 통해 더 잘 추론할 수 있다는 것을 의미한다.

• 개입법

-이러한 특성을 보이는 아동은 과제를 언어적으로 제시할 때 가장 잘 배울 수 있다.

-새로운 개념을 가르칠 때 너무 많은 시각 보조물을 사용하면 혼란스러울 수 있다.

④ 언어적 유동추론 군집(공통성, 단어추리) < 비언어적 유동추론 군집(공통그림, 행렬추리)

• 차이에 대한 가설

-아동이 언어적 자극보다 시각적 자극으로 제시된 과제에서 추론을 더 잘한다.

-이런 수행 패턴을 가진 아동은 새로운 정보를 시각적으로 제시할 때 가장 잘 배울 수 있다.

• 개입법

-새로운 정보나 언어적인 개념을 가르칠 때 그림이나 시각적인 도구(예: 그래프, 차트, 표)를 제공한다.

⑤ 어휘지식 군집(단어추리, 어휘) > 일반상식 군집(이해, 상식)

• 차이에 대한 가설

-아동이 언어적 표현이나 언어적 추론은 잘할 수 있지만 실제 정보에 대한 지식

이 부족하거나 보유한 지식을 특정 상황에 적용하는 데 어려움이 있다.

–이런 수행 유형을 가진 아동은 적절한 어휘력에도 불구하고 쓰기표현 시에 내용의 넓이와 깊이에서 제한을 보일 수 있다.

–읽기 과제에서 아동은 자료를 잘 읽고 이해할 수 있지만, 배경지식의 부족으로 의미 있는 연결을 짓거나 추론을 하기는 어렵다.

• 개입법

–선행조직자(organizer, 수업에서 학생들의 이해를 쉽게 하고 인지구조를 강화하기 위해 수업이 시작될 때 제공하는 어떤 단서나 전체적인 구조를 말함)를 제공한다.

–전략을 미리 보도록 한다.

–핵심 정보를 강조한다.

–해당 내용을 가르치기 전에 아동이 알고 있는 선행지식을 활성화한다.

⑥ 어휘지식 군집(단어추리, 어휘) < 일반상식 군집(이해, 상식)

• 차이에 대한 가설

–아동이 실제 정보에 대한 지식을 잘 갖추고 있지만 말로 표현하거나 추론하는 것을 어려워한다. 이런 아동의 경우 쓰기 과제에서 내용 자체는 풍부하나 자신의 생각을 조리 있게 잘 표현할 수 없어서 작문이 전체적으로 미숙해 보일 수 있다.

–읽기 과제에서 친숙한 내용을 읽을 때에는 이해력이 좋으나, 새롭거나 잘 모르는 단어가 포함된 주제에 대해 읽을 때에는 이해도가 낮을 수 있다. 이런 아동들의 수행 패턴은 비일관적인 이해기술을 가진 것으로 기술할 수 있다.

• 개입법

–쓰기표현 과제를 위해서 단어은행, 단어목록을 제공한다.

–아동이 읽기 과제를 할 때 참고할 수 있는 용어집을 제공한다.

–아동에게 질문을 할 경우 모르는 어휘를 포함시키지 않는다.
–아동에게 본문을 읽게 할 때에는 어휘를 검토하고 잘 모르는 단어는 직접 가르친다.
–모르는 단어는 아동에게 친숙한 단어로 대체하여 지시문을 쉽게 한다.

⑦ 장기기억 군집(어휘, 상식) > 단기기억 군집(숫자외우기, 순차연결)

• 차이에 대한 가설
–아동은 보유한 정보를 잘 인출할 수 있지만 새로운 정보를 부호화하는 데 어려움을 가진다. 아동의 저장된 지식은 의미 있는 연상(즉, 정교화 작업)을 사용하여 반복 노력한 결과물이다.
–읽기나 쓰기 과제에서 이미 알고 있는 주제에 대해서는 잘 수행하지만 새로운 것에 대해서는 매우 수행이 저조하다.
–즉각적으로 인식해서 사용할 만큼 짧은 시간 동안 충분히 정보를 유지하는 데 어려움이 있으므로, 이런 수행 패턴을 가진 아동은 쓰여진 자료로부터 정보를 베끼거나, 강의나 칠판의 정보를 기록하는 데 어려움을 가질 수 있다.
–개념의 부분들을 각각 연속적으로 제시하여 상위개념에 이르는 상향식(bottom-up) 교수법을 어려워할 수 있다. 이 교수법은 이러한 아동에게 특히 어려울 수 있는데, 왜냐하면  부분들을 전체 개념으로 합성시킬 수 있을 만큼 충분히 정보를 단기기억 속에 유지할 수 없기 때문이다.

• 개입법
–간결한 지시문을 제공하고 긴 지시는 부분으로 나눈다.
–구두로 하는 지시사항을 보충하기 위해서 서면으로 된 지시사항을 제공한다.
–아동이 지시 따르기를 혼자 할 수 있을 만큼 충분히 정보를 보유하고 있는지 확인한다.
–칠판에 중요한 정보를 써서 구두로 제시하거나 강의하는 것을 보충한다.

–중요한 정보를 자주 반복한다.

–중요한 점이나 단어들을 강조하기 위해 다양한 억양을 사용한다.

–새로운 자료들을 다감각적으로 경험하게 한다.

–본문에 있는 핵심 단어에 밑줄을 치거나 강조하는 등의 시각적 지원을 통해 아동이 잊어버렸을지도 모르는 정보의 위치를 쉽게 찾을 수 있게 한다.

–아동이 과제를 완수하기 위해서 사용할 수 있는 단어와 개념 은행으로서 역할을 할 수 있도록 그림 단어나 백과사전을 사용하도록 격려한다.

–아동에게 강의의 개요를 빈칸 채우기와 같은 형태로 제공하여 핵심단어와 개념을 직접 써 보게 한다.

–정보를 베끼기 위해서 충분한 시간을 허용한다.

–전체적인 개념을 먼저 제시한 다음 부분들을 제시하는 하향식 접근을 사용하여 새로운 개념을 학습시킨다.

⑧ 장기기억 군집(어휘, 상식) < 단기기억 군집(순차연결, 숫자외우기)

• 차이에 대한 가설

–아동은 정보를 부호화할 수 있지만 인출하는 데 어려움을 겪는다. 이런 유형의 아동들은 단기간 새로운 주제들을 잘 다루지만, 정보를 학습한 시기와 그 지식을 인출하여 사용할 시기가 벌어질수록 수행 결과가 매우 저조할 수 있다. 즉, 이러한 아동은 이해는 잘하지만 이후에 기억을 못한다는 것이다. 이런 아동들은 정보를 잊어버리는 것이 아니라, 효율적으로 산출에 필요한 수준으로 정보를 부호화하지 못하는 것이다.

• 개입법

–회상을 요하는 방식보다는 재인을 필요로 하는 검사 구성방식을 사용한다(예: 객관식 문제, 선잇기, O/X, 빈칸 채우기).

–학습과 인출을 용이하게 하도록 핵심단어들을 아동에게 소개한다.

⑨ 장기기억 군집(어휘, 상식) > 언어적 유동추론 군집(공통성, 단어추리)

• 차이에 대한 가설

–이런 아동은 적절한 지식을 가지고 있지만 그 지식으로 추론하는 데 어려움을 갖는다.

• 개입법

–추론과정이 좀 더 구체적으로 만들어질 수 있도록 특별한 지원을 한다(예: 안내된 질문 목록 등).

–추론을 포함하는 수학문제를 풀기 위해 밟아야 하는 단계를 제공한다(예: 주어진 사실을 파악한다, 문제에서 요구하는 것이 무엇인지 결정한다, 문제를 풀려면 어떤 조작을 사용해야 하는 지 파악한다 등).

–규칙을 여러 상황에 어떻게 적용할 수 있는지 다양한 예를 제공함으로써 연역적 추론과정을 제공하여 익히게 한다.

⑩ 장기기억 군집(어휘, 상식) < 언어적 유동추론 군집(공통성, 단어추리)

• 차이에 대한 가설

–이런 아동은 언어적으로 추론할 수 있는 능력을 갖고 있지만, 적절한 지식이 부족하다.

• 개입법

–학습과 인출을 용이하게 하도록 핵심단어들을 아동에게 소개한다.

### 3-3. 유의미한 차이를 보이는 임상군집 쌍이 없는 경우

임상군집 간 비교를 통해 유의미한 차이를 보이는 임상군집 쌍이 없는 경우라면, 8개 임상군집 중에서 해석 가능한 가장 낮은 임상군집에 대한 가설과 개입법을 참고하여 적용한다.

① 유동추론(공통그림, 행렬추리, 산수)이나 비언어적 유동추론(공통그림, 행렬추리)에서 어려움을 보일 때 개입법

유동추론 군집은 공통그림, 행렬추리, 산수의 세 가지 과제로 구성되어 있다. 이 군집은 아동이 시각정보를 가지고 추론하며 기본연산과 기초 개념을 적용하여 정신적으로 산수 계산을 수행하도록 요구한다.

유동추론 군집에서 어려움을 보이는 아동은 시각정보를 해석하거나 그러한 정보를 토대로 예측하는 데 어려움을 보인다. 유동추론 군집은 수학 과제를 포함하므로, 추론 과제에 어려움을 가진 아동은 기계적인 산수계산을 수행할 수는 있지만, 그런 계산이 말로 주어진다거나, 문제가 암시하는 저변의 계산을 찾아내고 답을 찾기 위해서 수학적 추론 기술을 적용해야 할 때 어려움을 갖게 된다.

- 산수 개념에 어려움을 보이는 아동에게는 교수 전달, 학습자에 대한 기대, 그리고 교수적 지원(supports)에 초점을 두고 교육적 충고를 한다. 교수 전달 시, 치료사(교사)는 분명하고 구체적으로 가르쳐야 한다. 예를 들어, 아동이 판매세금에 대해 배울 때에는 치료사(교사)가 말로 문제를 제시하는 대신에 옷, 티켓, 종이를 판매 영수증과 함께 주고서 다양한 영수증의 요소들(예: 항목의 가격, 세금이율, 합산)을 지적해서 아동이 실제로 그 과정을 볼 수 있게 한다. 학습자에 대한 기대의 측면에서 치료사(교사)는 아동이 문제를 완성하는 데 필요한 시간을 적절히 허용한다. 그렇지만 아동이 2시간 내에 모든 문제를 풀것으로 기대하지는 않는다. 교수적 지원으로는 수학적 개념을 보여 줄 때 조작할 수 있는 것들을 제공한다. 예를 들어, 계산기나 가짜 현금출납기, 종이돈을 주고 다양한 계산의 시범을 보인다. 즉, 실제 생활에서 셈하기가 관련된 상황을 통해 구체적으로 가르치고, 조작할 수 있는 것을 사용하여 직접 경험하면서 학습되도록 한다.
- 일반적으로 추론의 어려움을 보이는 경우에는 분류활동을 통합하는 개입방법과 개념의 특성과 기능 간에 일반화시키는 경험을 제공한다. 아동에게 전체-부분 관계에 노출시키는 활동을 제공하여 부분적으로 이해하고 있는 바를 전체로 통

합할 수 있도록 지도한다. 예를 들어, 그림들 내에서 유사점, 차이점, 혹은 유형을 찾도록 한다.

- 전략과 단계, 특정 개념 또는 절차를 크게 소리 내어 설명함으로써 추론 과정을 외현화한다.
- 아동 스스로 절차 단계를 반복하기 위해서 사용할 수 있는 질문 목록을 제공한다(예: 단어문제에 접근하는 방법, 이야기 주인공의 감정 상태에 관해 추론하는 질문 등).
- 구체적인 예시, 학습교구나 모델을 사용하여 추상적인 개념과 절차들을 구체적으로 가르친다.
- 아동이 적극적으로 학습과정에 참여하도록 직접 경험하는 활동을 제공한다.
- 새로운 개념을 가르치거나 새로운 과제를 제시하기 전에 아동의 선행 지식을 활성화시킨다.

② 시각적 처리(토막짜기, 빠진곳찾기)에서 어려움을 보일 때 개입법

- 이 군집에서의 낮은 점수는 운동, 지각적 어려움, 혹은 두 가지 모두의 어려움과 연관되어 있다. 두 가지 모두와 관련이 있다면 개입방안은 시각-운동 훈련의 요소를 포함해야 한다.
- 지각-운동(perceptual-motor)에서 어려움을 보이는 경우에 도움이 되는 활동은 다음과 같다. 퍼즐활동, 베껴쓰기, dot-to-dot 활동, 삼차원 모델 만들기, 모양대로 분류하기, 패턴 형성하기 등을 할 수 있다. 또한 지각적으로 취약하다면 특정 시각장 내에서 숨은 그림이나 모양 찾기, 또한 기억으로부터 추상적 디자인을 재생산하기나 종이접기 활동도 유익하다.
- 지각-운동에서의 어려움이 학습 성취에 직접적인 영향을 주지는 않지만 간접적으로는 영향을 미칠 수 있다. 그러나 개인의 소근육이나 지각기능의 결함이 심각할 경우 쓰는 양 자체를 줄이거나 과제 수행을 위해 추가 시간을 제공한다.
- 유인물과 워크시트의 글자 크기, 여백, 줄 간격 등 세부적인 자극의 특성이 수행을 방해할 수 있음을 잊지 않는다.

- 강조하기, 밑줄 긋기, 색칠하기와 같이 시각자료를 활용하여 중요한 정보에 초점을 맞추도록 한다.
- 지필로 작업할 때 아동이 핵심 자극에 계속 집중하도록 주변자극(예를 들어, 교재 내 그림 자료 등)을 가려 준다. 한 줄씩 읽기 위해서 자를 사용하거나 아동이 손가락으로 읽는 위치를 가리킬 수 있도록 격려한다.
- 쓰기 과제를 위해서 줄 친 공책 혹은 네모칸 공책을 사용한다. 혹은 선의 굵기나 색을 통해 손쉽게 줄을 구별 지을 수 있게 하거나 종이를 접어서 시각적으로 구분할 수 있도록 하는 등 시각적으로 구조화된 틀을 제공한다.

③ 언어적 유동추론(공통성, 단어추리)에서 어려움을 보일 때 개입법

언어적 유동추론 군집은 공통성과 단어추리로 구성되어 있다. 이 군집에서 요구하는 능력은 아동이 단어로 추론을 하고 단어 쌍 간에 추상적인 개념적 관계를 파악하는 것이다. 언어적 유동추론이 취약한 아동은 추론과정이 좀 더 구체적으로 되도록 특별한 지원을 사용할 필요가 있다(예: 유도된 질문 목록 등).

- 아동에게 새로 배운 정보를 가지고 추론하기보다는 익숙한 정보에서 이끌어 내는 과제가 도움이 된다. 일반적으로 어떤 교수법이든 간에 아동의 현재 기능 수준에 맞추어 진행하는 것이 필요하다.
- 동의어와 반대어, 혹은 같은 부류에 속하는 단어를 파악하는 것은 언어정보를 가지고 추론하는 기회를 제공하는 데 유익하다.
- 공통그림찾기와 공통성 소검사와 같이 유동추론 능력에서 어려움을 보이는 아동들에게 사용할 수 있는 활동은 다음과 같다.
  - 한 쌍의 그림을 제시하고 그 안에서 유사성이나 차이점을 찾아내도록 한다.
  - 주어진 그림을 이미 정해진 유형이나 그룹에 분류하게 한다.
  - 답을 맞추기 위해서 언어적 정보를 추론하는 빈칸 채우기 과제를 한다.
  - 처음과 끝 단락의 정보로부터 중간의 단락에 빠진 정보를 채우는 빈칸 채우기

과제(예: 십자말 풀이 등)를 한다.

–유사한 소리를 내는 단어들의 목록을 찾거나, 동음이의어 찾기를 한다.

- 치료사(교사)는 구두지시를 통해 추론을 위한 모델을 제공한다(예: 물리적 특성을 기반으로 물체 간 유사성을 파악할 때, 치료사(교사)는 "여기에 구슬, 야구공, 동전이 있단다. 그리고 작은 거, 큰 거, 작은 거, 그리고 가장 비슷한 그림 두 개는?"이라고 말할 수 있다).
- 아동이 추론하도록 요구받은 단어나 개념을 제대로 이해하고 있는지 확인한다.
- 언어적 비유와 관련된 연습을 하고 아동이 혼자서 비유를 맞추기 전에 단어들 간의 관계를 직접적이며 분명하게 설명한다.

④ 어휘지식(단어추리, 어휘)에서 어려움을 보일 때 개입법

어휘지식은 어휘와 단어추리의 두 과제로 구성되어 있다. 이 군집에서는 아동이 단어를 정의하고, 단어를 통해 추론하는 능력이 요구된다. 이 영역에서 취약한 아동은 수용언어와 표현언어 기술 모두를 포함한 영역의 학습에서 어려움을 경험할 수 있다. 물론 기억 범위나 장기기억이 이러한 능력에 영향을 줄 수도 있지만 이러한 영역에서의 경험이나 훈련이 부족한 것도 한 원인이 될 수 있다.

- 개입 시 단어게임, 사전 사용, 문장에서 빈칸 채우기, 단어지식을 높이기 위한 활동에 초점을 맞춘다.
- 유사어, 반대어를 증진할 수 있는 활동을 활용하여 단어지식의 범위를 늘린다. 이때 이미 출판되어 있는 어휘력 관련 교재를 사용할 수 있다.
- 어린 아동이나 이 영역에서 문제가 심각한 아동이라면 사물 그림을 보고 명명하기(naming)와 같은 활동이나, 그림 사전이나 플래시 카드와 같은 자료를 사용해서 어휘를 직접 가르치는 것도 도움이 된다.
- 아동이 관심을 갖는 영역이나 주제에 관련된 어휘를 가르치는 것도 동기부여의 차원에서 권장할 수 있다.

- 단어 지식, 일반상식에 대해 어려움이 있는 경우에는 기존의 웹사이트를 참조한다.
- 아동에게 쓰기 연습과 전체 글의 질적 향상을 위해 사용할 수 있는 다른 대체 유사어나 형용사에 대해 토론하면서 자신의 글을 검토하게 하는 것도 도움이 된다.
- 두 개 이상의 물체 혹은 개념 간 관계를 인식하거나 설명하는 데 어려움을 보인다면, 분류와 일반화를 강조하는 활동을 제공하는 것이 중요하다.
- 아동에게 미완성인 이야기의 마지막을 예측해서 상상하여 말하거나 쓰게 한다. 또한 여러 아동이 한 번에 하나씩 정보를 주면서 하나의 이야기를 만들어 가는 이야기-사슬 게임놀이도 도움이 된다.

⑤ 일반상식(이해, 상식)에서 어려움을 보일 때 개입법

일반상식 군집은 상식과 이해로 구성되어 있다. 아동은 실제적인 정보와 기초적인 지식(예: 인도는 어느 대륙에 있나요?)에 관해 알아야 하고, 연령에 적합한 수준의 사회적이고 환경적인 인식을 갖고 있어야 한다(예: 길가에 어떤 사람이 쓰러진 것을 발견한다면 어떻게 할 것인가?). 이 영역에서 저조한 수행을 보이는 아동은 실제적인 정보와 지식을 일상생활에 적용하는 데 어려움이 있는 것으로 본다. 또한 교육장면에서 사회, 과학과 같은 과목을 특히 어려워할 수 있다. 아동이 일반적인 기초지식(예: 사계절에 대한 지식)이 부족하다면, 그런 배경지식이 토대가 되는 확장된 주제(예: 기후, 이주 패턴)에 관해 배우려고 할 때 곤란을 겪을 수 있다.

- 논의할 자료에 대한 개요를 미리 제공해 주는 선행 조직자가 도움이 될 수 있다. 선행조직자는 사전 지식을 활성화시켜 주거나 아동이 새로운 정보나 사실을 검색하는 데 도움이 된다.
- 본문 미리보기 전략도 아동의 학습에 도움이 된다.
- 아동이 특정 주제나 개념에 대해서 알고 있는 것을 표현하게 한다. 이를 통해 아

이들과 작업을 하는 치료사(교사)는 아동이 보유한 기존 지식 중 부족한 점이 무엇인지 알게 된다. 현재 아동의 지식 수준에 대해 파악한 것을 토대로 치료사는 아동이 부분적이나마 성공적으로 수행할 수 있는 활동과 자료를 선정한다.

⑥ 장기기억(어휘, 상식)에서 어려움을 보일 때 개입법

장기기억 군집은 어휘와 상식으로 구성되어 있다. 이 군집에서 요구하는 능력은 단어 뜻에 대한 지식과 축적된 전반적인 지식정보를 평가한다. 장기기억이 취약한 아동은 인출의 어려움 때문에 지식을 보여 주는 데 어려움이 있으며, 새로운 학습과 그 이후에 정보를 인출하도록 요구받는 경우 일시적으로 상당한 지연(예: 몇 주)이 있다면 어려움을 겪는다. 이는 특히 학습하는 정보를 부호화할 기회가 충분하지 못했기 때문일 수 있다.

- 아동이 정보 인출을 용이하게 할 수 있는 단서를 제공한다.
- 아동에게 지시사항을 반복하거나 다른 말로 바꾸어 표현하게 하여 정보의 부호화와 저장을 용이하게 한다.
- 치료사(교사)가 정보를 자주 반복하고 아동도 수시로 복습할 수 있도록 지도하여 새롭게 배운 내용을 제대로 익히고 있는지 검토한다.
- 개입할 때에는 검사 형식(예: 재인 대 인출 기반한 형태)을 변경하는 것이 도움이 되며, 정보 접근에 도움이 되도록 아동에게 기본지침(서)나 단서체계(cueing system)로 작용할 수 있는 장치들(예: 기억술과 핵심단어 등)을 사용하도록 가르치는 것도 도움이 된다.
- 치료사(교사)는 가르칠 때 정보를 제시하는 속도를 변경하여 아동들이 입력자극을 처리하기 위해 적절한 시간을 갖도록 정보를 천천히 제시한다.
- 치료사(교사)는 이전에 배운 정보와 새로 제시하는 정보를 명확하게 연결시킨다.
- 치료사(교사)는 아동이 특정 주제를 명확하게 이해하고 있는지 주기적으로 점검하여 아동이 혼동하지 않고 새로 들어온 정보에 초점을 더 맞추게 한다.

• 광범위한 영역의 지식을 직접 경험시키고 간접적으로 노출시키는 방법을 사용한다. 새로운 정보에 노출시키는 방법으로서 교육적 TV 프로그램과 웹 탐색과 같은 기술을 사용하는 것도 아동들이 학습에 몰두하는 데 동기화하고 정보에 집중하여 부호화를 증가시킨다는 측면에서 도움이 된다.
• 장기기억 군집에는 단어지식 과제도 포함되므로 단어지식을 높이기 위한 활동과 단어지식 과제가 도움이 된다. 새로운 단어를 습득할 때 보조물(예: 단어은행, 백과사전, 단어사전, 쓰기 작업에 대한 피드백 등)을 사용한다.

⑦ 작업기억(단기기억)에서 어려움을 보일 때 개입법

작업기억은 숫자외우기와 순차연결의 두 소검사로 구성되어 있다. 이들은 아동이 즉각적으로 정보를 유지하고 이를 조작하거나 변형시키는 능력을 평가한다. 이 군집에서 어려움을 갖는 아동은 정보를 사용할 만큼 충분히 머릿속에 유지하지 못하며, 또한 이미 잘 아는 정보를 갖고 과제를 수행할 때와 새로 배운 정보를 갖고 과제를 수행할 때 수행이 현저하게 차이가 난다.

• 지시는 간단하게, 한 번에 하나씩, 길게 지시할 때는 서면지시가 유용하다.
• 구두로 지시할 때 아동과 눈맞춤을 유지한다.
• 주의력을 분산시키는 다른 시청각적 자극을 최소화한다.
• 지시나 설명을 할 때 중요한 정보와 핵심 내용들을 써서 보여 주는 것이 아동이 청각적으로 이해하고 기억하는 데 따른 인지적 부담을 줄일 수 있게 된다.
• 간단한 읽기 과제 전에 본문을 미리 보거나, 새로운 개념을 소개하기 전에 이전 단원을 다시 검토하는 것은 단기기억이 취약한 아동을 가르칠 때 중요하다.
• 비언어적 단기기억 훈련을 할 수 있다.

## 4. 소검사 수준에서의 개입법

소검사별 수준에 따른 개입 전략은 Whitworth와 Sutton(2005), 그리고 Nicolson, Alcorn과 Erford(2008)의 내용을 참조하였다.

### 1) 언어이해 영역 내 소검사별 개입법

#### (1) 공통성

① 측정영역

구체적 및 추상적 추론능력, 논리적 사고력, 언어적 개념형성능력, 문화적 및 학습적 배경, 기억력, 수용성 및 표현성 언어기술을 측정한다. 언어지표 소검사 중 특정 학습 경험, 정규 학교교육 등의 영향을 상대적으로 덜 받는다.

② 지도방법

- 대상과 개념들 간의 관계성을 강조한다. 유사점, 차이점을 생각해 보고 직접 설명한다.
- 유사한 철자/소리/단어의 공통성과 차이점을 찾고 설명한다.
- 구체적인(concrete) 사고수준에서 추상적인(abstract) 수준으로 확장한다.
- 교사는 개방형 질문과 폐쇄형 질문을 모두 사용한다.
- 있는 사실을 그대로 설명하는 방식과 추론하는 방식을 함께 사용한다.
- 개념을 정의하고, 다양한 기준에 따라 유목화(범주화)를 해 본다(어떻게 명명할 것인가? 왜 그렇게 묶었는가?).
- 언어 및 학업기술과의 연계를 고려한다(특히, 읽기).
- 단순한 주입식 교육과 교사 주도의 지도를 피하고, 아동이 능동적으로 과제에 참여하도록 한다.

- 아동에게 구체적으로 지시하고, 질문법을 사용하며, 즉각적인 피드백을 제공한다.
- 새로운 학습 내용을 이미 학습한 내용과 연관시켜 연합적 사고기술을 강화한다(마인드맵, 토론 등을 활용).
- 시각적 보조 자료를 활용하여 언어적으로 제시되는 단어나 표현을 심상(image)으로 연결시켜 본다.
- 선행조직자(수업에서 학생들이 쉽게 이해하고 인지구조를 강화하기 위해 수업이 시작될 때 제공하는 어떤 단서나 전체적인 구조를 말함)를 사용하면 새로운 내용의 학습 및 기억을 촉진하는 효과를 얻을 수 있다(참고: 선행조직자란, 학생의 이해를 돕고, 인지구조를 강화하기 위해 수업이 시작될 때 제공하는 어떤 단서나 전체적인 구조를 말함).
- 단어게임(동음이의어, 동음이형어 활용), 국어사전(동의어, 반의어, 유사어, 예문, 숙어, 관용적 표현) 등을 활용한다.

≫ 워크시트 예시 [1] [2]

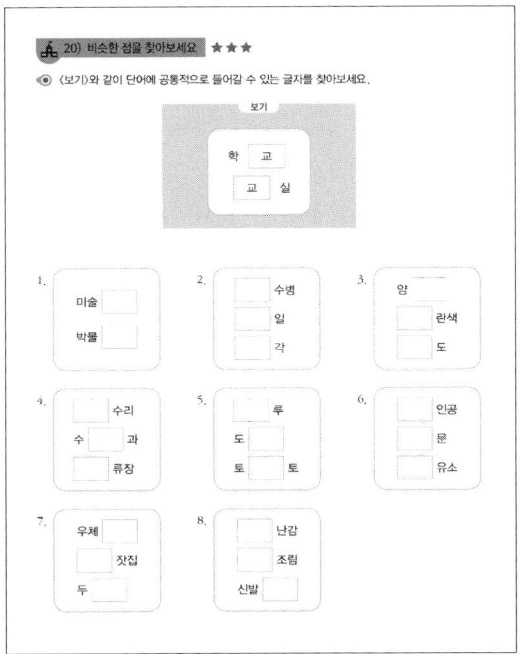


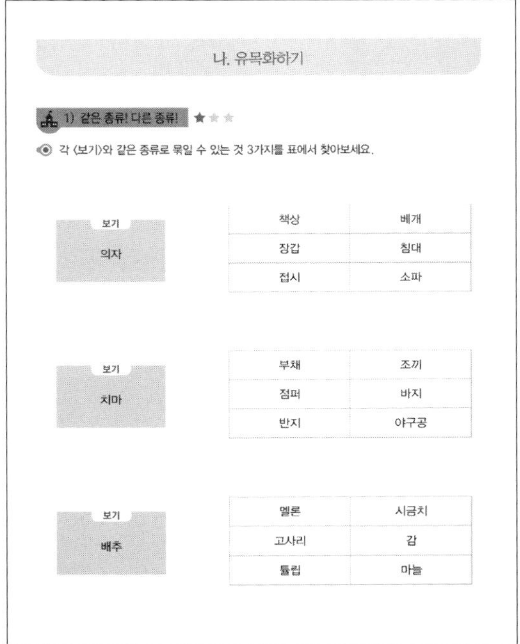


출처: 2권 『언어발달 영역 인지기능 향상 워크북』(사고력 영역).

### (2) 어 휘

① 측정영역

단어의 쓰임새를 이해하고 표현하는 능력을 측정하며 언어경험을 반영한다. 풍부한 초기 환경(문화/학습적 배경, 교육적으로 얼마나 노출되었는지), 장기기억과 인출, 언어적 개념형성능력, 언어적 이해력과 표현력, 추상적 사고능력, 청각적 지각과 이해능력, 지적 호기심 등을 측정한다.

② 지도방법

- 약간 쉬운 수준에서 어려운 수준으로 난이도를 조절한다.
- 단어의 적절한 표현과 올바른 사용에 초점을 둔다. 구어적 및 문어적 표현을 익힌다.
- 동의어, 반의어, 유사어의 쓰임새를 강조하여 다양한 단어가 문맥에 맞게 사용되도록 한다.
- 어휘 목록을 작성하여 다양한 어휘를 공부하도록 하며, 예문을 통해 어휘를 충분히 익히도록 한다.
- 새로운 단어를 소개하고 구체적인 예를 사용하여 연습한다.
- 낱말퍼즐, 속담 및 격언, 사자성어, 수수께끼 등을 활용할 수 있다.
- 배운 단어를 다양한 방식으로 이용할 수 있도록 하는 것이 중요하다(읽기, 듣기, 쓰기 등에서의 활용). 어휘를 이해하는 수준에서 여러 상황에 적절하게 활용하는 수준으로 확장한다.

≫ 워크시트 예시 [1] [2]

다음 표 안에 6개의 동작이 적힌 도형이 있습니다(벗다, 타다, 떨다, 차다, 짓다, 쓰다). 각각의 문장을 읽고 문장에 표현된 동작과 어울리는 것을 찾아서 해당하는 도형을 그려 보세요.

| | | | | |
|---|---|---|---|---|
| | 지진으로 인해 두려움에 | | 할아버지는 시골에서 농사를 | 용돈을 |
| 버스를 | 벗다 | | 타다 | 집에 돌아와 옷을 |
| 약이 | | 얼음은 | | 떨다 |
| 차다 | 애벌레가 허물을 | | 여름방학 내내 밖에서 축구를 했더니 피부가 | |
| | 짓다 | 새로운 건물을 | | 추워서 몸을 |
| 친구에게 편지를 | | | 쓰다 | 달리기를 했더니 숨이 |

'(12) 기타'에 제시된 사자성어 목록을 보고, 아래의 의미를 뜻하는 사자성어를 찾아 적어 보세요.

1. 고생 끝에 즐거운 일이 찾아온다는 말 → ㄱ
2. 어떤 것이 위이고 아래인지 구분할 수 없이 비슷하다는 말 → ㅁ
3. 둘이 다투는 틈에 엉뚱한 제3자가 이익을 가로챈다는 말 → ㅇ
4. 묻는 말에 대해 전혀 엉뚱한 대답을 한다는 말 → ㄷ
5. 한 가지 일을 해서 두 가지 이익을 얻는다는 말 → ㅇ
6. 지난날의 잘못을 고쳐 착하게 변화됨을 이르는 말 → ㄱ
7. 많으면 많을수록 더욱 좋다는 말 → ㄷ
8. 손뼉을 치면서 크게 웃는 것을 이르는 말 → ㅂ
9. 좋은 일에 또 좋은 일이 더해진다는 말 → ㄱ

출처: 2권 『언어발달 영역 인지기능 향상 워크북』(어휘력 영역).

### (3) 이 해

① 측정영역

일반상식, 사회·문화적 지식, 실제적 상황에서의 판단력, 일상생활에서 경험할 수 있는 여러 가지 상황(특히, 문제해결상황)을 적절하게 파악하고 대처할 수 있는 능력, 다양한 문화적 배경에의 노출이나 경험 정도, 상식과 추론능력, 실용적 정보와 판단능력, 사회적 의식(지각), 원인-결과 간의 관계에 대한 상식적인 이해, 언어적 이해력과 표현력, 도덕적·윤리적 판단능력 등을 측정한다.

② 지도방법

- 사회적으로 지켜야 할 규범을 익힌다(공공장소 예절, 에티켓, 인사말 등).
- 일상생활에서 경험할 수 있는 다양한 상황(개인적 · 사회적 갈등상황, 도덕적 갈등상황, 문제해결상황 등)을 제시한다. 이때 단순한 상황에서 복잡하고 미묘한 상황으로 확장한다.
- 상황을 이해하기 위해 다양한 단서(주변 상황 단서, 자세나 태도, 표정, 말투, 목소리, 말의 내용 등)를 활용한다.
- 실제 상황을 이해하는 데 도움을 줄 수 있는 다양한 활동(역할극, TV나 DVD 시청 등)을 해 본다.
- 주어진 상황을 이해한 후, 다양한 대처방식을 생각해 보게 한다. 그리고 행동의 원인에 따른 결과를 예상해 본 후, 각 대처방식의 장단점을 파악해 가장 적절한 대처방식을 찾도록 돕는다.
- '왜? 만약 ~라면?'과 같은 질문을 사용하여 아동이 보다 풍부하게 사고하도록 돕는다.
- 직접적으로 사회적 상황을 경험하게 하여, 학습한 지식을 실제적으로 활용해 보게 하는 것이 중요하다(예를 들어, 또래 간의 갈등 해결하기 등).

≫ 워크시트 예시 [1] [2]

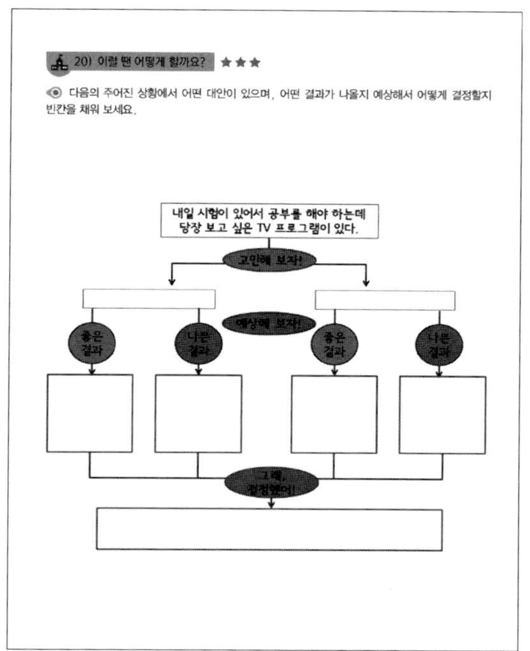


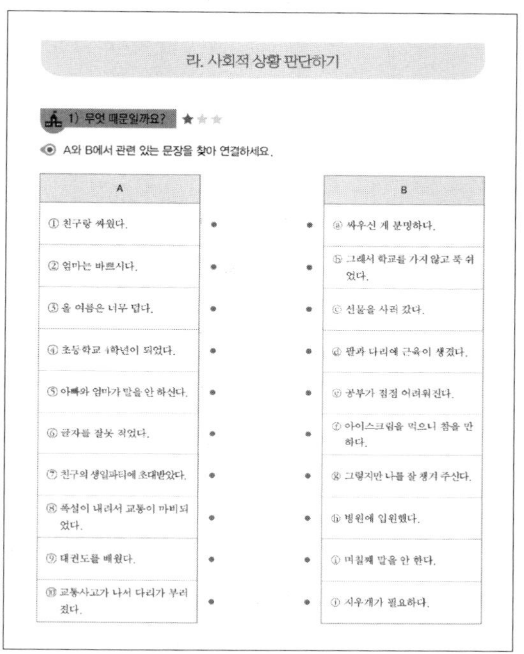

라. 사회적 상황 판단하기

1) 무엇 때문일까요?

A와 B에서 관련 있는 문장을 찾아 연결하세요.

| A | B |
|---|---|
| ① 친구랑 싸웠다. | ⓐ 싸우신 게 분명하다. |
| ② 엄마는 바쁘시다. | ⓑ 그래서 학교를 가지 않고 푹 쉬었다. |
| ③ 올 여름은 너무 덥다. | ⓒ 선물을 사러 갔다. |
| ④ 초등학교 4학년이 되었다. | ⓓ 팔과 다리에 근육이 생겼다. |
| ⑤ 아빠와 엄마가 말을 안 하신다. | ⓔ 공부가 점점 어려워진다. |
| ⑥ 글자를 잘못 적었다. | ⓕ 아이스크림을 먹으니 참을 만하다. |
| ⑦ 친구의 생일파티에 초대받았다. | ⓖ 그렇지만 나를 잘 챙겨 주신다. |
| ⑧ 폭설이 내려서 교통이 마비되었다. | ⓗ 병원에 입원했다. |
| ⑨ 태권도를 배웠다. | ⓘ 며칠째 말을 안 한다. |
| ⑩ 교통사고가 나서 다리가 부러졌다. | ⓙ 지우개가 필요하다. |

출처: 2권 『언어발달 영역 인지기능 향상 워크북』(문제해결력 영역).

## (4) 상 식

① 측정영역

일반적인 문화에 대한 지식, 후천적인 학습을 통해 얻은 지식, 장기기억과 인출, 다양하고 풍부한 문화적 · 환경적 경험(학교생활 및 가정 내 · 외의 경험), 수용언어 및 표현언어기술, 청각적 지각능력, 지적 호기심, 관심 · 흥미의 폭, 학교 학업 성취 수준을 측정한다. 이 소검사의 저조한 수행은 제한된 학습경험, 장기기억의 약점을 시사한다.

② 지도방법

- 아동을 광범위한 지식 영역에 노출시킨다.
- 새로운 지식 습득과 더불어 과거에 습득한 지식을 꾸준하게 반복하여 기억하게 한다.
- 교육적으로 도움이 되는 시청각 자료(TV, DVD, 영화, 동영상 등)를 활용한다.
- 박물관, 유적지, 직업체험관 등의 흥미로운 장소를 직접 방문하여 체험학습의 기회를 제공한다.
- 학습의 기초가 되는 기본적인 지식뿐만 아니라 학교 학습(사회, 과학 등)과 관련된 다양한 영역을 학습할 기회를 제공한다.
- 아동이 흥미와 관심을 보일 수 있는 과제들을 우선적으로 제공하여 학습의 동기를 높인다.
- 아동에게 충분한 시간과 기회를 제공하여 장기적으로는 이전에 학습한 특정 지식을 기억하게 한다.
- 가정에서 아동이 가족과 함께할 수 있는 활동을 통해 자연스럽게 지식을 습득하도록 제안한다.
- 아동이 과거에 학습하여 이해한 지식을 교사나 또래에게 직접 설명할 수 있는 기회를 제공한다. 이때 아동이 언어적 표현에 어려움을 보인다면, 교사가 아동과 함께 스크립트(각본)를 작성하고 연습해 보는 것이 필요하다. 차츰 아동이 익숙해지면 스스로 스크립트를 구성해 발표하도록 한다.

≫ 워크시트 예시 1 2

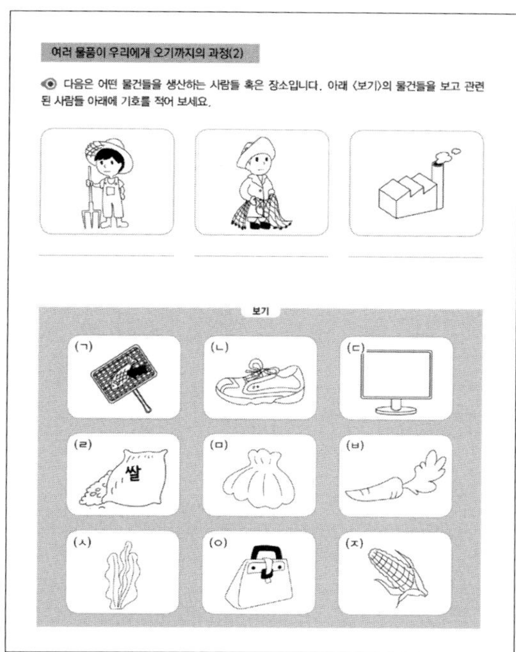

여러 물품이 우리에게 오기까지의 과정(2)

다음은 어떤 물건들을 생산하는 사람들 혹은 장소입니다. 아래 〈보기〉의 물건들을 보고 관련된 사람들 아래에 기호를 적어 보세요.

보기

(ㄱ) (ㄴ) (ㄷ)

(ㄹ) 쌀 (ㅁ) (ㅂ)

(ㅅ) (ㅇ) (ㅈ)

지도 읽기(6)

내가 사는 동네의 지도입니다.



1) 춘천문화예술회관이 어디 있는지 찾아보세요.

2) 이 동네에서 할 수 있는 문화생활에는 어떤 것들이 있는지 모두 찾아보세요.

3) 남춘천역은 청소년수련관의 (동 / 서 / 남 / 북)쪽에 위치하고 있습니다.

4) 오늘 아침 시민체육공원에서 축구를 했습니다. 이제 중앙도서관을 가려고 하는데, 어떻게 가야 할지 말해 보세요.

5) 청소년수련관에서 강원도청으로 가는 길을 모두 설명해 보세요.

출처: 2권 『언어발달 영역 인지기능 향상 워크북』(상식 영역).

(5) 단어추리

① 측정영역

언어적 개념화, 수용언어 및 표현언어기술, 추론능력, 일반지식, 문화적 및 환경적 배경, 교육경험의 정도, 청각적 주의집중력 등을 측정한다.

② 지도방법

- 실제 생활 경험을 통해 일반적인 개념을 충분히 익히도록 한다.
- 새로운 지식 습득과 더불어 과거에 습득한 지식을 꾸준하게 반복하여 기억하게 한다.

- 언어적인 표현력을 증진시키는 활동을 제공한다.
- 수수께끼, 스무고개 등을 활용한다.

≫ 워크시트 예시 1 2

1) 나는 무엇일까요?

주어진 문장에 해당하는 단어를 골라 보세요.

| | | | |
|---|---|---|---|
| 1. 다리가 있어요. | 우유 | 비행기 | 아기 |
| 2. 달려요. | 자동차 | 물고기 | 참새 |
| 3. 소리가 안 나요. | 닭 | 나무 | 바이올린 |
| 4. 물속에 살아요. | 거위 | 고래 | 고릴라 |
| 5. 먹을 수 없어요. | 당근 | 오이 | 도마 |
| 6. 날 수 있어요. | 개미 | 잠자리 | 지렁이 |
| 7. 먹을 수 있어요. | 식초 | 장미 | 비누 |
| 8. 걸어갈 수 있어요. | 구름 | 다리 | 한강 |
| 9. 셀 수 없어요. | 나이 | 숫자 | 머리카락 |

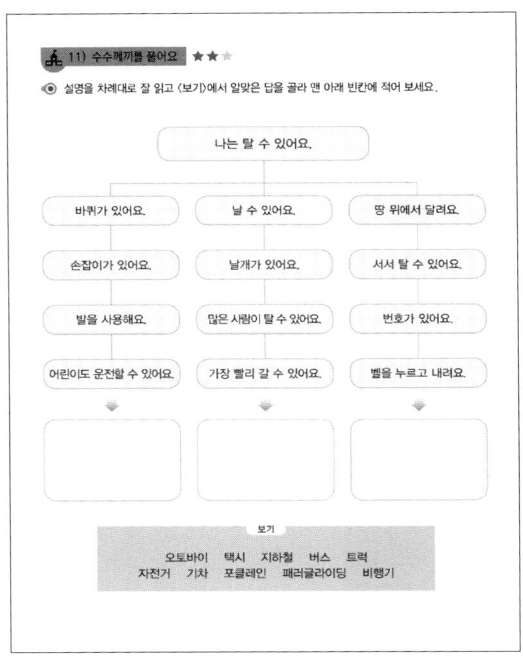
11) 수수께끼를 풀어요

설명을 차례대로 잘 읽고 〈보기〉에서 알맞은 답을 골라 맨 아래 빈칸에 적어 보세요.

나는 탈 수 있어요.

| | | |
|---|---|---|
| 바퀴가 있어요. | 날 수 있어요. | 땅 위에서 달려요. |
| 손잡이가 있어요. | 날개가 있어요. | 서서 탈 수 있어요. |
| 발을 사용해요. | 많은 사람이 탈 수 있어요. | 번호가 있어요. |
| 어린이도 운전할 수 있어요. | 가장 빨리 갈 수 있어요. | 벨을 누르고 내려요. |

보기

오토바이 택시 지하철 버스 트럭
자전거 기차 포클레인 패러글라이딩 비행기

출처: 2권 『언어발달 영역 인지기능 향상 워크북』(언어퀴즈 영역).

## 2) 지각추론 영역 내 소검사별 개입법

### (1) 토막짜기 및 모양맞추기

① 측정영역

추상적인 디자인을 보고(시지각), 전체를 부분으로 분석하고 이를 다시 재구성한다(지각적 조직화). 시각-운동 협응 통합, 비언어적 자극에 대한 추상적 개념화 능력, 불안과 집중력과 관련된다.

② 지도방법

- 먼저, 구체적인(concrete) 자극을 다룬 후 추상적인(abstract) 자극으로 발전시킨다.
- 특정 기준에 따라 자극들을 조직화한다.
- 부분과 전체의 관계성을 지각할 수 있도록 한다.
- 입체적인 사물을 머릿속에 그려 볼 수 있는 활동을 한다.
- 머릿속에서 그려진 물체를 회전시켜 보는 활동을 한다.
- 각도를 이해할 수 있는 활동을 한다.
- 단순한 것에서 복잡한 것으로 다양한 수준의 퍼즐을 한다.
- 제한 시간 내 모양에 따라 물체를 분류한다.
- 불완전한 기하학적 디자인이나 물체(figure)를 포함한 워크시트를 완성한다.
- 적절한 조각들을 사용하여 카드에 제시된 디자인을 다시 만든다.
- 성냥개비, 막대기, 페그보드, 타일 등의 재료를 사용하여 견본으로 주어진 디자인을 다시 만든다.
- 점선 잇기 활동을 한다.
- 각종 퍼즐을 조립한다.
- 전경-배경 활동에서 숨은그림찾기를 한다.
- 모형, 모자이크, 패턴, 구슬 패턴 조립을 한다.
- 여러 가지 색깔의 블록과 퍼즐을 사용하여 복잡한 디자인을 다시 만든다.

≫ 워크시트 예시 1 2

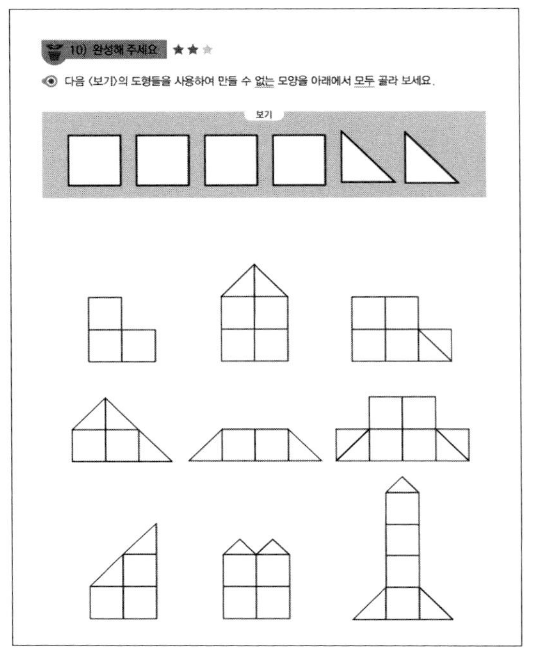


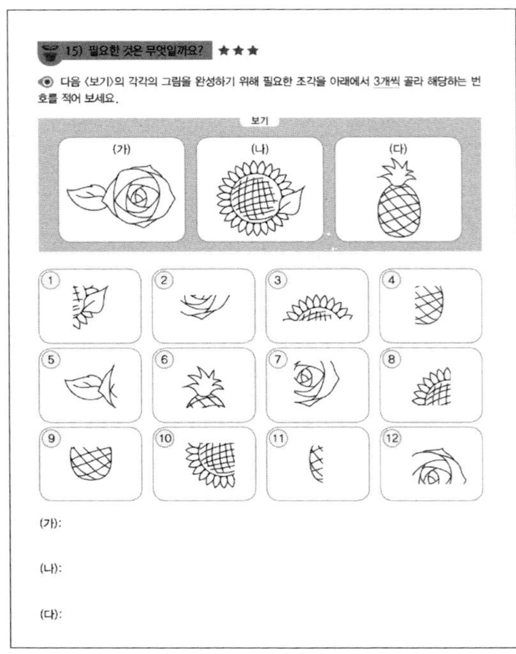


출처: 3권 『지각발달 영역 인지기능 향상 워크북』(그림맞추기 영역)

(2) 공통그림찾기

① 측정영역

시지각과 변별력(핵심적 시각 특성 파악), 시각적 탐색능력, 다양한 자극들 간의 공통 요소를 추론하는 능력, 분류 및 범주화, 비언어적 개념 형성 능력, 의미지식, 문화적 및 경험적 배경을 측정한다.

② 지도방법

- 단어, 철자, 수, 사물 등 다양한 자극을 특정 기준에 따라 분류한다.
- 같은 종류의 사물이라도 더 작은 범주로 묶어 본다(예: 동물–포유류, 의복–상의 등).

• 개념발달이 매우 중요하다. 특정 개념에 일치하는 것과 일치하지 않는 것을 구별하여 말한다(예: 박쥐와 고래가 포유류라는 개념, 자연적으로 빛을 내는 것과 인위적으로 빛을 내는 것의 개념).

• 새롭게 학습한 개념을 과거에 학습했던 개념과 연결시켜 통합하여 확장한다.

≫ 워크시트 예시 [1] [2]

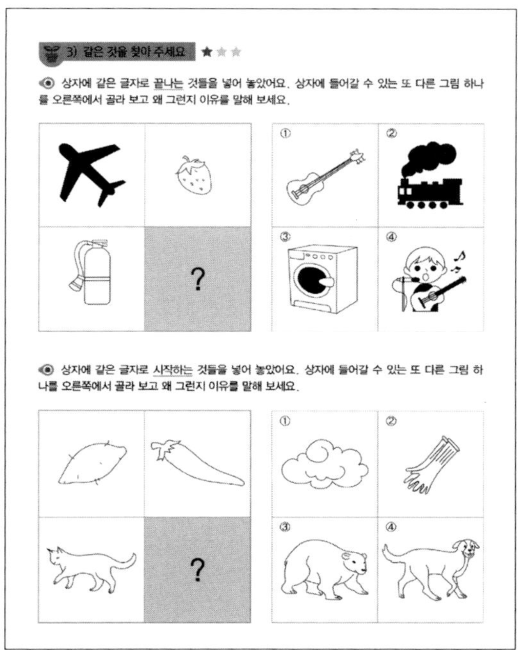


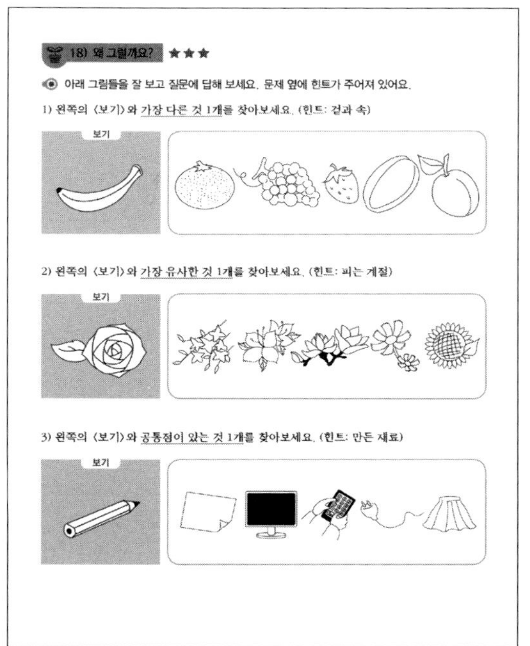


출처: 3권 『지각발달 영역 인지기능 향상 워크북』(그림수수께끼 영역)

### (3) 행렬추리

① 측정영역

시각적 자극 안에서 논리적 관련성 파악, 시각적 정보의 변별 및 탐색, 충동성을 억제하고 모든 가능한 대안을 신중하게 고려하는 능력, 시공간적 지각 및 추론 능력, 시각적 작업기억력, 정신운동속도, 비언어적 개념 형성 능력을 측정한다.

② 지도방법

- 순서를 강조한다.
- '가로 × 세로 = 좌표'에 대한 이해가 필요하다.
- 자극들 간의 규칙성을 파악하여 명백하게 말로 표현한다.

≫ 워크시트 예시 [1] [2]

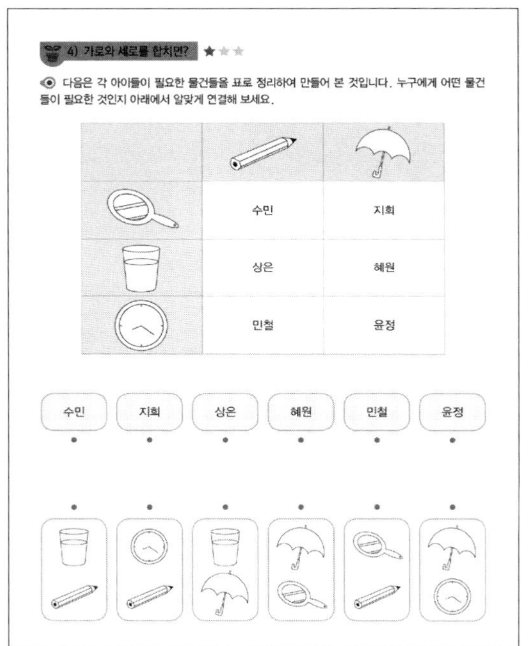


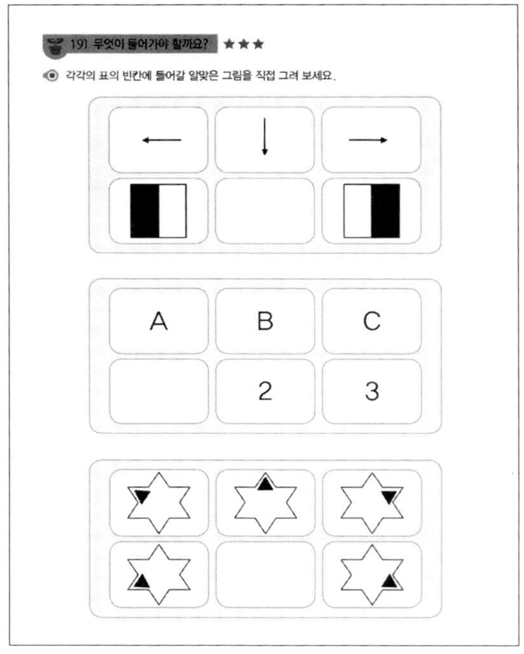


출처: 3권 『지각발달 영역 인지기능 향상 워크북』(가로세로퍼즐 영역)

### (4) 빠진곳찾기 및 차례맞추기

① 측정영역

시각적 개념화, 지각적 조직화, 장기기억, 중요한 세부사항의 시각적 구별, 문화적 경험과 배경, 시각적 주의집중력, 시각적 변별력과 시각 자극의 빠른 처리, 부분

―전체 관계 파악, 시각적으로 중요한 부분 찾기, 부분들 간의 관계 파악 능력을 측정한다.

② 지도방법

- 세부적인 것에 주의를 기울이도록 강조한다.
- 부분과 전체의 관계를 지적한다.
- 그림에서 빠진 부분/추가된 부분/어색한 부분을 찾거나 그리게 한다.
- 치료실(교실 등) 안에 물건을 숨기고 찾게 한다.
- 치료실(교실 등) 안에 있는 사물들을 관찰하고 그것의 용도, 크기, 모양 등이 유사한 또 다른 사물을 찾거나 말한다.
- 숫자나 글자를 순서대로 이어서 형태를 완성한다.
- 모양이 유사한 글자들 간의 차이를 찾는다(예: ㅏ vs. ㅓ, ㄱ vs. ㅋ, O vs. Q, b vs. d).
- 제시된 자극들의 규칙을 찾고, 그에 따라 빠진 곳을 채운다.
- 주어진 일련의 글자들 안에서 숨겨진 단어를 찾는다.
- 불완전한 문장, 단어, 글자, 자모음, 그림 등을 제시하고 빠진 글자나 일부분을 채우도록 한다.
- 한 문단 내에서 같은 단어를 찾는다.
- 지도를 보고 여행 계획을 세워 본다. 즉, 특정 도시들을 찾고 어떤 경로로 여행을 할지 순서대로 말한다. 이때 중요한 위치와 상세한 것을 말로 설명한다.
- 그림, 책, 사진 등을 보고 특정 부분을 지정하여 그것의 세부적인 특징을 묘사한다.
- 그림과 물체를 왼쪽부터 오른쪽으로 순서대로 놓는다.
- 특정한 이야기(사건)가 이루어지도록 그림 카드 혹은 사진을 왼쪽부터 오른쪽으로 순서대로 놓는다.
- 만화조각들을 하나의 이야기가 완성되도록 올바른 순서대로 놓는다.
- 동물, 모양, 특정 물체를 큰 것부터 작은 것, 작은 것에서부터 큰 순서대로 놓

는다.

- 짧은 이야기를 읽거나 들은 후 적절한 순서대로 그림을 그리거나 말로 표현한다.
- 각종 카드, 물체 등을 사용하여 처음, 마지막, 끝에서 두 번째, 전 그리고 후 등 순서의 개념에 대해 익힌다.
- 일상생활에서 알고 있어야 하는 신호 혹은 그림을 특정한 순서대로 배열한다.
- 일렬로 배열된 물체나 사람을 보고 서수(첫째, 둘째, …)로 세어 본다.
- 연재만화를 크기에 맞게 잘라서, 판지나 스케치북에 올바른 순서대로 붙인 후 이야기를 만들어 설명해 본다.
- 순서가 뒤엉킨 자음, 모음, 숫자 등을 올바른 순서대로 배열한다.
- 뒤죽박죽 뒤섞여 있는 일상생활 활동(예: 씻기, 식사하기, 장보기 등)을 올바른 순서에 맞게 배열한다.
- 뒤섞여 있는 단어들의 순서를 맞추어 문법적으로 정확한 문장을 완성한다.
- 여러 가지 게임을 하기 위해 필요한 단계를 순서대로 이야기하거나 적어 본다.
- 무작위로 제시된 여러 문장을 읽고 특정 줄거리에 맞게 재구성한다.
- 다양한 만들기 혹은 요리 과제와 관련 있는 과정을 순서대로 말한다.
- 최근 경험한 일을 올바른 순서에 따라 언어로 묘사한다.
- 구두로 제시된 지시에 따라 정확한 순서대로 그림을 그린다.

≫ 워크시트 예시 1 2

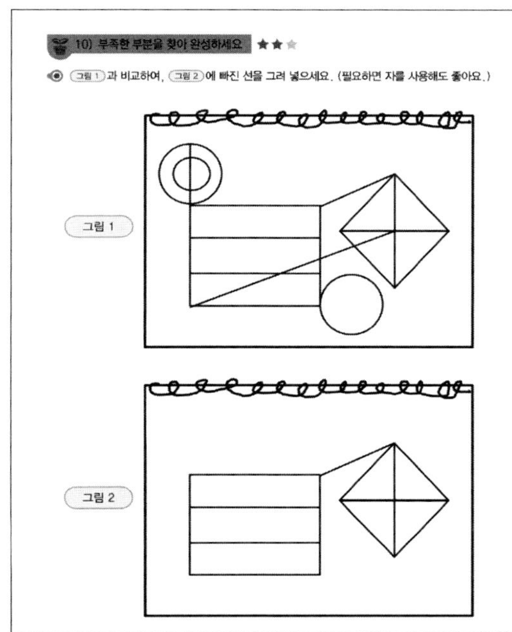


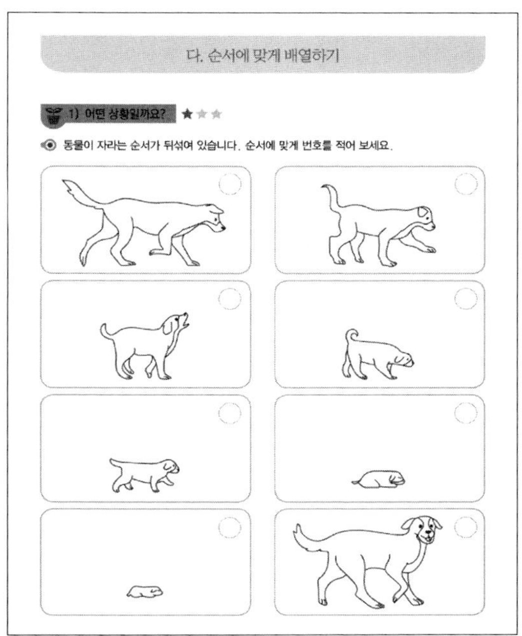


출처: 3권 『지각발달 영역 인지기능 향상 워크북』(순서맞추기 영역).

## 3) 작업기억 영역 내 소검사별 개입법

### (1) 숫 자

① 측정영역

청각적 작업기억, 계열화 능력, 주의 집중력 및 청각적 부호화 능력을 측정한다.

② 지도방법

- 숫자, 글자, 무의미 단어를 바로/거꾸로 따라 외운다.
- 단어목록을 순서대로 외우되, 점차 단어의 개수를 늘려 나간다.
- 단어목록 중 빠진 것을 찾는다.

- 긴 문장을 똑같이 따라 외운다.
- 시, 속담, 격언, 노래, 리듬을 암송한다.
- 다양한 자극(단어, 숫자, 사물이 그려진 사진)을 활용한 기억게임을 한다.
- 치료사(교사)가 첫 글자를 말하면, 그 글자로 시작되는 단어를 정해진 시간 안에 최대한 많이 말한다.
- 치료사(교사)가 불러 주는 숫자, 글자, 모양, 색깔을 순서대로 혹은 순서에 상관없이 잘 듣고 찾아 표시한다.
- 치료사(교사)가 불러 주는 문장(격언이나 속담도 가능) 속에서 빠진 글자나 단어를 찾는다.
- 숫자, 글자, 모양을 보고 기억한다.

≫ 워크시트 예시 1 2

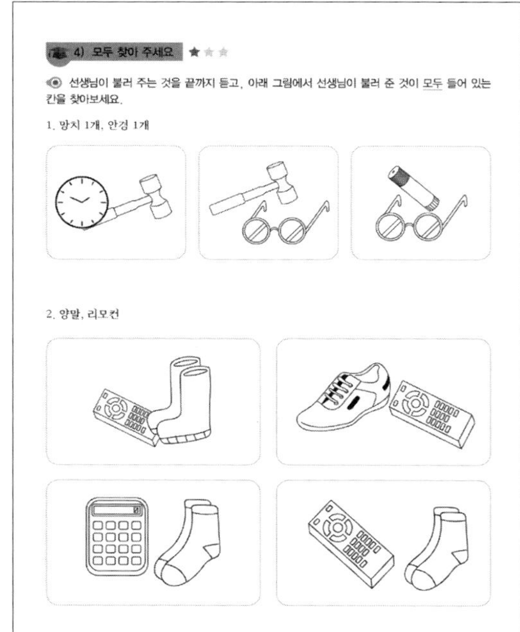

4) 모두 찾아 주세요 ★☆☆

선생님이 불러 주는 것을 끝까지 듣고, 아래 그림에서 선생님이 불러 준 것이 모두 들어 있는 칸을 찾아보세요.

1. 망치 1개, 안경 1개

2. 양말, 리모컨

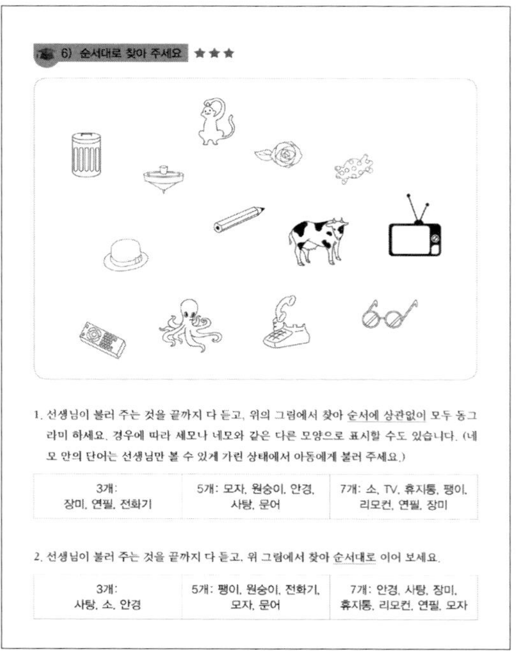

6) 순서대로 찾아 주세요 ★★★

1. 선생님이 불러 주는 것을 끝까지 다 듣고, 위의 그림에서 찾아 순서에 상관없이 모두 동그라미 하세요. 경우에 따라 세모나 네모와 같은 다른 모양으로 표시할 수도 있습니다. (네모 안의 단어는 선생님만 볼 수 있게 가린 상태에서 아동에게 불러 주세요.)

| 3개: 장미, 연필, 전화기 | 5개: 모자, 원숭이, 안경, 사탕, 문어 | 7개: 소, TV, 휴지통, 팽이, 리모컨, 연필, 장미 |
|---|---|---|

2. 선생님이 불러 주는 것을 끝까지 다 듣고, 위 그림에서 찾아 순서대로 이어 보세요.

| 3개: 사탕, 소, 안경 | 5개: 팽이, 원숭이, 전화기, 모자, 문어 | 7개: 안경, 사탕, 장미, 휴지통, 리모컨, 연필, 모자 |
|---|---|---|

출처: 4권 『주의력 영역 인지기능 향상 워크북』(따라 말하기 영역).

### (2) 순차연결

① 측정영역

논리적으로 순서화하고 계획을 세울 수 있는 능력을 측정한다. 만약, 순차연결의 수행이 저조하다면 이는 배열, 계획하는 것에 어려움이 있고, 청각적 단기기억력, 조직화하는 능력이 부족함을 의미한다.

② 지도방법

- 순서나 절차를 강조한다.
- 시간 개념을 강조한다.
- 전후 관계, 인과 관계 등 논리의 발달을 강조한다.
- 개인의 경험을 순차적으로 말하고 쓰게 한다.
- 만드는 방법, 절차, 행동의 규칙 등을 말하고 쓰게 한다.
- 사회적 행동을 논리적으로 설명하게 한다.
- 왼쪽에서 오른쪽, 위에서 아래와 같은 순서를 강조한다.
- 교과서, 신문, 인터넷 기사에서 관심 있는 사건을 찾아, 사건의 개요를 순서대로 말하고 앞으로 일어날 일에 대해 예측하여 말하게 한다.
- 여러 교과목(예: 과학, 사회)의 특정 사건을 선정하여(예: 선거, 요리 등) 단계별로 정리하여 외운다.
- 게임 방식과 규칙을 외운 후에 소개한다.
- 특정 목표(예: 가족 여행, 다이어트 등)를 수립하고, 그 목표를 달성하기 위해 필요한 단계들을 설정한다.
- 무게, 길이, 들이, 거리, 양 등을 일정한 순서에 따라 배열한다.
- 빠진 순서 찾기, 숫자/글자(철자)/도형의 순서 찾기와 같은 활동을 한다.

≫ 워크시트 예시 [1] [2]

3) 무엇일까요? ★★★

비행기가 도착하는 곳은 어디일까요? 화살표를 따라가 어디에 도착하는지 말해 보세요.

| 출발 | | | | | | | | | | |
|---|---|---|---|---|---|---|---|---|---|---|
| | | | | | | | | 제주도 | | |
| | | | | | | | 호주 | | | |
| | 서울 | | | | | | | | | |
| | | | | | | | | | 미국 | |
| 프랑스 | | | | | 로마 | | | | | |

내가 가장 좋아하는 과목은? 화살표를 따라가 어떤 과목이 나오는지 말해 보세요.

| | | | | | | | | | | |
|---|---|---|---|---|---|---|---|---|---|---|
| | | | | | | | | 체육 | | |
| | 음악 | | 시작 | | | 과학 | | | | |
| | | | | | | | | | | |
| | | | | | | | | | 미술 | |
| 국어 | | | | | | 수학 | | | | |

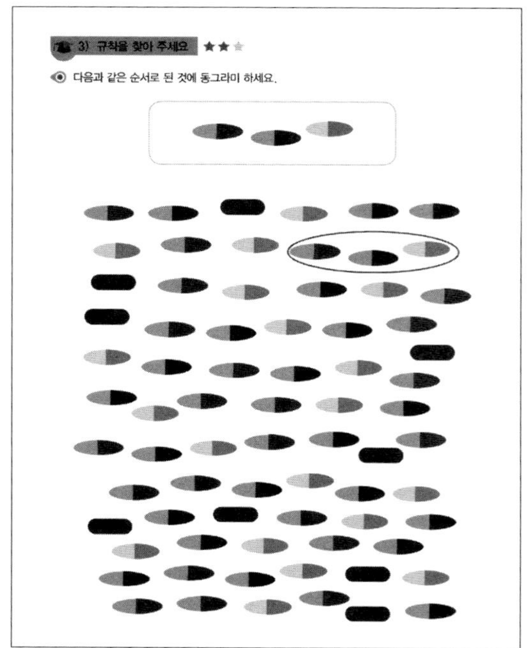


출처: 4권 『주의력 영역 인지기능 향상 워크북』(순서 완성하기 영역).

### (3) 산 수

① 측정영역

기본적인 수학개념을 활용한 문제해결능력을 측정한다. 청각적 및 언어적으로 제시되는 요소에 집중하고 숫자를 기억하며, 필요한 계산을 암산으로 수행하는 것이 필요하다. 숫자 유창성, 주의집중력, 장기 및 단기 기억력, 교육적 배경, 정신적 조작 능력, 논리적 추론, 정신적 민첩성 등을 측정한다.

② 지도방법

- 숫자 지식, 수 세기와 같은 기본적인 수 개념을 강조한다.
- 아동이 조작할 수 있는 구체적인 사물이나 교구를 활용한다(예: 수 막대, 나무젓가

락, 빨대).

- 손가락 세기나 메모하기를 허용하되 점진적으로 암산을 활용하도록 유도한다.
- 학교에서 수학 성취가 저조한 아동의 경우, 추가적인 진단 및 활동을 계획한다.
- 치료를 위해 기존의 다양한 상품화된 교재와 교구를 사용한다(예: 학습지, 컴퓨터 프로그램, CD, DVD 등).
- 수학 관련 어휘나 용어를 지속적으로 학습시킨다.
- 수학적 개념을 숙달하기 위해 충분한 시간을 제공한다.
- 복습을 강조하고 충분한 연습이 이루어지도록 반복한다.
- 아동의 수준에 따라 학습의 속도를 세밀하게 조절한다.
- 수학적 개념을 실제 생활에서 적용할 수 있도록 다양한 활동을 계획한다(예: 화폐, 비례).
- 수학적 개념에 대해서 치료사(교사)와 아동이 충분히 토론한다.
- 이야기를 통해 수학적 상황을 인식하고 해결한다(스토리텔링식 접근).
- 용어, 공식, 개념을 암기한다. 충분한 활동과 예시를 통해 수학적 과정을 이해하도록 한다.
- 그래프 그리기, 스티커 모으기 등 시각자료를 통해 매일의 성취를 구체적으로 보여 준다.

## ≫ 워크시트 예시 1 2

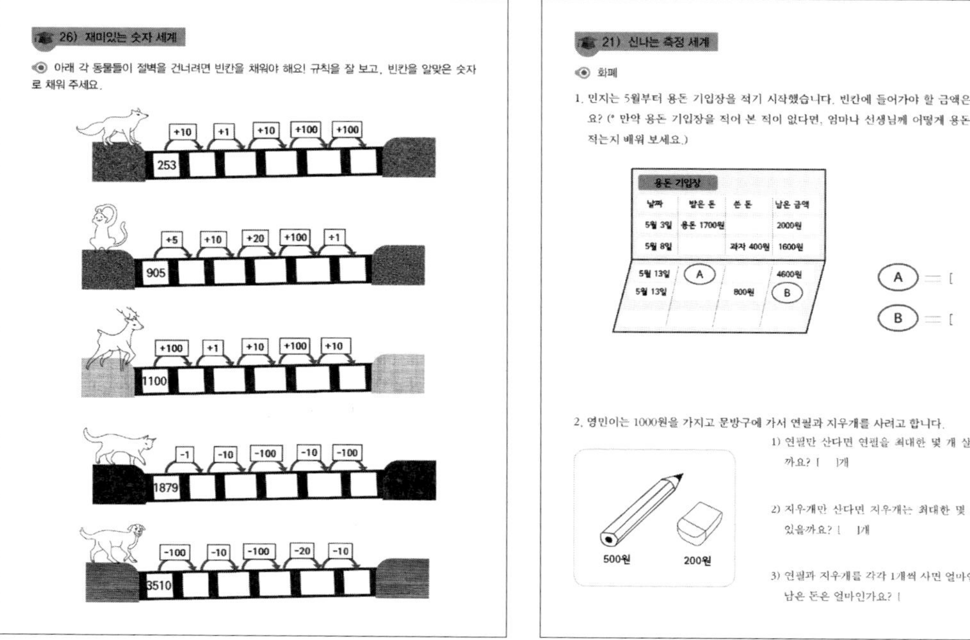

26) 재미있는 숫자 세계

아래 각 동물들이 절벽을 건너려면 빈칸을 채워야 해요! 규칙을 잘 보고, 빈칸을 알맞은 숫자로 채워 주세요.



21) 신나는 측정 세계

화폐

1. 민지는 5월부터 용돈 기입장을 적기 시작했습니다. 빈칸에 들어가야 할 금액은 얼마일까요? (* 만약 용돈 기입장을 적어 본 적이 없다면, 엄마나 선생님께 어떻게 용돈 기입장을 적는지 배워 보세요.)

용돈 기입장

| 날짜 | 받은 돈 | 쓴 돈 | 남은 금액 |
|---|---|---|---|
| 5월 3일 | 용돈 1700원 | | 2000원 |
| 5월 8일 | | 과자 400원 | 1600원 |
| 5월 13일 | A | | 4600원 |
| 5월 13일 | | 800원 | B |

A = [ ]원

B = [ ]원

2. 영민이는 1000원을 가지고 문방구에 가서 연필과 지우개를 사려고 합니다.



1) 연필만 산다면 연필을 최대한 몇 개 살 수 있을까요? [ ]개

2) 지우개만 산다면 지우개는 최대한 몇 개 살 수 있을까요? [ ]개

3) 연필과 지우개를 각각 1개씩 사면 얼마인가요? 남은 돈은 얼마인가요? [ ]

출처: 4권 『주의력 영역 인지기능 향상 워크북』(수학퀴즈 영역).

■산수의 각 영역에서 할 수 있는 활동들
(※ 이와 관련된 수학 교과서 목차정리 표는『주의력 영역 인지기능향상 워크북』 '4. 산수' 활동지 뒤에 제시)

| | | |
|---|---|---|
| **수개념**<br>• 수직선에서의 위치 가르치기: 수선을 사용하는 것이 순서, 위치, 숫자, 연산을 가르칠 때 매우 중요!<br>• 주어진 수만큼 구슬 꿰기<br>• 수 세기/구체물 세기<br>• 숫자 암송하기<br>• 숫자 쓰기(1~100)<br>• 서수 알기<br>• 수 비교(더 큰 수 등)<br>• 숫자 패턴에서 빠진 숫자 알기 | **수체계**<br>• 100/1000까지의 수 세기, 100/1000까지의 숫자와 그 수의 위치, 자릿값(십진법) 가르치기<br>• 숫자와 수 이름 알기<br>(한글, 한자어 체계) | **사칙연산**<br>• 균형저울을 사용하여 4+2=3+3과 같은 등식의 조합을 익히기<br>• 연산의 원리, 5/10 보수, 교환법칙과 같은 기본 원리 가르치기: 훈련과 연습이 반드시 포함되어야 함!<br>• 곱셈과 덧셈의 관계, 나눗셈과 뺄셈의 관계 익히기<br>• 같은 합이 나오는 다른 식 찾기(가르기와 모으기) |
| **분수와 소수**<br>• 구체물, 활동(실제로 나누고, 접고, 자르고, 빼는 활동 등)을 사용하여 소수, 분수 익히기 | **도형**<br>• 생활 속 기본도형(△□○) 익히기<br>• 정육면체, 구, 원기둥, 그림 및 막대그래프 알기<br>• 각도 어림하기 | **측정 & 그래프**<br>• 실제적인 수활동 계획하기: 물체의 길이나 무게 측정, 온도계 읽기, 시간계산, 물건 구입과 계산 및 배열<br>• 돈의 가치를 알고 배열하기 |
| **비 & 비례식**<br>• 비, 비율, 백분률, 비례배분을 활용한 문제해결 | **규칙 찾기 & 문제해결**<br>• 일정한 규칙에 따라 배열하기<br>• 규칙을 찾아 수나 식으로 나타내기 | **기타(문장제)**<br>• 문장제 학습 수행하기: 핵심단어(더, 덜, 모두, 차이 등) 찾기와 식 세우기 활동을 꾸준히 시행! |

## 4) 처리속도 영역 내 소검사별 개입법

### (1) 기호쓰기

① 측정영역

비언어적 자극에 대한 단기기억 능력, 지각 및 정신운동 처리 속도(psycho-motor speed), 기억력, 소근육 운동기능을 측정한다.

② 지도방법

• 단어, 문장, 숫자, 기호 등을 모사하는 필기연습을 하되, 시간제한을 두는 것도

가능하다.

- 소근육 운동기능을 증진시킬 수 있는 모든 활동이 가능하다.
- 타자훈련이 유용하다.
- 빠른 정보처리를 요하는 모든 활동이 가능하다.
- 기억력과 지각적 조작을 강조하여야 한다. 기계적 암기(rote memory)와 모사(copy) 작업도 활용 가능하다.
- 모든 종류의 기억력 게임과 훈련을 권장한다. 일부 아동은 추가로 쓰기과제가 더 필요할 수 있다.
- 짧은 시간 동안 특정 대상, 형태, 사진, 철자 등을 보여 주고 기억하여 찾기를 한다.
- 짧은 시, 노래 암송(기억력 훈련), 메모리 게임(그림, 철자, 수로 확장)을 할 수 있다.

≫ 워크시트 예시 1 2

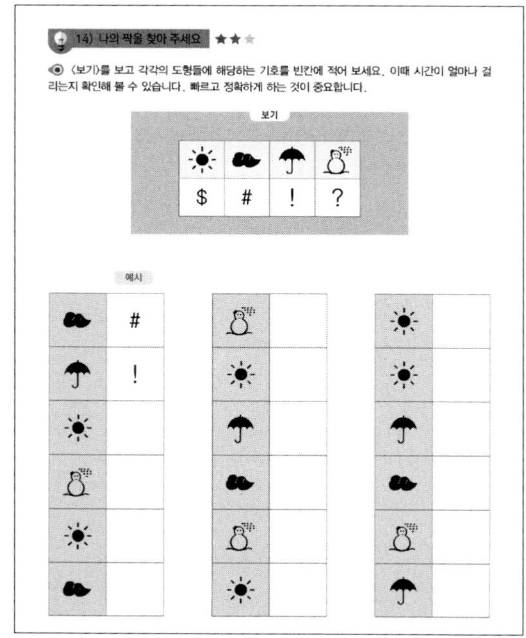


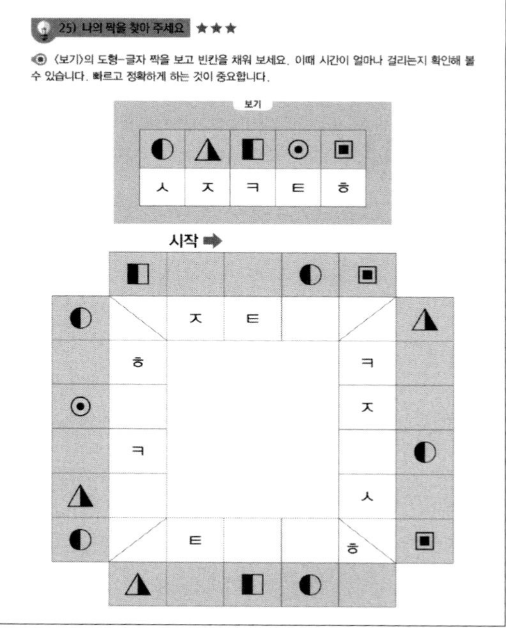


출처: 5권 『정보처리 영역 인지기능 향상 워크북』(매칭하기 영역).

### (2) 동형찾기 및 선택

① 측정영역

목표기호를 확인하고 추적하는 능력, 시각-운동 협응능력, 세부사항을 변별하는 능력, 빠른 의사결정(기민성)능력을 측정한다(단, 기억력은 주요한 요구사항이 아님. 기호쓰기보다 운동능력은 덜 요구됨).

② 지도방법

- 여러 가지 기호, 상징(문자, 숫자), 형태, 문장, 그림, 사물 등 같은 것끼리 짝짓는 연습을 한다.
- 동물, 그림, 나무 등의 그림에서 숨겨진 형태 찾기, 철자 행렬에서 숨겨진 단어 찾기, 문장과 절에서 특정한 단어 찾기, 다른 절에서 특정한 단어와 문자 찾기와 같은 활동을 한다.
- 같은 그림 찾기, 다른 그림 찾기, 숨은그림찾기, 달라진 부분 찾기 등의 활동을 한다.
- 두 개의 다른 그룹이나 문단에서 똑같은 글자나 단어를 찾아 표시해 본다.
- 물체와 글자를 단순하게 짝짓는 활동(예: 사과-ㅅ)을 한다.
- 누가 빨리 하는지 경주를 하거나 시간 내 과제 완수하기로 시간에 대한 압박을 줄 수도 있다.
- 대문자, 소문자, 필기체 등을 짝짓는 활동(다양한 글자체에서 같은 글자 찾아 잇기)을 할 수 있다.
- 빠른 결정을 요구하는 게임을 한다.

≫ 워크시트 예시 [1] [2]

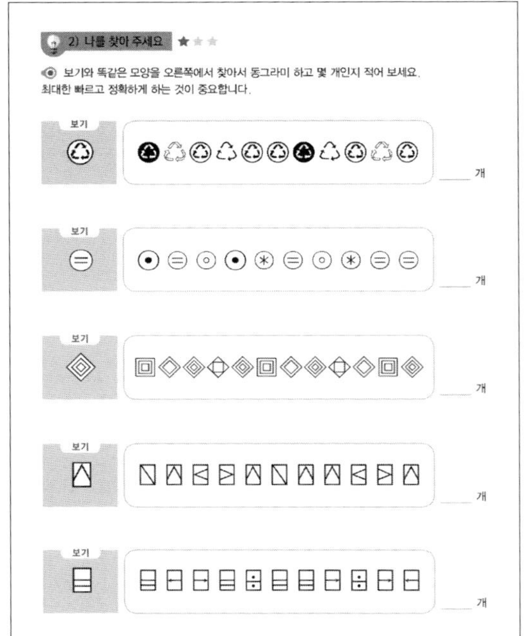

2) 나를 찾아 주세요 ★☆☆

보기와 똑같은 모양을 오른쪽에서 찾아서 동그라미 하고 몇 개인지 적어 보세요.
최대한 빠르고 정확하게 하는 것이 중요합니다.

보기 ____ 개

보기 ____ 개

보기 ____ 개

보기 ____ 개

보기 ____ 개

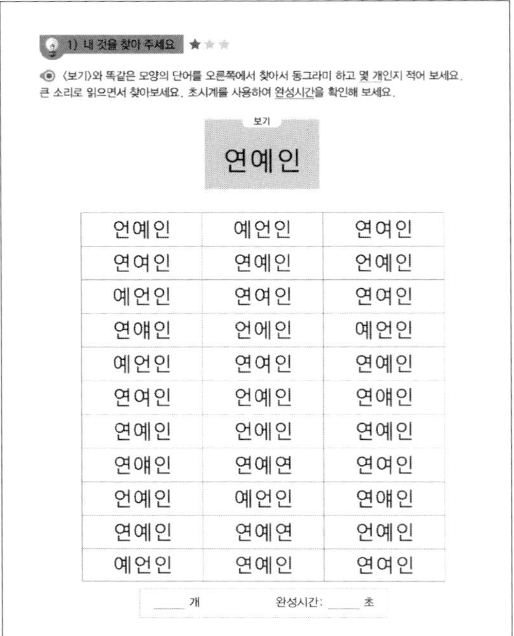

1) 내 것을 찾아 주세요 ★☆☆

〈보기〉와 똑같은 모양의 단어를 오른쪽에서 찾아서 동그라미 하고 몇 개인지 적어 보세요.
큰 소리로 읽으면서 찾아보세요. 초시계를 사용하여 완성시간을 확인해 보세요.

보기

연예인

| 언예인 | 예언인 | 연여인 |
|---|---|---|
| 연여인 | 연예인 | 언예인 |
| 예언인 | 연여인 | 연여인 |
| 연얘인 | 언예인 | 예언인 |
| 예언인 | 연여인 | 연예인 |
| 연여인 | 언예인 | 연얘인 |
| 연예인 | 언예인 | 연예인 |
| 연얘인 | 연예연 | 연여인 |
| 언예인 | 예언인 | 연얘인 |
| 연예인 | 연예연 | 언예인 |
| 예언인 | 연예인 | 연여인 |

____ 개 완성시간: ____ 초

출처: 5권 『정보처리 영역 인지기능 향상 워크북』(채워넣기 영역).

Wechsler Intelligence Scale

# IV
# 영역별 실제 적용 사례

# 사례 1: 언어기술(language skills)의 문제로 학습에서 어려움을 보이는 아동

Wechsler

## 1. 의뢰 사유, 발달력 및 행동 특성

아동은 산만하고 위험한 행동, 주의집중력의 어려움, 학습부진 및 또래관계의 문제로 의뢰된 초등학교 4학년 남아다. 아동은 신체발달은 정상이었으나 부정확한 발음, 낮은 이해력 및 표현력 등 언어발달은 또래에 비해 다소 느렸다. 또한 대근육 및 소근육 운동발달은 양호한 편이지만 유독 글씨 쓰기를 어려워하고, 싫어하며, 글씨 쓰는 데 시간이 오래 걸리고 오류도 많았다. 아동 초기 가정 내 학습에 대한 개입이 거의 부재해 아직 한글을 완벽히 습득하지 못한 상태로 보고되었다.

## 2. 평가 결과

### 1) 지능평가: K-WISC-Ⅳ

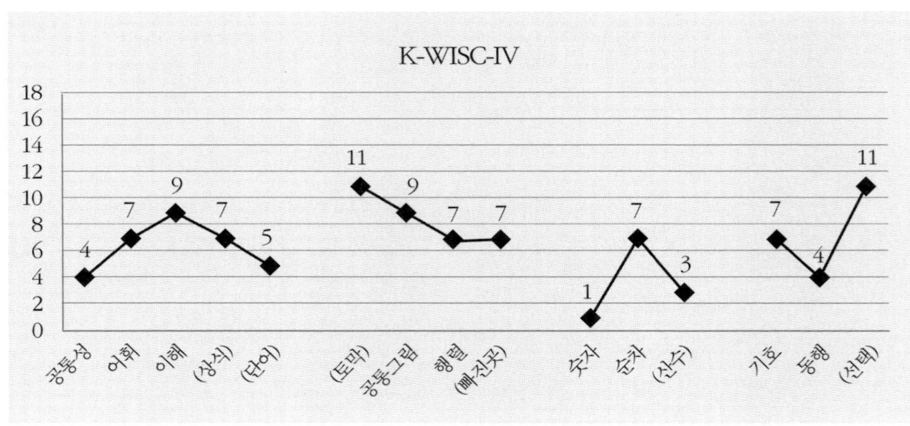


K-WISC-IV로 측정한 지능검사에서 아동의 전체지능지수는 경계선 수준에 속하나(FSIQ=73, 95% 신뢰구간=69~80, 백분위 3.4%), 지표 간에 편차가 크므로 전체 IQ보다 일반능력지표(GAI)가 아동의 전반적인 지적 능력을 더 잘 대표할 것으로 보인다. 아동의 일반능력지표 점수는 평균 하 수준으로(GAI=84, 95% 신뢰구간=77~92), 동일 연령집단과 비교할 때 하위 15.1%에 속한다. 이와는 대조적으로 인지숙달지표 점수(CPI=63, 95% 신뢰구간=54~72)는 동년배 집단 중 하위 0.7%에 속하여 결함을 시사한다. 일반능력지표와 인지숙달지표 간에 이러한 심한 차이는 신경학적인 문제의 가능성을 의심해 볼 수 있겠다. 지표 간의 차이를 살펴보면, 아동은 지각추론 지표가 평균 수준으로 개인 내에서 다른 지표보다 강점 영역에 해당된다. 반면에, 작업기억 지표는 지체된 수준으로 개인 내 비교에서뿐만 아니라 같은 또래 연령과의 비교에서도 매우 저조하며, 또한 처리속도 지표도 경계선 수준으로 두 지표 모두 아동의 또래 규준집단과 비교했을 때 약점 영역에 해당된다.

| 단계 | | 합산 점수 | 신뢰구간 (95%) | 백분위 | 기술적 분류 | 해석 여부 | 강점/약점 |
|---|---|---|---|---|---|---|---|
| 1단계: 전반적인 지적 능력 해석 | | | | | | | |
| 1-1. 전체지능지수(FSIQ) | | 73 | 69~80 | 3.4 | 경계선 | × | 규준적 약점 |
| 1-2 | 일반능력지표(GAI) | 84 | 77~92 | 15.1 | 평균 하 | ○ | 규준적 약점 |
| | 인지숙달지표(CPI) | 63 | 54~72 | 0.7 | 경도지체 | ○ | 규준적 약점 |
| 1-3. GAI-CPI 차이 비교 | | | | | | | |
| 2단계: 지표 해석 | | | | | | | |
| 언어이해 지표(VCI) | | 80 | 75~89 | 9.2 | 평균 하 | × | 규준적 약점 |
| 공통성 | | 4 | | | | | W |
| 어휘 | | 7 | | | | | |
| 이해 | | 9 | | | | | |
| (상식) | | 7 | | | | | |
| (단어추리) | | 5 | | | | | |
| 지각추론 지표(PRI) | | 94 | 89~103 | 38.8 | 평균 | ○ | 개인적 강점 |
| 토막짜기 | | 11 | | | | | S |
| 공통그림찾기 | | 9 | | | | | |
| 행렬추리 | | 7 | | | | | |
| (빠진곳찾기) | | 7 | | | | | |
| 작업기억 지표(WMI) | | 65 | 62~76 | 1 | 경도지체 | × | 개인적 약점/<br>규준적 약점 |
| 숫자 | | 1 | | | | | W |
| 순차연결 | | 7 | | | | | |
| (산수) | | 3 | | | | | |
| 처리속도 지표(PSI) | | 74 | 70~86 | 4 | 경계선 | ○ | 규준적 약점 |
| 기호쓰기 | | 7 | | | | | |
| 동형찾기 | | 4 | | | | | |
| (선택) | | 11 | | | | | |
| 3단계: 임상적 군집 해석 | | | | | | | |
| 유동추론 | 공통그림, 행렬, 산수<br>(9) (7) (3) | 76 | 67~85 | 5.4 | 경계선 | × | 규준적 약점 |
| 시각적 처리 | 토막, 빠진곳<br>(11) (7) | 94 | 84~104 | 35.3 | 평균 | ○ | 정상범위 |
| 비언어적 유동추론 | 공통그림, 행렬<br>(9) (7) | 88 | 78~98 | 21.9 | 평균 하 | ○ | 정상범위 |
| 언어적 유동추론 | 공통성, 단어추리<br>(4) (5) | 68 | 58~77 | 1.6 | 경도지체 | ○ | 규준적 약점 |
| 어휘지식 | 단어추리, 어휘<br>(5) (7) | 77* | 67~86 | 6.1 | 경계선 | ○ | 규준적 약점 |
| 일반상식 | 이해, 상식<br>(9) (7) | 88 | 79~98 | 22.1 | 평균 하 | ○ | 정상범위 |
| 장기기억 | 어휘, 상식<br>(7) (7) | 84 | 76~91 | 13.7 | 평균 하 | ○ | 규준적 약점 |
| 단기기억 | 숫자, 순차<br>(7) (1) | 66* | 57~75 | 1.1 | 경도지체 | × | 규준적 약점 |

*본 사례에서는 한국 규준표를 사용하였기 때문에 미국·캐나다 규준을 적용한 경우와 약간의 점수 차이를 보일 수 있음.

언어이해 지표로 측정된 아동의 언어이해 능력은 평균 하 수준의 하단부에 속하나 (VCI=80, 95% 신뢰구간=75~89, 백분위 9.2%), 소검사 간 편차가 커서 지표점수가 아동의 단일한 언어이해 능력을 대표한다고 보기 어렵다. 군집 수준에서 살펴보면, 아동의 일반지식 범위는 평균 하 수준에 해당되나, 어휘를 이해하고 활용하는 정도는 경계선 수준으로 또래보다 수행이 저조하다. 특히 새로운 과제가 언어적으로 제시될 때에는 비언어적인 자료에 비해 추론하고 문제를 해결하는 능력이 매우 저조하다.

지각추론 지표로 측정된 아동의 비언어적 지각추론 능력은 평균 수준으로 개인적 강점 영역에 속한다(PRI=94, 95% 신뢰구간=89~103, 백분위 38.8%). 아동은 시각적인 정보를 처리하는 능력뿐 아니라, 시각적인 자료로 제시되는 유동추론 능력도 또래 규준집단과 비교하여 정상범위에 속한다.

작업기억 지표로 측정된 아동의 주의집중력과 단기기억은 지체된 수준으로 개인 내 비교에서뿐만 아니라 규준집단과의 비교에서도 가장 취약한 영역이다(WMI=65, 95% 신뢰구간=62~76, 백분위 1%). 그러나 작업기억 지표 내 소검사 간 차이가 크므로, 지표점수가 단일능력을 대표한다고 보기 어렵다. 아동은 좀 더 복잡한 조작이 요구되는 순차연결에 비해서 숫자따라하기와 같은 소검사 점수가 매우 낮은 점 등을 고려해 볼 때, 작업기억보다는 좀 더 기본적인 차원에서 청각적인 자극을 처리하는 데 어려움이 있을 것으로 추측해 볼 수 있다.

처리속도 지표로 측정된 아동의 시각자극을 빠르게 처리하는 능력은 경계선 수준으로 동년배 규준집단과 비교할 때 약점 영역에 해당된다(PSI=74, 95% 신뢰구간=70~86, 백분위 4%).

## 2) 전산화된 주의력 검사(ATA)

| 시각자극 | Z점수 | T점수 | 결과 | 청각자극 | Z점수 | T점수 | 결과 |
|---|---|---|---|---|---|---|---|
| 주의분산성 | 8.1 | 100 | 임상 | 주의분산성 | 5.6 | 100 | 임상 |
| 충동성 | 19.4 | 100 | 임상 | 충동성 | 13.8 | 100 | 임상 |
| 정보처리속도 | 3.7 | 87 | 임상 | 정보처리속도 | −3.6 | 14 | 정상 |
| 주의집중일관성 | 12.3 | 100 | 임상 | 주의집중일관성 | 1.5 | 65 | 임상 |

아동은 시각 과제의 전 영역, 청각 과제의 '정보처리속도' 영역을 제외한 모든 영역에서 중등도 이상의 매우 심각한 수준으로 주의집중력의 어려움이 시사된다. 외부 자극을 정확하고 기민하게 처리하는 데 어려움이 많고 적절한 수준의 집중력을 유지하여 과제를 완수하지 못하고 주제를 이탈하거나 사소한 주위 자극에 쉽게 주의를 빼앗기는 등 전반적으로 주의집중력 관련 곤란이 많은 편이다. 이로 인해 본인의 지적 잠재력을 효과적으로 발휘하여 일정한 수준 이상의 성취를 유지하는 것에 어려움이 많을 것으로 보인다.

## 3) 기초학습기능검사

*적용규준: 초등학교 4학년, 10세 2개월

| 학년규준점수 | | | 연령규준점수 | | |
|---|---|---|---|---|---|
| 하위검사 | 규준점수(학년) | 백분위(%) | 하위검사 | 규준점수(연령) | 백분위(%) |
| 정보처리 | 3 | 25 | 정보처리 | 7세 10개월 | 17 |
| 셈하기 | 2.8 | 11 | 셈하기 | 8세 8개월 | 8 |
| 읽기 I | 1.7 | 6 | 읽기 I | 6세 10개월 | 8 |
| 읽기 II | 2.4 | 10 | 읽기 II | 7세 0개월 | 8 |
| 쓰기 | 2.7 | 18 | 쓰기 | 7세 8개월 | 16 |
| 합계 | 2.5 | 9 | 합계 | 7세 5개월 | 8 |

기초학습기능검사 결과, 아동은 학년규준 2.5학년, 연령규준 7세 5개월로, 전반적인 영역에서 동년배보다 2.5년 이상 뒤떨어진 수행을 보이고 있다. 특히 아동은 읽기 I에서의 수행이 상대적으로 가장 저조하여, 현재 초등학교 4학년임에도 불구하고 자모 지식이 부족하며, 자소-음소 대응규칙을 적용한 단어를 해독하기가 곤란할 뿐만 아니라, 적절한 음운변동 규칙을 활용한 읽기, 쓰기가 매우 부족하다. 또한 수감각과 수리적 개념형성 및 계산력 등을 포함하여, 현재 모든 기초학업 기술에서 또래보다 상당히 저조한 수행을 보였다.

### 4) 평가 결과 종합

아동의 발달력, 행동관찰, 부모님과의 임상적 면담, 지능검사를 포함한 종합심리평가, 주의력평가 및 기초학습기능검사 결과를 종합하여 아동의 인지적 특성을 분석한 결과는 다음과 같다.

아동은 전체지능지수가 경계선 수준에 속하지만(FSIQ=73), 지표 간에 편차가 큰 점을 감안하여 전반적인 지적 능력은 평균 하 수준에 해당될 것으로 추정된다(GAI=84). 아동의 인지적 특성은 지적능력에 비해 인지적인 과제에 집중하고 효율적으로 처리하는 능력이 매우 저조하고, 특히 청각적인 자극을 처리하는 기본적인 차원에서 결함을 보인다. 뿐만 아니라 언어적인 이해능력이 또래집단에 비해서 취약하며, 발달력상 언어발달이 느린 점, 4학년 현재 한글 습득이나 발음이 미흡한 점 등을 모두 고려할 때, 기질적인 신경학적 어려움과 함께 학습장애를 의심해 볼 수 있다.

이에 교차타당도를 확인하기 위해 기초학습기능검사를 실시한 결과, 아동은 기초학습기능검사의 하위검사인 읽기 I 영역에서 특히 가장 저조한 수행을 보여 읽기 성취의 어려움을 나타냈다. 추가로 음운인식검사(박현정, 2010)를 실시하여 언어적인 기술(language skills)에서의 문제점을 살펴본 결과, 전반적인 음운인식 능력이 매우 부족한 것으로 보인다. 즉, 소리 변별과 청각적 처리, 부호화, 입력과 같은 낮은 수준의 언어적 정보 인식과 처리에 어려움이 있기 때문에 이를 토대로 한 언어적 산출, 유창성,

개념화와 추론능력 등 전반적인 언어 이해 및 표현 능력이 저조한 것으로 생각된다.

반면에, 아동은 시각적인 정보를 처리하고, 비언어적으로 제시되는 자극에 집중하여 추론하고 문제를 해결하는 능력은 개인적 강점으로 또래 규준집단과 비교하여 정상범위에 속한다.

## 3. 개입을 위한 일반적 제언

- 인지적 강점: 시각적 처리, 비언어적 유동추론 능력
- 인지적 약점: 언어기술 부족, 주의집중력, 청각적인 단기기억, 처리속도

아동의 경우, 일차적으로 가장 시급한 개입은 기본적인 언어기술(language skills)을 향상시키는 것이다. 우선, 음운인식 능력(특히 음소인식)을 증진시키기 위한 개입을 집중적 · 체계적으로 시행할 필요가 있고, 동시에 한글 자모음 원리(소리와 글자의 대응 지식)에 입각한 읽기와 쓰기의 훈련을 병행하는 것이 언어적 자극의 처리를 다각도로 지원할 수 있는 방법으로 여겨진다. 예를 들어, 말소리 지각의 예민성을 높이고 언어적 표상을 도울 수 있도록 소리와 글자의 대응관계를 숙달할 수 있는 접근이 매우 필요하겠다. 이와 함께 어휘, 표현언어, 언어적 개념화, 언어적 유동추론 능력 등 언어 이해 지표가 저조한 경우 활용할 수 있는 일반적인 개입 전략을 권장한다. 아동은 학습문제가 심각한 수준이므로, 이러한 접근은 아동의 부진한 기초학업 기술 증진에 많은 도움이 될 것으로 보인다.

그다음으로, 아동은 주의집중력, 작업기억 및 처리속도와 같은 인지처리 능력이 매우 취약하므로 이러한 인지기술을 향상시키기 위해 다각적으로 접근한다. 예를 들어, 다양한 듣기활동을 통해 청각적 민감성을 높이고, 언어적 작업기억의 폭과 효율성을 높일 수 있는 활동을 같이 고려한다.

마지막으로는, 자칫 아동의 인지적 약점 위주로 접근하면 아동이 흥미나 의욕을

상실할 수도 있으므로 아동이 유능감을 보이고 있는 시각적 자료의 적절한 활용을 통해 치료에 적극성을 유지할 수 있도록 배려하는 것도 중요한 치료적 접근이 될 수 있겠다.

## 4. 치료계획 및 회기 구성

### 1) 장기 목표

(1) 인지기능

① 음운인식 능력 및 언어적 기술의 향상

② 청각적 작업기억력 증진

③ 언어적 표현력, 개념화 능력, 추론능력의 향상

(2) 학 습

① 단어재인, 유창성 및 읽기 이해력 등 읽기기술의 확립

② 철자법에 대한 이해와 적용

(3) 정 서

① 학업적 효능감 향상

② 학습태도 형성

## 2) 단기 목표 및 주요 활동계획

| 단계 | 단기 목표 | 세부 활동 내용 |
|---|---|---|
| 초기 단계 | 치료 구조화 & 라포 형성 | • 치료 구조화<br>–오리엔테이션(소개, 목표 공유)<br>–규칙 및 보상 정하기<br>• 치료자와의 라포 형성<br>–자기소개<br>–동기 및 흥미 유발 |
| 중기 단계 | 언어적 기술 향상 | • 음운인식 훈련(음절 및 음소 인식)<br>• 듣기 이해(단어, 문장 수준의 듣기)<br>• 듣기 및 말하기 훈련 |
| | 청각적(언어적) 작업기억 향상 | • 작업기억 폭(memory span) 확장 훈련 |
| | 언어적 개념화 및 추론 향상 | • 어휘력 증진 활동<br>• 언어적 이해 및 개념화 능력 증진 활동 |
| | 학업적 기초기술 증진 | • 한글 자모음 원리를 기본으로 하는 발음중심법 훈련<br>• 소리–글자 대응규칙을 활용한 쓰기 기초 훈련 |
| 후기 단계 | 언어적 기술 및 작업기억 향상 | • 음소인식 훈련<br>• 듣기 이해(문단 및 이야기 듣기) 훈련<br>• 작업기억 폭 확장 훈련 |
| | 언어적 개념화 및 추론 향상 | • 언어적 이해 및 개념화 능력 증진 활동<br>• 언어적 추론능력 향상 훈련 |
| | 학업적 기초기술 증진 | • 단어재인, 유창성 및 읽기 이해력 증진 활동<br>• 음운변동 규칙을 활용한 철자법 향상 활동 |

## 5. 치료적(교육적) 개입을 위한 회기 구성 예시

<table>
<tr><td>차수</td><td>10<br>회기</td><td>활동<br>목표</td><td>• 'ㄱ, ㄴ, ㄷ, ㄹ, ㅁ' 계열의 음절과 음소를 인식할 수 있다.<br>• 여러 가지 단어를 듣고 소리의 차이를 구별할 수 있다.<br>• 한 번에 3~5개의 항목을 외울 수 있다.<br>• 소리-글자 대응규칙을 적용할 수 있다.<br>• 비슷한말, 반대말을 말할 수 있다.</td></tr>
<tr><td>시행시간</td><td>40분</td><td>준비물</td><td>CD, 화이트보드와 마카, 낱말카드, 글자와 소리 대응 카드, 2권 『언어발달 영역 인지기능 향상 워크북』, 4권 『주의력 영역 인지기능 향상 워크북』</td></tr>
<tr><td>5분</td><td colspan="3">• 인사 나누기: 일주일 동안의 생활 나누기<br>• 지난 시간의 수업 내용 복습하기<br>• 숙제 점검하기</td></tr>
<tr><td>20분</td><td colspan="3">• 청각적(언어적) 기술/언어적 작업기억/언어적 개념화 훈련<br>-'마/모/미'로 시작하는 단어 찾기<br>-'ㅁ'으로 시작하는 음절 구별하기<br>-받침이 'ㅁ'으로 끝나는 음절 찾기<br>-다양한 단어를 듣고 같은/다른 소리가 나는 단어 짝짓기<br>-제시되는 음절(3~5개) 듣고 똑바로/거꾸로 따라 말하기<br>-수업 중 배운 음절이 들어가는 단어 찾기<br>-비슷한말/반대말 찾기<br>-배운 어휘로 문장 만들기</td></tr>
<tr><td>10분</td><td colspan="3">• 소리-글자 대응규칙을 활용한 단어재인 및 쓰기 훈련<br>-자음 'ㄱ, ㄴ, ㄷ, ㄹ, ㅁ'의 이름과 소리, 글자와의 관계 알기<br>-5개 자음을 10~15개 정도 늘어놓은 후 되도록 빨리, 정확하게 발음하기<br>-각 자음의 소리를 듣고 글자로 바꾸어 쓰기<br>-각 자음이 포함된 1~2음절의 단어 읽기</td></tr>
<tr><td>5분</td><td colspan="3">• 이번 시간에 배운 내용 복습하기<br>• 숙제 부과하기<br>• 정리하기</td></tr>
<tr><td>유의<br>사항</td><td colspan="3">• 위의 활동들은 2권 『언어발달 영역 인지기능 향상 워크북』, 4권 『주의력 영역 인지기능 향상 워크북』의 활용이 가능하다.<br>-2권 언어발달 영역의 어휘력(세부영역) 중 어휘의 기본, 반대말 또는 비슷한말이에요.<br>-4권 주의력 영역의 필수영역 중 통합활동지의 활용이 가능하다.<br>단, 이와 관련된 다른 활동들 역시 아동의 상황에 맞게 치료사(교사)의 재량으로 진행할 수 있다.<br>• 언어적 접근을 어려워하고 쉽게 지루해질 수 있으므로 오늘 배울 언어적 자극을 시각화한 자료를 활용하여 집중력을 유지할 수 있도록 한다.<br>• 아동의 입장에서 수업 중간 잠깐이라도 휴식의 역할을 할 수 있는 다양한 워크시트(미로, 숨은 그림 찾기 등)를 활용하여 속도를 조절한다.<br>• 소리, 발음의 특성을 명확하게 직접적으로 가르친다.<br>• 오늘 배운 내용을 가정에서 충분히 반복하여 숙달할 수 있도록 부모님에게 자세하게 활동을 소개하고 시행할 수 있도록 안내한다.<br>• 활동 목표와 내용을 아동과 충분히 공유하여 학습동기를 유지할 수 있도록 배려한다.</td></tr>
</table>

W echsler

# 사례 2: 언어적인 지적 능력(verbal intellectual ability)에서 어려움을 보이는 아동

## 1. 의뢰 사유, 발달력 및 행동 특성

아동은 주의집중력 문제, 감정조절의 어려움, 또래관계의 어려움 등을 주 호소로 의뢰된 초등학교 3학년 여아다. ADHD와 틱장애가 의심되는 것으로 진단받은 바 있으나, 신체적 질병으로 인한 입원, 모의 약물에 대한 거부감 등으로 인해 현재 약물은 복용하지 않는 상태다. 종합심리평가 결과, 학업, 또래관계, 가족관계 등 생활 전반의 다양한 영역에서 내재화 및 외현화 문제가 복합적으로 시사되었다.

## 2. 평가 결과

### 1) 지능평가: K-WISC-Ⅳ

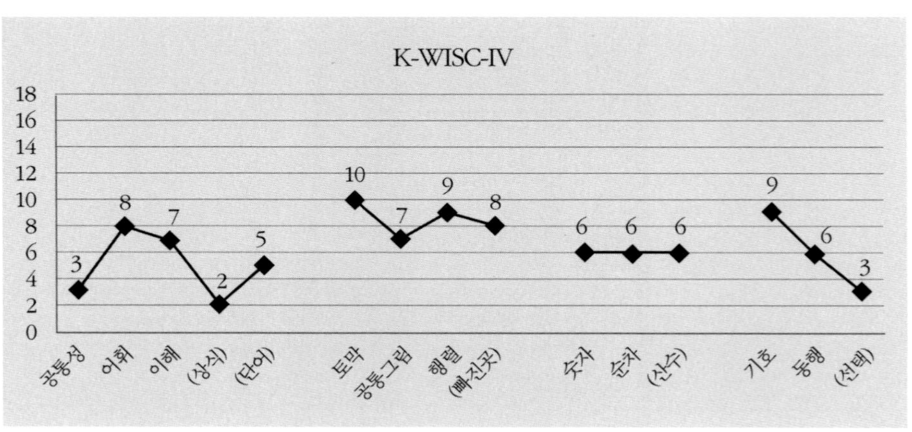


K-WISC-IV로 측정한 지능검사에서 아동의 전체지능지수는 경계선 수준에 속하며(FSIQ=76, 95% 신뢰구간=72~83), 동년배의 규준집단에 비추어 볼 때 하위 5.7%에 속한다. 지표 간의 차이를 살펴보면, 지각추론 지표는 평균 수준으로 개인 내에서 강점 영역에 해당된다. 반면에, 언어이해 지표나 작업기억 지표는 모두 경계선 수준으로 또래 규준집단과 비교했을 때 약점 영역에 속한다.

언어이해 지표로 측정된 아동의 언어이해 능력은 경계선 수준이지만(VCI=76, 95% 신뢰구간=72~85, 백분위 5.7%), 소검사 간 큰 편차를 보여 지표점수가 아동의 단일한 언어이해 능력을 대표한다고 보기 어렵다. 군집 수준에서 살펴보면, 아동이 어휘를 이해하고 활용하는 정도는 평균 하 수준에 해당되나, 일반지식의 범위는 지체된 수준이다. 특히 새로운 과제가 언어적으로 제시될 때에는 비언어적인 자료에 비해 추론하고 조작하는 능력이 매우 저조하다.

지각추론 지표로 측정된 아동의 시각적 처리와 비언어적 유동추론 능력은 평균 수

| 단계 | | 합산 점수 | 신뢰구간 (95%) | 백분위 | 기술적 분류 | 해석 여부 | 강점/ 약점 |
|---|---|---|---|---|---|---|---|
| 1단계: 전반적인 지적 능력 해석 | | | | | | | |
| 1-1. 전체지능지수(FSIQ) | | 76 | 72~83 | 5.7 | 경계선 | ○ | 규준적 약점 |
| 1-2 | 일반능력지표(GAI) | 81 | 73~88 | 10.1 | 평균 하 | | |
| | 인지숙달지표(CPI) | 77 | 68~86 | 6.4 | 경계선 | | |
| 1-3. GAI - CPI 차이 비교 | | | | | | | |
| 2단계: 지표 해석 | | | | | | | |
| 언어이해 지표(VCI) | | 76 | 72~85 | 5.7 | 경계선 | × | 규준적 약점 |
| 공통성 | | 3 | | | | | W |
| 어휘 | | 8 | | | | | |
| 이해 | | 7 | | | | | |
| (상식) | | 2 | | | | | W |
| (단어추리) | | 5 | | | | | |
| 지각추론 지표(PRI) | | 91 | 85~99 | 28 | 평균 | ○ | 개인적 강점/ 정상범위 |
| 토막짜기 | | 10 | | | | | |
| 공통그림찾기 | | 7 | | | | | |
| 행렬추리 | | 9 | | | | | |
| (빠진곳찾기) | | 8 | | | | | |
| 작업기억 지표(WMI) | | 76 | 72~8 6 | 5.8 | 경계선 | ○ | 규준적 약점 |
| 숫자 | | 6 | | | | | |
| 순차연결 | | 6 | | | | | |
| (산수) | | 6 | | | | | |
| 처리속도 지표(PSI) | | 85 | 79~96 | 16.3 | 평균 하 | ○ | 정상범위 |
| 기호쓰기 | | 9 | | | | | |
| 동형찾기 | | 6 | | | | | |
| (선택) | | 3 | | | | | W |
| 3단계: 임상적 군집해석 | | | | | | | |
| 유동추론 | 공통그림, 행렬, 산수 (7) (9) (6) | 83 | 73~92 | 12.3 | 평균 하 | ○ | 규준적 약점 |
| 시각적 처리 | 토막, 빠진곳 (10) (8) | 94 | 84~104 | 35.3 | 평균 | ○ | 정상범위 |
| 비언어적 유동추론 | 공통그림, 행렬 (7) (9) | 88 | 79~98 | 22.1 | 평균 하 | ○ | 정상범위 |
| 언어적 유동추론 | 공통성, 단어추리 (3) (5) | 65 | 56~74 | 1 | 최하위 | ○ | 규준적 약점 |
| 어휘지식 | 단어추리, 어휘 (5) (8) | 80* | 70~89 | 8.8 | 평균 하 | ○ | 규준적 약점 |
| 일반상식 | 이해, 상식 (7) (2) | 68* | 59~77 | 1.6 | 최하위 | × | 규준적 약점 |
| 장기기억 | 어휘, 상식 (8) (2) | 73* | 65~80 | 3.4 | 경계선 | × | 규준적 약점 |
| 단기기억 | 순차, 숫자 (6) (6) | 77 | 68~86 | 6.5 | 경계선 | ○ | 규준적 약점 |

*본 사례에서는 한국 규준표를 사용하였기 때문에 미국 · 캐나다 규준을 적용한 경우와 약간의 점수 차이를 보일 수 있음.

준으로 개인적 강점 영역에 속한다(PRI=91, 95% 신뢰구간=85~99, 백분위 28%). 아동은 시각적인 정보를 처리하는 능력이 평균 수준으로 상대적으로 가장 높으며, 시각적인 자료로 제시되는 유동추론 능력은 평균 하 수준으로 또래 규준집단과 비교해 볼 때 정상범위에 속한다.

작업기억 지표로 측정된 아동의 주의집중력과 단기기억은 경계선 수준으로(WMI=76, 95% 신뢰구간=72~86, 백분위 5.8%), 또래 규준집단에 비추어 볼 때 약점 영역에 해당된다.

처리속도 지표로 측정된 아동의 빠른 시지각 처리능력은 평균 하 수준으로 동년배 규준집단과 비교할 때 정상범위에 해당된다(PSI=85, 95% 신뢰구간= 79~96, 백분위 16.3%).

## 2) 기초학습기능검사

*적용규준: 초등학교 3학년, 8세 6개월

| 학년규준점수 | | | 연령규준점수 | | |
|---|---|---|---|---|---|
| 하위검사 | 규준점수(학년) | 백분위(%) | 하위검사 | 규준점수(연령) | 백분위(%) |
| 정보처리 | 2.5 | 30 | 정보처리 | 7세 4개월 | 36 |
| 셈하기 | 3.2 | 31 | 셈하기 | 8세 3개월 | 58 |
| 읽기 I | 3 | 34 | 읽기 I | 8세 | 49 |
| 읽기 II | 1.6 | 6 | 읽기 II | 6세 7개월 | 8 |
| 쓰기 | 4 | 63 | 쓰기 | 9세 | 73 |
| 합계 | 2.7 | 22 | 합계 | 7세 8개월 | 38 |

기초학습기능검사 결과, 아동의 학년규준은 2.7학년에 해당하였고, 연령규준은 7세 8개월에 해당되어, 동일 연령대의 규준집단과 비교해 볼 때 부진한 학력 수준을 보이고 있다.

아동은 쓰기 영역에서 상대적으로 높은 수행을 보인 반면, 읽기 II 영역에서는

1.6학년(백분위 6%) 수준으로 수행이 매우 저조하였다. 아동이 보이는 읽기의 문제는 읽기 하위기술보다 좀 더 고차적인 이해력과 개념화 능력에서 어려움이 있는 것으로 추측된다. 또한 아동이 단어 자체를 몰라 지시문을 제대로 이해하지 못하거나, 지시문 전체를 꼼꼼하게 읽고 이해하기보다는 부분적으로 기억한 후 답을 선택하는 경우가 많았던 점 등으로 미루어 볼 때, 아동은 전반적으로 읽기 정확도 및 이해력, 어휘력이 매우 부족하고, 더불어 주의집중력이 부족하여 신중한 정보처리의 어려움으로 인해 성취가 더욱 부진한 것으로 보인다.

### 3) 평가 결과 종합

아동의 발달력, 행동관찰, 부모님과의 임상적 면담, 지능검사를 포함한 종합심리평가, 기초학습기능검사 결과를 종합하여 아동의 인지적 특성을 분석한 결과는 다음과 같다.

아동의 전체 IQ는 경계선 수준에 속하여 전반적인 지적 능력이 또래보다 취약한 수준이다. 아동은 언어적으로 개념을 형성하고 추론하는 능력이나 일반적인 상식이 또래 규준집단에 비해 저조한 점으로 미루어, 언어적인 지적 능력(verbal intellectual ability)이 상당히 부족한 것으로 보인다. 이는 아동이 기초학습기능검사에서 하위검사인 읽기 II 영역의 수행이 유의하게 떨어지는 점에서도 잘 뒷받침되고 있다. 아울러 아동은 주의를 유지하고 집중하며 정신적인 통제를 하는 능력이 동년배 규준집단과 비교하여 취약한 수준이므로, 학년이 오를수록 학습장면에서 고차적인 개념을 이해하고 습득하는 데 어려움이 있을 것으로 예상된다. 반면에, 아동은 시각적인 정보를 처리하거나 이러한 자료를 조작하여 새로운 문제를 해결하고 추론하는 능력이 평균 수준으로 개인적 강점 영역에 해당된다.

## 3. 개입을 위한 일반적 제언

- 인지적 강점: 시각적 처리, 비언어적 유동추론 능력
- 인지적 약점: 언어적 유동추론 능력, 일반상식, 고차적 이해력 및 개념화 능력, 언어적 자극에 대한 주의집중력과 작업기억력

먼저, 아동의 경우 언어적인 지적 능력이 부족하므로 어휘력, 상식, 언어적 이해력을 비롯해 추상화할 수 있는 사고력의 배양을 꾀할 수 있도록 다양한 언어적 자극을 제공한다. 동시에 가정에서 풍부한 지적 자극을 접할 수 있도록 활동을 연계(숙제)하는 것이 중요하고, 무엇보다 부모님과의 협력관계를 구축하여 체계적 · 지속적으로 환경적 지원이 제공될 수 있도록 계획한다. 좀 더 구체적인 개입방법으로는, 아동이 언어적 자극보다 시각적인 자극을 더 잘 추론하므로 새로운 정보나 개념이 제시될 때 언어적 형태뿐만 아니라 시각적인 학습교구를 활용하는 것이 좋겠다. 즉, 어휘력 증진을 위한 활동을 계획할 때도 단순히 지필식의 읽기 자료보다는 그림카드나 동영상과 같은 시지각적 자료를 제시하고 이를 통해 다양한 언어적 접근을 꾀하는 것이 효과적일 수 있다. 더불어 새로운 언어적 정보의 추론 과제를 시행할 시 이미 알고 있던 익숙한 정보를 통해 추론하는 방식으로 개입하는 것이 도움이 될 것으로 보인다. 그러나 무엇보다 가장 강조할 점은 말하기, 듣기, 읽기, 쓰기와 같은 다양한 언어활동을 통해 여러 가지 방식으로 언어적 자극을 다루어 보는 경험을 제공하는 것이다.

그다음으로, 아동은 언어적인 지적 능력뿐만 아니라 주의집중력과 작업기억이 모두 또래에 비해 취약하므로 효율적인 정보처리 및 조작 능력의 증진을 위해 이 두 인지기술에 대한 개입도 필요할 것으로 보인다. 이를 위해 듣기, 읽기 등 다양한 매체나 활동을 통해 언어적 자극을 정확하고 기민하게 처리하고 다룰 수 있도록 하되, 정보처리의 양을 점진적으로 늘려 나가고, 수준을 높여 나가도록 한다.

그리고 중재를 계획할 때 아동의 경우 언어적인 자극보다는 시각적으로 제시되

는 경우 자극을 조작하고 추론하며 문제를 해결하는 능력이 상대적으로 높은 특성을 충분히 고려한다. 이러한 인지적 특성은 아동의 학습태도, 동기 및 의욕, 더 나아가 성취와 높은 상관이 있기 때문에 언어적인 지적 능력이나 주의집중력에 대한 개입을 우선순위에 둔다고 해도 접근방법은 다양하게 계획, 실행하는 것이 필요할 것으로 보인다.

마지막으로, 아동의 지적 자원이 전반적으로 제한되어 있는 경우에는 취약한 영역보다 오히려 인지적인 강점 영역을 먼저 강화해 주는 개입방법이 더 효과적일 수 있다. 그러나 여기서는 취약한 영역에 대해 개입하는 예시를 소개한다.

## 4. 치료계획 및 회기 구성

### 1) 장기 목표

#### (1) 인지기능

① 어휘력 향상, 언어적 개념화 능력 및 추상적 사고력, 언어적 유동추론 능력 증진

② 언어적 주의집중력 및 작업기억 증진

#### (2) 학 습

① 어휘력 및 독해력 증진

#### (3) 정 서

① 학습적 효능감 향상

② 학습태도 형성

## 2) 단기 목표 및 주요 활동계획

| 단계 | 단기 목표 | 세부 활동 내용 |
|---|---|---|
| 초기 단계 | 치료 구조화 & 라포 형성 | • 치료 구조화<br>−오리엔테이션(소개, 목표 공유)<br>−규칙 및 보상 정하기<br>• 치료자와의 라포 형성<br>−자기소개<br>−동기 및 흥미 유발 |
| 중기 단계 | 어휘력 및 읽기 이해력 향상 | • 반대말/비슷한말 알기<br>• 교과서 기본어휘 습득하기<br>• 다양한 장르의 읽기 이해력 훈련 |
| | 언어적 개념형성 능력 및 사고력 향상 | • 언어적 범주화 훈련<br>• 상위개념/하위개념으로 묶기<br>• 공통점/차이점 인식하기 |
| | 언어적 작업기억 및 주의집중력 향상 | • 언어적 작업기억 훈련<br>• 청각적 주의력 훈련 |
| 후기 단계 | 어휘력 및 읽기 이해력 향상 | • 교과서 외 어휘 활용하기<br>• 사자성어/속담/격언/관용어구/다의어 알기<br>• 읽기 이해와 요점 정리 및 요약하기 |
| | 언어적 유동추론 능력 향상 | • 언어적 자극의 유목화 훈련<br>• 언어적 논리력, 추론능력 훈련 |
| | 언어적 작업기억 및 주의집중력 향상 | • 언어적 작업기억 훈련<br>• 청각적 주의력 훈련 |

## 5. 치료적(교육적) 개입을 위한 회기 구성 예시

<table>
<tr><td>차수</td><td>15<br>회기</td><td>활동<br>목표</td><td>• 제시된 단어의 반대말과 비슷한말을 말할 수 있다.<br>• 읽기 과제를 통해 사실적 추론을 할 수 있다.<br>• 주어진 단어 목록에서 같은 종류의 단어끼리 묶은 후 기준에 대해 설명할 수 있다.<br>• 주어진 단어의 공통점과 차이점에 대해 설명할 수 있다.<br>• 단어 수준, 문장 수준의 듣기 과제에 충분히 주의를 기울일 수 있고, 특정 항목을 기억할 수 있다.</td></tr>
<tr><td>시행 시간</td><td>40분</td><td>준비물</td><td>단어카드, 단어목록, CD, 읽기 교재, 연필, 지우개, 2권 『언어발달 영역 인지기능 향상 워크북』</td></tr>
<tr><td>5분</td><td colspan="3">• 인사 나누기: 일주일 동안의 생활 나누기<br>• 지난 시간의 수업 내용 복습하기<br>• 숙제 점검하기</td></tr>
<tr><td>15분</td><td colspan="3">• 어휘력 및 읽기이해력 향상<br>−문장의 내용을 고려하여 빈 곳에 알맞은 꾸밈말(형용사, 부사, 흉내 내는 말 등)을 넣어 보기(듣기, 읽기 모두 가능)<br>−주어진 단어목록을 보고 비슷한말/반대말 말하기<br>−주어진 단어로 짧은 글짓기 하기(말하기, 쓰기 모두 가능)<br>−2~4문장으로 이루어진 글을 읽고 질문에 답하기</td></tr>
<tr><td>10분</td><td colspan="3">• 언어적 개념형성 능력 및 사고력 향상 훈련<br>−그림과 글자로 된 단어카드를 같은 종류끼리 분류한 후, 분류한 이유를 설명하고, 또 다른 예를 말하기<br>−2~4개 단어카드를 보고 공통점과 차이점 설명하기<br>−주어진 문장을 순서대로 배열하기<br>−앞뒤 문맥에 맞지 않는 문장 찾고, 알맞은 내용으로 고치기</td></tr>
<tr><td>5분</td><td colspan="3">• 언어적 작업기억 및 주의집중력 향상 훈련<br>−CD의 내용을 들은 후 제시된 단어목록 알아맞히기<br>−CD에서 제시된 내용과 관련된 질문에 대답하기<br>−CD에서 제시된 내용을 정리하여 말하기</td></tr>
<tr><td>5분</td><td colspan="3">• 이번 시간에 배운 내용 복습하기<br>• 숙제 부과하기<br>• 정리하기</td></tr>
<tr><td>유의<br>사항</td><td colspan="3">• 위의 활동들은 2권 『언어발달 영역 인지기능 향상 워크북』의 활용이 가능하다.<br>−2권 언어발달 영역의 필수영역 중 읽고 이해하기 워크시트, 어휘력(세부영역) 중 꾸며주는 말이에요, 이어주는 말이에요, 흉내내는 말이에요, 반대말 또는 비슷한말이에요, 사고력(세부영역) 중 유사점 및 차이점 찾기, 유목화하기. 단, 이와 관련된 다른 영역들 역시 아동의 상황에 맞게 치료자 재량으로 진행할 수 있다.<br>• 특정 교재를 선정하여 수업시간 내 활동의 예측성과 체계성을 확립하고, 더 나아가 가정에서도 같은 유형의 과제를 시행(숙제)할 수 있도록 계획한다.<br>• 읽기, 쓰기, 말하기, 듣기와 같은 다양한 언어적 활동과 여러 가지 활동지 및 시지각적 자료를 통해 다감각적으로 접근할 수 있도록 계획한다.</td></tr>
</table>

# Wechsler 사례 3: 지각추론 영역에서 어려움을 보이는 아동

## 1. 의뢰 사유, 발달력 및 행동 특성

아동은 충동적이고 산만한 성향과 함께 사회적 관계에서 자기중심적인 행동으로 인한 갈등, 감정적으로 동요되는 경우 공격적인 행동 표출, 학교생활에서 잦은 지적 및 또래관계에서 갈등 등을 주 호소로 의뢰된 초등학교 5학년 남아다. 최근 학교에서 교사로부터 잦은 지적을 받아 모와 아동이 모두 어려움을 겪고 있는 상황이다.

## 2. 평가 결과

### 1) 지능평가: K-WISC-III

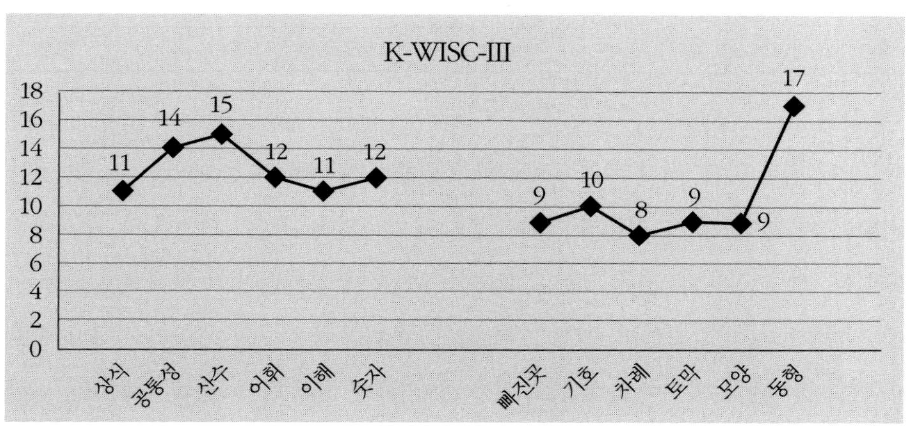


언어성 = 117/동작성 = 92/전체 = 107

언어이해 = 112/지각조직 = 92/주의집중 = 127/처리속도 = 121

K-WISC-III로 측정한 지능검사에서 아동의 전체지능지수는 평균 수준에 속한다(FSIQ=107, 95% 신뢰구간=99~114, 백분위 68.0%). 하지만 언어성 지능과 동작성 지능 간에 유의미한 차이(VIQ-PIQ=25)를 보이고 있고, 소검사들 간 편차도 최대 9점(산수-차례맞추기)으로 상당히 큰 편이며, 특히 반응 특성상 쉬운 문항은 틀리고 어려운 문항은 맞히는 식의 소검사 내 수행을 통해 볼 때 전체적으로 인지적 불균형이 심한 편이다. 특히 아동은 자신의 잠재능력 및 언어적인 능력에 비해 시공간적인 자극을 효율적으로 조직화하고 통합, 정보처리하는 면에서 상대적으로 어려움이 많은 것으로 나타나고 있다. 반면에, 아동은 주의집중 영역에서 최우수 수준의 수행을 보였으며, 처리속도 영역에서도 우수한 수행을 보인 점으로 미루어, 인지적인 효율성은 상당히 우수한 것으로 보인다.

### 2) 전산화된 주의력 검사(ATA)

| 시각자극 | Z점수 | T점수 | 결과 | 청각자극 | Z점수 | T점수 | 결과 |
|---|---|---|---|---|---|---|---|
| 주의분산성 | 8 | 58 | 정상 | 주의분산성 | 24 | 57 | 정상 |
| 충동성 | 8 | 48 | 정상 | 충동성 | 28 | 57 | 정상 |
| 정보처리속도 | 591 | 65 | 경계선 | 정보처리속도 | 983 | 46 | 정상 |
| 주의집중일관성 | 187 | 67 | 경계선 | 주의집중일관성 | 291 | 49 | 정상 |

주의력 검사 결과, 시각 과제에서 정확한 반응이 요구될 때 운동반응속도 및 정보처리속도가 느리고, 주의집중의 기복이 심하여 반응의 일관성이 부족한 바, 주의집중력의 문제가 시사되고 있다. 그러나 오히려 후반부에 실시된 청각 과제에서 정상 수준의 수행을 보이고 있으며, 시각 과제에서도 초반부에 부주의한 면이 심하고 중반 이후로는 정상범위의 수행을 보이고 있는 바, 과제에 대한 불안 및 긴장과 같은 정서적인 측면이 과제 수행에 상당한 영향을 미치는 것으로 생각된다.

### 3) 신경심리검사: ROCF(Rey-Osterrieth Complex Figure Test)

| | 모사시행 | 즉시 회상 | 지연 회상 |
|---|---|---|---|
| 조직화 수준 | II | I | I |
| 조직화 점수 | 6 | 2 | 1 |
| %ile | 50%ile | 10%ile | 10%ile |

각 세부 요소들의 시공간적 위치 및 관련성을 파악하여 조직화하는 수준은 basal level II로 연령에 적절한 수준이다(모사시행 조직화 점수=6, 50%ile, Copy RT=3′58″). 그러나 즉시 회상 및 지연 회상 과제에서 전체적인 조직화에 매우 어려움을 보이고 있으며, 모사 시 세부 요소들에서 중요한 부분을 생략하는 등 정확도가 떨어지고 있어 상당히 부진한 수행을 보이고 있는바, 경미한 기질적 손상(mild brain dysfunction)이

의심된다. 간단한 시지각적 자극의 구성능력은 연령에 적절하지만, 과제 내에 포함된 추상적 개념을 파악하고 전체적으로 조직화하여 통합하기보다는 세부적인 특성들을 단순히 연결하는 식의 비효율적인 방식으로 인하여 수행이 더욱 저조해진 것으로 보인다.

### 4) 평가 결과 종합

아동의 발달력, 행동관찰, 부모님과의 임상적 면담, 지능검사를 포함한 종합심리평가, 신경학적 검사 결과를 종합하여 아동의 인지적 특성을 분석한 결과는 다음과 같다.

아동의 전체지능지수는 평균 수준의 상단부에 속한다. 그러나 언어이해 지표로 추정한 잠재지능은 우수 수준에 이르는 반면, 시지각적인 자극을 처리하고 조직화하며 재생하는 능력은 평균 수준의 하단에 속하여 언어적 자극과 비언어적 자극을 다루는 데 편차가 상당히 큰 편이다. 이렇게 언어성과 비언어성 지능 간 큰 차이를 보이는 아동의 인지적 특성은 학습과 관련하여 국어나 영어는 큰 노력을 들이지 않아도 성취가 우수한 반면 수학은 상대적으로 어려워하는데, 특히 도형 관련 단원에서 성취가 기대 이하로 저조한 경우가 많다. 이는 과목이나 과목을 구성하는 단원 간 수행의 차이가 심하다는 보호자의 보고에서도 잘 뒷받침되고 있다. 한편, 아동은 주 호소와는 달리 검사상에서 주어진 정보에 집중하여 빠르고 능숙하게 자극을 처리하는 인지적인 효율성이 상당히 높은 편으로 나타났다. 이러한 인지 특성은 학습과 문제해결 장면에서 큰 이점으로 작용할 것으로 보인다.

## 3. 개입을 위한 일반적 제언

- 인지적 강점: 언어적 이해 및 개념화 능력, 언어적 유동추론 능력, 작업기억, 처리속도
- 인지적 약점: 시지각적 예민성, 시각적 주의력 및 기억력, 시공간적 분석 및 통합 능력

아동의 경우 우선 시지각적 자극의 변별, 자극 간 유사점과 차이점을 인식하는 훈련을 통해 시각적 자극을 예민하게 처리할 수 있는 능력을 향상시키는 활동이 필요하고, 시지각적 자극에 대한 주의력과 기억력을 증진시킬 수 있는 과제를 시행한다. 또한 단순한 시지각적 처리보다는 복잡하고 어려운 시지각적 자극을 조직화하는 능력이 더 부족하고, 특히 입체적인 도형을 머릿속으로 조작하는 면에서 상대적으로 더 큰 어려움을 겪고 있기 때문에 이에 대한 중재가 집중적으로 이루어져야 할 것으로 보인다.

이를 위해 우선 다양한 교구를 활용하여 운동 및 감각적으로 실제 사물을 충분히 다루어 보는 활동이 필요하고, 더 나아가 지면으로 제시되어 있는 이차원적 자극을 심리 내적 조작활동을 통해 해결하는 과제를 지속적으로 시행하는 것이 필요하다. 칠교놀이, 탱그램, 각종 퍼즐(구슬퍼즐, 자석퍼즐), 쌓기 나무, 전개도 완성, 만들기와 같이 주변에서 쉽게 구할 수 있는 교구를 활용한다. 또한 초등학교 수학 교과서의 도형편에 나오는 내용을 활용하여 학교 교육과정과의 연계를 통해 일반화할 수 있는 기회를 제공하는 것이 인지적 기능을 향상시킬 뿐만 아니라 정서적으로 학업 효능감을 높일 수 있는 계기가 될 수 있다는 점도 고려한다. 이때 단순하고 구체적인 자극에서 추상적인 자극으로의 진행을 통해 아동이 자극이나 과제에 압도당하는 경험을 하거나 심리적으로 거부감이 들지 않도록 세심하게 배려하도록 한다.

한편, 아동은 언어적 자극을 능숙하게 처리할 수 있는 강점이 있으므로 이를 적

극 활용하여 시지각 혹은 시공간적 자극을 처리할 때 내적 언어(self-talk)를 사용하여 스스로 어렵고 혼동되는 과정을 안내할 수 있는 적극적 중재방법도 적용할 수 있겠다.

## 4. 치료계획 및 회기 구성

### 1) 장기 목표

(1) 인지기능

① 시지각적 변별 및 예민성 증진

② 시지각적 주의력 및 기억력 증진

③ 시공간 자극의 분석과 조직화 능력 향상

④ 비언어적 유동추론 능력의 향상

(2) 정 서

① 도형 관련 수행불안 다스리기

② 수학학습에 대한 유능감 증진

## 2) 단기 목표 및 주요 활동계획

| 단계 | 단기 목표 | 세부 활동 내용 |
|---|---|---|
| 초기 단계 | 치료 구조화 & 라포 형성 | • 치료 구조화<br>–오리엔테이션(소개, 목표 공유)<br>–규칙 및 보상 정하기<br>• 치료자와의 라포 형성<br>–자기소개<br>–동기 및 흥미 유발 |
| 중기 단계 | 시지각적 변별과 예민성 향상 | • 단순한 시지각적 자극의 구별<br>• 시지각적 자극의 빠진/추가/이상한 부분 찾기 |
| | 시지각적 주의력 및 기억력 증진 | • 똑같은 그림 찾기/다른 그림 찾기<br>• 둘 이상의 그림/사진 비교하기<br>• 시지각 자극 기억하기 |
| | 시공간적 자극 처리 기술 향상 | • 실물을 통한 입체 도형의 분석과 재구성 활동 |
| | 비언어적 유동추론 능력 향상 | • 제시된 자극의 유사점/차이점 알기<br>• 제시된 자극 분류하기 |
| 후기 단계 | 시각적 예민성/주의력/기억력 향상 | • 복잡한 시지각 자극의 구별<br>• 추상적 시지각/시공간 자극에 주의 기울이기<br>• 추상적 시지각/시공간 자극 기억하기 |
| | 시공간 자극의 처리기술 증진 | • 이차원적 자극의 모양 변형, 위치 찾기 및 바꾸기 활동<br>• 대칭/회전 모양 인식 및 재구성<br>• 입체적 작품(만들기 포함) 만들기 |
| | 비언어적 유동추론 능력 향상 | • 비언어적 추상적 자극의 범주화<br>• 비언어적 자극의 상위/하위 개념 형성하기 |

## 5. 치료적(교육적) 개입을 위한 회기 구성 예시

| 차수 | 15 회기 | 활동 목표 | • 두 개의 시지각적 자극을 비교하여 달라진 부분을 찾을 수 있다.<br>• 제시된 시지각 자극을 한 번에 5개 기억할 수 있다.<br>• 지침이 주어지지 않은 상태에서 주어진 3개의 도형을 가지고 제시된 특정 모양을 완성할 수 있다.<br>• 다양한 비언어적 자극을 기준에 맞게 분류한 후 그 이유를 설명할 수 있다. |
|---|---|---|---|
| 시행 시간 | 40분 | 준비물 | 쌓기나무, 칠교, 수학 교과서(도형 회전하기), 그림 자료, 3권『지각발달 영역 인지기능 향상 워크북』 |
| 5분 | • 인사 나누기: 일주일 동안의 생활 나누기<br>• 지난 시간의 수업 내용 복습하기<br>• 숙제 점검하기 | | |
| 20분 | **• 시지각/시공간 자극의 변별, 분석, 재구성 훈련**<br>–위, 아래 제시된 똑같은 2개의 그림자극 중 달라진 부분 찾기<br>–(위 활동과 연계하여) 10분이 지난 후 좀 전에 시행한 '달라진 부분 찾기'에서 찾은 항목을 외우기(지연 회상)<br>–사진에서 어색한 부분을 찾은 후 왜 이상한지, 어떻게 고쳐야 하는지 토의하기<br>–똑같은 5개의 그림 중 미묘한 부분에서 차이를 보이는 그림 1개 찾기<br>–쌓기나무로 여러 가지 모양을 구성한 후, 위/아래/옆에서 본 모습을 그려 보기<br>–칠교 놀이 | | |
| 10분 | **• 비언어적 유동추론 능력 향상 훈련**<br>–다양한 동물, 식물이 섞여 있는 그림자극에서 같은 종류끼리 분류하고 분류한 까닭 설명하기/제시되어 있지 않은 또 다른 예 생각하기<br>–2~4개 사물이 주어진 경우 공통점과 차이점 설명하기<br>–가로×세로 좌표(3×4)를 보고 가로와 세로의 기준에 제시된 항목을 고려하여 빈칸에 들어갈 알맞은 그림 채워 넣기 | | |
| 5분 | • 이번 시간에 배운 내용 복습하기<br>• 숙제 부과하기<br>• 정리하기 | | |
| 유의 사항 | • 위의 활동들은 3권『지각발달 영역 인지기능 향상 워크북』, 4권『주의력 영역 인지기능 향상 워크북』의 활용이 가능하다.<br>–3권 지각발달 영역의 그림맞추기(세부영역) 중 부분과 전체의 관계, 순서맞추기(세부영역) 중 세부특징에 주의 기울이기, 그림수수께끼(세부영역) 중 유사점 및 차이점 찾기, 유목화하기, 가로세로퍼즐(세부영역) 중 좌표찾기, 좌표를 통한 추론하기 워크시트.<br>단, 이와 관련된 다른 활동들 역시 아동의 상황에 맞게 치료사(교사)의 재량으로 진행할 수 있다.<br>–4권 주의력 영역의 필수영역중 통합활동지의 활용이 가능하다. 단, 이와 관련된 다른 활동들 역시 아동의 상황에 맞게 치료사(교사)의 재량으로 진행할 수 있다.<br>• 지나치게 많이, 어렵게 수업을 진행하지 않도록 세심하게 아동의 반응을 살핀다. 특히 아동 스스로 자신의 활동을 안내하기 위해 내적 언어(self-talk) 사용을 권장한다.<br>• 수업시간에 시행한 유사한 활동을 가정에서도 주 3회 이상 시행할 수 있도록 구체적으로 숙제를 부과한다. 이때 실제 교구를 사용하거나 지필식의 자료를 제공할 수 있다.<br>• 무엇보다 아동이 실패한(혹은 거부하는) 자극 및 활동 유형을 잘 구별한 후 이와 유사한 자극에 숙달될 수 있도록 반복 시행한다. 이때 외적 동기유발을 위해 행동계약을 적극 활용한다. | | |

# 사례 4: 주의집중력과 작업기억에서 어려움을 보이는 아동

Wechsler

## 1. 의뢰 사유, 발달력 및 행동 특성

아동은 미성숙한 모습, 또래관계 및 학교 적응의 어려움, 주의집중 문제, 학습문제, 틱 증상 등의 주 호소로 의뢰된 초등학교 3학년 남아다. 어릴 때부터 선천적인 만성 질환으로 지속적인 치료 및 관리를 받고 있는 상태로, 이로 인해 가족 내 모든 관심을 받고 자라 부모에게 의존적인 모습과 자아중심적인 측면이 있다고 보고되었다. 초등학교 입학 후, 교사 보고에 따르면 아동은 주의집중력 및 이해력 부족이 두드러졌고, 산만하고 부산스러운 행동과 수업태도로 인해 학교 학습에 상당한 어려움이 있었으며, 병원에서 ADHD 진단을 받았다.

## 2. 평가 결과

### 1) 지능평가: K-WISC-Ⅳ

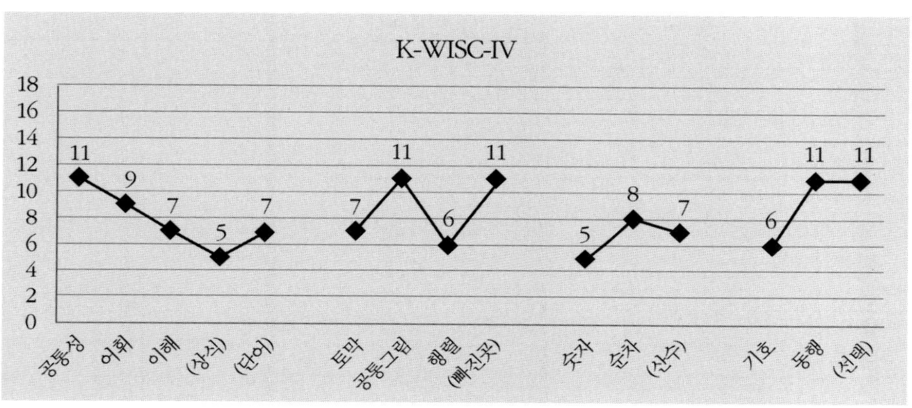


K-WISC-IV로 측정한 지능검사에서 아동의 전체지능지수는 평균 하 수준으로 (FSIQ=84, 95% 신뢰구간=79~90), 동년배의 규준집단과 비교해 볼 때 하위 13.9%에 속한다. 지표 간의 차이를 살펴보면, 아동은 언어이해와 처리속도 지표가 평균 수준으로 정상범위에 해당된다. 반면에, 작업기억 지표는 경계선 수준으로 또래집단에 비해 취약할 뿐만 아니라 개인 내 비교에서도 약점 영역에 속한다.

언어이해 지표로 측정된 아동의 언어이해 능력은 평균 수준으로(VCI=94, 95% 신뢰구간=88~101, 백분위 34.4%), 같은 또래연령과 비교했을 때 정상범위에 속한다. 아동은 언어적으로 개념을 형성하고 추상적으로 사고하는 능력은 평균 수준으로 적절하다. 반면에, 일반지식의 범위와 이러한 지식을 실제로 사용하여 사회적으로 판단하는 능력은 또래보다 부족한 수준이다.

지각추론 지표로 측정된 아동의 비언어적인 지각추론 능력은 평균 하 수준(PRI=87, 95% 신뢰구간=81~95, 백분위 18.8%)에 해당되나, 소검사 간 큰 편차를 보여 지표점수

| 단계 | | 합산 점수 | 신뢰구간 (95%) | 백분위 | 기술적 분류 | 해석 여부 | 강점/ 약점 |
|---|---|---|---|---|---|---|---|
| 1단계: 전반적인 지적 능력 해석 | | | | | | | |
| 1-1. 전체지능지수(FSIQ) | | 84 | 79~90 | 13.9 | 평균 하 | ○ | 정상범위 |
| 1-2 | 일반능력지표(GAI) | 89 | 82~97 | 23.9 | 평균 하 | | 정상범위 |
| | 인지숙달지표(CPI) | 82 | 74~91 | 12.1 | 평균 하 | | 규준적 약점 |
| 1-3. GAI-CPI 차이 비교 | | | | | | | |
| 2단계: 지표 해석 | | | | | | | |
| 언어이해 지표(VCI) | | 94 | 88~101 | 34.4 | 평균 | ○ | 정상범위 |
| 공통성 | | 11 | | | | | |
| 어휘 | | 9 | | | | | |
| 이해 | | 7 | | | | | |
| (상식) | | 5 | | | | | |
| (단어추리) | | 7 | | | | | |
| 지각추론 지표(PRI) | | 87 | 81~95 | 18.8 | 평균 하 | × | 정상범위 |
| 토막짜기 | | 7 | | | | | |
| 공통그림찾기 | | 11 | | | | | |
| 행렬추리 | | 6 | | | | | |
| (빠진곳찾기) | | 11 | | | | | |
| 작업기억 지표(WMI) | | 79 | 74~89 | 8.4 | 경계선 | ○ | 규준적 약점/ 개인적 약점 |
| 숫자 | | 5 | | | | | |
| 순차연결 | | 8 | | | | | |
| (산수) | | 7 | | | | | |
| 처리속도 지표(PSI) | | 92 | 85~101 | 28.9 | 평균 | × | 정상범위 |
| 기호쓰기 | | 6 | | | | | |
| 동형찾기 | | 11 | | | | | |
| (선택) | | 11 | | | | | |
| 3단계: 임상적 군집해석 | | | | | | | |
| 유동추론 | 공통그림, 행렬, 산수 (11) (6) (7) | 87 | 78~96 | 19.4 | 평균 하 | × | 정상범위 |
| 시각적 처리 | 토막, 빠진곳 (7) (11) | 94 | 84~104 | 35.3 | 평균 | ○ | 정상범위 |
| 비언어적 유동추론 | 공통그림, 행렬 (11) (6) | 91 | 81~102 | 28.1 | 평균 | × | 정상범위 |
| 언어적 유동추론 | 공통성, 단어추리 (11) (7) | 94 | 85~104 | 35.3 | 평균 | ○ | 정상범위 |
| 어휘지식 | 단어추리, 어휘 (7) (9) | 89 | 79~98 | 22.2 | 평균 하 | ○ | 정상범위 |
| 일반상식 | 이해, 상식 (7) (5) | 77* | 67~86 | 6.1 | 경계선 | ○ | 규준적 약점 |
| 장기기억 | 어휘, 상식 (9) (5) | 84 | 76~91 | 13.7 | 평균 하 | ○ | 규준적 약점 |
| 단기기억 | 순차, 숫자 (8) (5) | 80 | 71~89 | 9.2 | 평균 하 | ○ | 규준적 약점 |

*본 사례에서는 한국 규준표를 사용하였기 때문에 미국 · 캐나다 규준을 적용한 경우와 약간의 점수 차이를 보일 수 있음.

가 아동의 단일한 지각추론 능력을 대표한다고 보기 어렵다. 소검사 수준에서 살펴보면, 아동은 시각적으로 실제 대상을 다루며 비공간적으로 추론하는 능력은 또래집단과 비교할 때 적절한 수준이다. 반면에 추상적인 시각자극을 활용해 공간적으로 추론하는 능력은 상대적으로 저조하다.

작업기억 지표로 측정된 아동의 주의집중력과 단기기억은 경계선 수준으로 규준집단과의 비교나 개인 내적으로도 약점 영역에 해당된다(WMI=79, 95% 신뢰구간=74~89, 백분위 8.4%). 특히 아동은 숫자 바로 따라 외우기에 비해서 숫자 거꾸로 따라 외우기의 수행이 매우 저조하여 두 과제 간에 수행의 차이가 매우 심하였을 뿐만 아니라, 각 과제 내에서도 상당히 비일관적인 수행을 보였다. 이러한 점으로 미루어 볼 때, 아동은 작업기억이 매우 부족할 뿐만 아니라, 주의력의 기복이 상당히 클 것으로 보인다.

처리속도 지표로 측정된 아동의 시지각 처리능력은 평균 수준에 속하나(PSI=92, 95% 신뢰구간=85~101, 백분위 28.9%), 소검사 간에 큰 편차를 보였다. 구체적으로 살펴보면, 아동은 시지각적인 자극을 변별하고 재인하는 능력이 양호한 수준이었으나, 시지각적 상징들을 연합하며 시각-운동 협응능력을 요구하는 기호쓰기 소검사에서는 '경계선' 수준의 저조한 수행을 보였다. 아동은 작업기억 영역뿐만 아니라 처리속도에서도 과제의 유형이나 선호도에 따라 수행 편차가 매우 심한 특징을 나타냈다.

### 2) 전산화된 주의력 검사(ATA)

| 시각자극 | Z점수 | T점수 | 결과 | 청각자극 | Z점수 | T점수 | 결과 |
|---|---|---|---|---|---|---|---|
| 주의분산성 | 12.0 | 100 | 임상 | 주의분산성 | 3.5 | 85 | 임상 |
| 충동성 | 5.3 | 100 | 임상 | 충동성 | 1.8 | 68 | 임상 |
| 정보처리속도 | 2.2 | 72 | 임상 | 정보처리속도 | 0.3 | 53 | 임상 |
| 주의집중일관성 | 3.8 | 88 | 임상 | 주의집중일관성 | 2.1 | 71 | 임상 |

아동은 시/청각 과제 모든 영역이 '임상'에 해당되어 매우 심각한 수준의 주의집중력 문제가 시사된다. 아동은 외부 자극을 정확하고 기민하게 처리하는데 어려움이 많고, 적절한 수준의 집중력을 유지하여 과제를 완수하지 못하고 주제를 이탈하거나 사소한 주위 자극에 쉽게 주의를 빼앗기는 등 전반적으로 주의집중력의 어려움이 많은 편이다. 이로 인해 본인의 지적 잠재력을 효과적으로 발휘하는 데 어려움이 예상된다.

### 3) 평가 결과 종합

아동의 발달력, 행동관찰, 부모님과의 임상적 면담, 지능검사를 포함한 종합심리평가, 주의력평가 결과를 종합하여 아동의 인지적 특성을 분석한 결과는 다음과 같다.

아동은 현재 전반적인 지적 능력이 평균 하 수준에 속하며(FSIQ=84), 언어적인 이해능력은 평균 수준으로 정상범위에 해당된다. 그러나 시 · 청각 단기기억과 작업기억이 또래보다 매우 취약하여 경계선 수준에 해당되며, 특히 과제에 대한 선호도나 자극의 유형에 따른 주의력의 기복이 커서 소검사 간 수행 편차가 심한 편이다. 이러한 아동의 인지적 특성은 작업기억의 발달을 저해하는 ADHD와 같은 기질적인 요인에서 기인할 뿐만 아니라, 선천적인 질병을 가진 아동이 과잉보호를 받으면서 좌절인내력이 부족한 점과도 연관이 있는 것으로 보인다. 이러한 주의집중력과 작업기억의 문제는 아동이 자신의 지적 잠재력을 효과적으로 발휘하고 성취하는 데 많은 걸림돌이 될 것으로 예상된다.

## 3. 개입을 위한 일반적 제언

- 인지적 강점: 언어적인 개념형성 능력 및 추상적인 사고능력, 시지각적인 자극의 재인과 변별

• 인지적 약점: 시 · 청각 주의집중력 및 작업기억력, 시공간적 추론능력

아동의 경우 다른 인지기능에 비해 작업기억과 주의집중력이 매우 부족하며, 특히 과제의 유형이나 본인의 흥미 여부 혹은 선호도에 따라 과제에 대한 참여도와 실제 성취에서 편차가 심하다는 특성을 보이고 있다. 즉, 자주 접하여 익숙하거나 좋아하는 자극에 대해서는 적극적으로 주의집중력을 유지하면서 비교적 좋은 수행 수준을 보이지만, 그 반대로 그동안 다루어 보지 않은 새로운 자극이나 다소 어려운 과제의 경우 힘들거나 좌절스러운 상황을 견디며 적극적으로 인지적인 노력을 기울여 문제를 해결하려는 면이 부족하기에 인지기능 외에 학습태도나 정서적 특성을 충분히 고려하는 것이 좋겠다. 이를 위해 다양한 유형의 과제를 선정하고, 쉬운 것부터 어려운 것까지 난이도를 적절하게 조절하며, 충분히 생각하고 신중하게 처리하려는 자세에 초점을 맞추어 보상하는 등의 중재가 필요할 것으로 보인다.

## 4. 치료계획 및 회기 구성

### 1) 장기 목표

(1) 인지기능

① 시각적/청각적 주의집중력 향상

② 시각적/청각적 작업기억력 향상

(2) 정 서

① 좌절 인내력이나 스트레스 내성 기르기

② 욕구 및 정서 조절력

## 2) 단기 목표 및 주요 활동계획

| 단계 | 단기 목표 | 세부 활동 내용 |
|---|---|---|
| 초기 단계 | 치료 구조화 & 라포 형성 | • 치료 구조화<br>-오리엔테이션(소개, 목표 공유)<br>-규칙 및 보상 정하기<br>• 치료자와의 라포 형성<br>-자기소개<br>-동기 및 흥미 유발 |
| 중기 단계 | 시각적/청각적 주의집중력 향상 | • 시각적 자극의 세밀한 부분에 주의 기울이기<br>• 연속되는 시각적 자극을 일정한 속도로 처리하기<br>• 청각적 자극 변별하기<br>• 연속되는 청각적 자극에 일정한 주의 유지하기 |
| | 시각적/청각적 작업기억력 향상 | • 시각적 자극 처리 폭(memory span) 늘리기<br>• 청각적 자극 처리 폭 늘리기<br>• 암기법을 통해 장기기억 전략 활용하기 |
| | 욕구 및 정서 조절력 향상/ 좌절 인내력 향상 | • 인지행동적 기법을 통한 자기조절력 향상 훈련 |
| 후기 단계 | 시각적/청각적 주의집중력 향상 | • 시각적/청각적 자극의 변별<br>• 다양한 자극을 정확하고 기민하게 처리하기<br>• 문제해결 시 일정한 속도 유지하기<br>• 지속적 주의집중 시간 늘리기<br>• 시각적/청각적 자극의 변별 |
| | 시각적/청각적 작업기억력 향상 | • 시각적 및 청각적 자극의 처리 폭 늘리기<br>• 효율적인 정보처리와 저장, 인출을 위한 자기교수법 훈련 |
| | 욕구 및 정서 조절력 향상/ 좌절 인내력 향상 | • 인지행동적 기법을 통한 자기조절력 향상 훈련 |

## 5. 치료적(교육적) 개입을 위한 회기 구성 예시

| 차수 | 15회기 | 활동 목표 | • 시각적/청각적 자극의 세밀한 부분을 변별할 수 있다.<br>• 많은 시각적/청각적 자극을 일정한 속도로 처리할 수 있다.<br>• 시각적/청각적 자극을 기억할 수 있다.<br>• 무작위로 제시된 단어 목록을 전략을 사용하여 암기할 수 있다.<br>• 자신의 감정을 인식, 표현, 조절할 수 있다. |
|---|---|---|---|
| 시행 시간 | 40분 | 준비물 | 그림카드, 숨은 그림 찾기, 단어카드, 감정카드, 감정 관련 활동지, 3권 『지각발달 영역 인지기능 향상 워크북』, 4권 『주의력 영역 인지기능 향상 워크북』 |
| 5분 | • 인사 나누기 : 일주일 동안의 생활 나누기<br>• 지난 시간의 수업 내용 복습하기<br>• 숙제 점검하기 | | |
| 10분 | **• 시각적/청각적 주의집중력 향상**<br>–활동지에 제시된 두 개의 그림을 보고 달라진 점이나 없어진 항목 찾기<br>–'시몬 가라사대' 혹은 '청기, 백기' 게임 활용하기<br>–청각적으로 제시되는 목표자극이 나올 때 박수 치기<br>–50개로 이루어진 항목 중 목표자극에 표시하기 + 시간제한 두기 | | |
| 10분 | **• 시각적/청각적 작업기억력 향상**<br>–주어진 문장을 순서대로 배열하기<br>–주어진 그림 자료를 보고 3분 후에 아까 본 장면 묘사하기<br>–교사가 읽어 주는 이야기를 듣고 이상한 점 찾아 말하기<br>–주어진 단어(3~6글자)를 똑바로/거꾸로 따라 말하기<br>–암산하기(덧셈과 뺄셈만)<br>–주어진 항목 최대한 많이 암기하기(범주화 전략 사용하기) + 즉시/지연 회상 | | |
| 10분 | **• 감정 인식, 표현, 조절 능력 향상**<br>–가장 기쁠 때/신날 때/화날 때/짜증날 때 설명하기<br>–감정 관련 상황과 행동 표현하기<br>–감정조절이 왜 필요한지 생각하고 이에 필요한 자기교수법 적용하기 | | |
| 5분 | • 이번 시간에 배운 내용 복습하기<br>• 숙제 부과하기<br>• 정리하기 | | |
| 유의 사항 | • 위의 활동들은 3권 『지각발달 영역 인지기능 향상 워크북』, 4권 『주의력 영역 인지기능 향상 워크북』의 활용이 가능하다.<br>–3권 지각발달 영역의 순서맞추기(세부영역) 중 세부특징에 주의기울이기.<br>–4권 주의력 영역의 필수영역 중 통합활동지, 순서완성하기(세부영역) 중 순서에 따라 완성하기.<br>단, 이와 관련된 다른 활동들 역시 아동의 상황에 맞게 치료사(교사)의 재량으로 진행할 수 있다.<br>• 지속적 주의집중력을 위한 활동 시 시간제한을 둘 때 아동의 기록을 그래프로 시각화하여 자신의 진전도를 확인할 수 있도록 지도한다.<br>• 지필식 외 다양한 게임을 활용한다.<br>• 재미있는 활동과 그렇지 않은 활동을 적당히 안배하되, 수행동기나 성취가 일관적일 수 있도록 지도한다.<br>• 어떤 활동을 얼마나 잘하느냐도 중요하지만 그보다는 과제를 처리하는 아동의 태도, 동기와 같은 정서적인 측면을 부각한다. | | |

# 사례 5: 시각-운동 협응능력에 어려움을 보이는 아동

Wechsler

## 1. 의뢰 사유, 발달력 및 행동 특성

아동은 주의집중 문제, 또래관계 문제 및 산만함을 주 호소로 의뢰된 초등학교 3학년 남아다. 아동은 1학년 때 주의력결핍 과잉행동장애, r/o Nonverbal Learning Disorder로 진단받은 바 있다. 아동은 우세손이 오른손이었으며, 검사 시 과제를 완수하기도 전에 미리 다 하였다고 말한 후에 자신이 누락한 부분을 발견하는 경우가 수차례 있었다. Drawing Test에서는 연필을 올바르게 쥐지 못하여 다소 힘들게 수행하였고 필압이 강하였다.

## 2. 평가 결과

### 1) 지능평가: K-WISC-III

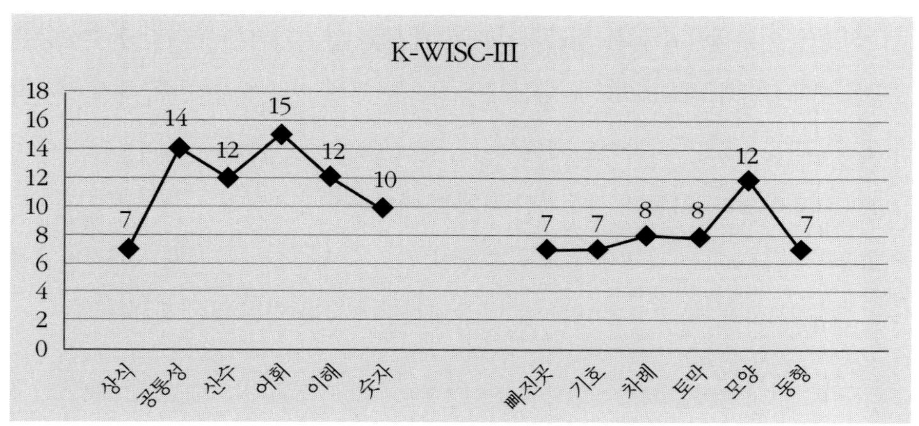


언어성 = 113/동작성 = 88/전체 = 101

언어이해 = 112/지각조직 = 92/주의집중 = 106/처리속도 = 82

K-WISC-III로 측정한 지능검사에서 아동은 전체지능지수가 평균 수준에 해당되나 (FSIQ=101), 언어성 지능과 동작성 지능 간에 임상적으로 유의한 차이를 보였다. 언어성 지능은 평균 상 수준에 속하지만(언어성 지능: 113), 동작성 지능은 평균 하 수준으로(동작성 지능: 88), 언어성 지능과 동작성 지능 간에 IQ 25점의 차이를 보였다. 이러한 차이는 아동이 언어적인 이해능력에 비해서 시지각적인 자극을 조직화하고 처리하는 능력이 상당히 저조함을 나타낸다.

언어이해 영역에서 아동은 언어적으로 개념화하고 사고하는 능력과 어휘력이 매우 우수하여 자신의 생각을 유창하게 표현할 수 있는 강점을 지닌 것으로 보인다. 반면에, 기본상식이 상당히 저하된 점으로 미루어, 아동은 흥미와 관심의 폭이 다양하지 못하고 지적인 성취욕구가 높지 않을 것으로 추측된다.

지각조직화 영역에서 아동은 시지각적으로 조직화하고 구성하는 능력이 평균 수준에 해당된다. 그러나 세부적으로 살펴보면, 시각적인 과제를 재인하고 조직화하는 능력은 전반적으로 경계선 수준에 해당되어 언어적인 자극을 다루는 능력에 비해서 저조하다. 반면에, 비구조화된 상황에서 시행착오를 거쳐 조각을 맞추는 과제는 수행 수준이 적절하였다.

주의집중 영역에서 아동은 청각적인 자극에 대한 단기기억과 주의집중력이 같은 연령의 또래집단과 비교해 볼 때 평균 수준의 상단부에 속한다. 반면에, 빠른 시각적인 처리능력을 요하는 처리속도 과제에서는 평균 하 수준으로 다른 영역보다 수행이 상당히 저조하였다. 아동은 시각적인 과제를 재인하고 조직화하는 영역과 시각-운동 협응능력을 요하는 과제에서 모두 수행이 저조하였으므로, 한국판 시지각발달검사를 실시함으로써 이 영역에 대해 좀 더 추가적인 정보를 얻는 것이 필요해 보인다.

## 2) 한국판 시지각발달검사(K-DTVP-2)

| | 일반적 시지각 | 운동-감소 시지각 | 시각-운동 통합 |
|---|---|---|---|
| 표준점수 | 88 | 97 | 80 |
| 백분위 | 21 | 42 | 9 |
| 기술평정 | 평균 이하 | 평균 | 평균 이하 |

교차타당도를 위해 시지각발달검사를 실시한 결과, 아동의 **일반적 시지각** 능력은 평균 하 수준으로 나타났다(표준점수=88, 백분위=21). 자세히 살펴보면, 아동은 운동기능이 최소한으로 배제된 조건하에서 측정된 **운동-감소 시지각** 능력이 평균 수준(표준점수=97, 백분위 42)이지만, 운동능력이 추가된 **시각-운동 통합** 능력은 상대적으로 부족한 것으로 나타났다(표준점수=80, 백분위=9). 따라서 아동은 시지각적인 문제보다 시각-운동 협응능력의 어려움이 수행에 좀 더 불리하게 작용했을 것으로 추측된다. 즉, 아동은 서투른 손 움직임이나 눈과 손의 협응에 어려움을 가지고 있을 가능성이 있어 보인다. 따라서 정해진 시간 내에 민첩하게 작업을 수행하거나 세부적으로 정확

하게 따라 그리는 작업을 수행하는 것이 특히 어려울 것으로 보인다.

### 3) 평가 결과 종합

아동의 발달력, 행동관찰, 부모님과의 임상적 면담, 지능검사를 포함한 사전/사후 종합심리평가, 한국판 시지각발달검사 결과를 종합하여 아동의 인지적 특성 및 치료적 변화를 분석한 결과는 다음과 같다.

아동은 전체지능지수가 평균 수준에 속하지만, 언어성 지능과 비언어성 지능 간에 임상적으로 유의한 차이를 보였다. 아동은 특히 언어적으로 개념화하는 능력과 어휘력이 매우 우수하여 자신의 생각을 유창하게 표현할 수 있는 강점을 지닌 것으로 보인다. 반면에, 아동은 시각적인 과제를 재인하고 조직화하는 영역과 시각-운동 협응능력을 요하는 과제에서 모두 수행이 저조하였다. 이에 교차타당도를 확인하기 위하여 한국판 시지각발달검사를 실시한 결과, 아동은 시지각적인 문제보다 시각-운동 협응능력과 소근육 운동기능에서의 어려움이 더 큰 것으로 나타났다. 아동은 검사 수행 시에도 연필을 올바르게 쥐지 못하여 다소 힘들게 수행하였고 필압이 강하였다. 따라서 소근육 운동 및 시지각 운동 협응을 향상시켜 주기 위한 작업이 우선적으로 필요한 것으로 시사된다.

## 3. 개입을 위한 일반적 제언

- 인지적 강점: 언어적 개념화 및 사고능력, 어휘력
- 인지적 약점: 시각-운동 협응능력, 미세운동 기능, 시각적인 처리

아동은 언어적 기능에 비해 동작성 기능이 유의미하게 부족하며, 특히 소근육 운동기능과 시각-운동 협응능력에서의 어려움이 현저한 것으로 나타나고 있다. 이는

아동이 평소 쓰기를 싫어하고 이와 관련된 활동을 거부한다는 보호자의 보고와도 일치하는 바다. 이를 위해 부족한 인지기능을 향상시킬 수 있는 훈련을 지속적으로 실시해야 할 뿐만 아니라, 학교에서의 쓰기 관련 학업기술의 향상으로 이어질 수 있도록 연필 잡는 방법, 올바른 쓰기 자세, 글씨 쓰는 요령도 함께 지도하는 것이 필요할 것으로 생각된다.

## 4. 치료계획 및 회기 구성

### 1) 장기 목표

#### (1) 인 지

① 시각-운동 협응능력 향상

② 미세운동 기능 향상

#### (2) 정 서

① 쓰기 관련 심리적 거부감 감소

② 쓰기학습에 대한 유능감 증진

## 2) 단기 목표 및 주요 활동계획

| 단계 | 단기 목표 | 세부 활동 내용 |
|---|---|---|
| 초기 단계 | 치료 구조화 & 라포 형성 | • 치료 구조화<br>–오리엔테이션(소개, 목표 공유)<br>–규칙 및 보상 정하기<br>• 치료자와의 라포 형성<br>–자기소개<br>–동기 및 흥미 유발 |
| 중기 단계 | 시각–운동 협응능력 향상 | • 같은 모양 따라 그리기<br>• 같은 위치 따라 그리기<br>• 같은/다른 모양 찾아 색칠하기<br>• 퍼즐 맞추기 |
| | 소근육 운동기능 향상 | • 다양한 선긋기와 색칠하기<br>• 가위/모양자/각도기 다루기<br>• 구슬 꿰기/실 꿰기 등 도구 다루기 |
| | 쓰기 관련 학습 거부감 해소 | • 글씨 쓰기 관련 감정 읽기<br>• 연필 잡기 교정하기<br>• 글씨 모양 교정하기 |
| 후기 단계 | 시각–운동 협응능력 향상 | • 특정 자극 짝짓기/찾아 색칠하기<br>• 겹쳐진 그림의 윤곽 찾아 그리기<br>• 종이접기 |
| | 소근육 운동기능 향상 | • 글자/문장 베껴 쓰기<br>• 찰흙/페그보드로 모양 만들기 |
| | 쓰기학습 유능감 증진 | • 쓰기 관련 자신감 향상 |

# 5. 치료적(교육적) 개입을 위한 회기 구성 예시

| 차수 | 15<br>회기 | 활동<br>목표 | • 주어진 자극 중에서 똑같은 모양을 찾아 연결한다.<br>• 주어진 자극과 똑같은 위치에 표시한다.<br>• 여러 가지 선 긋기/순서에 맞게 점 잇기를 한다.<br>• 가위를 사용하여 주어진 모양을 자른다.<br>• 규칙에 맞게 구슬 꿰기를 한다. |
|---|---|---|---|
| 시행 시간 | 40분 | 준비물 | 시각 자료 활동지, 연필, 색연필, 가위, 종이, 구슬 꿰기 교구, 3권 『지각발달 영역 인지기능 향상 워크북』, 5권 『정보처리 영역 인지기능 향상 워크북』 |
| 5분 | • 인사 나누기: 일주일 동안의 생활 나누기<br>• 지난 시간의 수업 내용 복습하기<br>• 숙제 점검하기 | | |
| 15분 | **• 시각-운동 협응능력 향상**<br>-여러 가지 기호로 구성된 활동지에서 같은 모양 찾아 연결하기<br>-주어진 자극과 같은 위치를 찾아 빈칸에 표시하기<br>-주어진 활동지에서 제한 시간 내 많은 목표자극 찾아 표시하기 | | |
| 10분 | **• 소근육 운동기능 향상**<br>-직선/곡선/사선 등 여러 가지 모양의 선 긋기<br>-숫자 순서대로 점 잇기<br>-주어진 그림을 색칠한 후 자르기 + 이야기 구성하기<br>-주어진 규칙에 맞게 구슬 꿰기 | | |
| 5분 | **• 쓰기 관련 심리적 거부감 다루기**<br>-쓰기가 싫은 이유 탐색하기<br>-쓰기를 위해 필요한 활동 알아보기 | | |
| 5분 | • 이번 시간에 배운 내용 복습하기<br>• 숙제 부과하기<br>• 정리하기 | | |
| 유의<br>사항 | • 위의 활동들은 3권 『지각발달 영역 인지기능 향상 워크북』, 5권 『정보처리 영역 인지기능 향상 워크북』의 활용이 가능하다.<br>-3권 지각발달 영역의 필수영역 중 위치 파악하기.<br>-5권 정보처리 영역의 채워넣기(세부영역) 중 변별 & 추적하기.<br>단, 이와 관련된 다른 활동들 역시 아동의 상황에 맞게 치료사(교사)의 재량으로 진행할 수 있다.<br>• 시각-운동 협응능력과 소근육 운동기능은 뚜렷하게 구별되는 기능이 아니기 때문에 이 두 가지 기능을 통합적으로 접근하는 것도 좋은 방법이 된다.<br>• 운동기능 관련 작업은 힘들고 쉽게 지루해지고 지치기 때문에 끊임없이 아동을 지지하고 격려하는 것이 필요하다.<br>• 연필이나 색연필을 잡을 때 올바른 자세를 지속적으로 말해 주고 시행할 수 있도록 격려한다. 이때 연필을 좀 더 편하게 잡을 수 있는 시판되는 보조도구를 활용한다. | | |

# 부록

# 일반능력지표(GAI), 인지숙달지표(CPI) 환산표 및 임상군집을 위한 규준표

## 표 1. 일반능력지표(GAI) 환산표(한국 규준)

**일반능력지표(GAI): 언어이해(VCI)와 지각추론(PRI) 주요 소검사의 환산점수 합에 기초하여 산출된 점수**

| 환산점수의 합(sum of scaled scores) | GAI | 백분위 | 95% 신뢰구간 | 환산점수의 합(sum of scaled scores) | GAI | 백분위 | 95% 신뢰구간 |
|---|---|---|---|---|---|---|---|
| 6 | 35 | <0.1 | 27-42 | 33 | 67 | 1.5% | 60-75 |
| 7 | 36 | <0.1 | 28-43 | 34 | 69 | 1.8% | 61-76 |
| 8 | 37 | <0.1 | 30-44 | 35 | 70 | 2.2% | 63-77 |
| 9 | 38 | <0.1 | 31-46 | 36 | 71 | 2.7% | 64-78 |
| 10 | 39 | <0.1 | 32-47 | 37 | 72 | 3.2% | 65-80 |
| 11 | 41 | <0.1 | 33-48 | 38 | 74 | 3.9% | 66-81 |
| 12 | 42 | <0.1 | 35-49 | 39 | 75 | 4.6% | 67-82 |
| 13 | 43 | <0.1 | 36-50 | 40 | 76 | 5.5% | 69-83 |
| 14 | 44 | <0.1 | 37-52 | 41 | 77 | 6.4% | 70-85 |
| 15 | 46 | <0.1 | 38-53 | 42 | 78 | 7.5% | 71-86 |
| 16 | 47 | <0.1 | 39-54 | 43 | 80 | 8.7% | 72-87 |
| 17 | 48 | <0.1 | 41-55 | 44 | 81 | 10.1% | 73-88 |
| 18 | 49 | <0.1 | 42-57 | 45 | 82 | 11.6% | 75-89 |
| 19 | 50 | <0.1 | 43-58 | 46 | 83 | 13.2% | 76-91 |
| 20 | 52 | 0.1% | 44-59 | 47 | 84 | 15.1% | 77-92 |
| 21 | 53 | 0.1% | 45-60 | 48 | 86 | 17.0% | 78-93 |
| 22 | 54 | 0.1% | 47-61 | 49 | 87 | 19.2% | 80-94 |
| 23 | 55 | 0.1% | 48-63 | 50 | 88 | 21.5% | 81-95 |
| 24 | 56 | 0.2% | 49-64 | 51 | 89 | 23.9% | 82-97 |
| 25 | 58 | 0.2% | 50-65 | 52 | 91 | 26.5% | 83-98 |
| 26 | 59 | 0.3% | 52-66 | 53 | 92 | 29.2% | 84-99 |
| 27 | 60 | 0.4% | 53-67 | 54 | 93 | 32.1% | 86-100 |
| 28 | 61 | 0.5% | 54-69 | 55 | 94 | 35.0% | 87-102 |
| 29 | 63 | 0.6% | 55-70 | 56 | 95 | 38.1% | 88-103 |
| 30 | 64 | 0.8% | 56-71 | 57 | 97 | 41.2% | 89-104 |
| 31 | 65 | 1.0% | 58-72 | 58 | 98 | 44.4% | 91-105 |
| 32 | 66 | 1.2% | 59-74 | 59 | 99 | 47.6% | 92-106 |

〈계속〉

| 환산점수의 합(sum of scaled scores) | GAI | 백분위 | 95% 신뢰구간 | 환산점수의 합(sum of scaled scores) | GAI | 백분위 | 95% 신뢰구간 |
|---|---|---|---|---|---|---|---|
| 60 | 100 | 50.9% | 93-108 | 88 | 134 | 98.9% | 127-142 |
| 61 | 102 | 54.1% | 94-109 | 89 | 136 | 99.1% | 128-143 |
| 62 | 103 | 57.3% | 95-110 | 90 | 137 | 99.3% | 130-144 |
| 63 | 104 | 60.5% | 97-111 | 91 | 138 | 99.4% | 131-145 |
| 64 | 105 | 63.6% | 98-113 | 92 | 139 | 99.6% | 132-147 |
| 65 | 106 | 66.6% | 99-114 | 93 | 141 | 99.7% | 133-148 |
| 66 | 108 | 69.5% | 100-115 | 94 | 142 | 99.7% | 134-149 |
| 67 | 109 | 72.2% | 102-116 | 95 | 143 | 99.8% | 136-150 |
| 68 | 110 | 74.9% | 103-117 | 96 | 144 | 99.8% | 137-152 |
| 69 | 111 | 77.4% | 104-119 | 97 | 145 | 99.9% | 138-153 |
| 70 | 113 | 79.8% | 105-120 | 98 | 147 | 99.9% | 139-154 |
| 71 | 114 | 82.0% | 106-121 | 99 | 148 | 99.9% | 140-155 |
| 72 | 115 | 84.0% | 108-122 | 100 | 149 | 99.9% | 142-156 |
| 73 | 116 | 85.9% | 109-124 | 101 | 150 | >99.9 | 143-158 |
| 74 | 117 | 87.7% | 110-125 | 102 | 151 | >99.9 | 144-159 |
| 75 | 119 | 89.2% | 111-126 | 103 | 153 | >99.9 | 145-160 |
| 76 | 120 | 90.7% | 112-127 | 104 | 154 | >99.9 | 147-161 |
| 77 | 121 | 92.0% | 114-128 | 105 | 155 | >99.9 | 148-162 |
| 78 | 122 | 93.1% | 115-130 | 106 | 156 | >99.9 | 149-164 |
| 79 | 123 | 94.1% | 116-131 | 107 | 158 | >99.9 | 150-165 |
| 80 | 125 | 95.0% | 117-132 | 108 | 159 | >99.9 | 151-166 |
| 81 | 126 | 95.8% | 119-133 | 109 | 160 | >99.9 | 153-167 |
| 82 | 127 | 96.5% | 120-134 | 110 | 161 | >99.9 | 154-169 |
| 83 | 128 | 97.1% | 121-136 | 111 | 162 | >99.9 | 155-170 |
| 84 | 130 | 97.6% | 122-137 | 112 | 164 | >99.9 | 156-171 |
| 85 | 131 | 98.0% | 123-138 | 113 | 165 | >99.9 | 158-172 |
| 86 | 132 | 98.4% | 125-139 | 114 | 166 | >99.9 | 159-173 |
| 87 | 133 | 98.7% | 126-141 | | | | |

출처: 오상우, 오미영(2011). K-WISC-IV 한국 웩슬러 아동 지능검사 중급 워크숍 자료집. 서울: 학지사심리검사연구소.

## 표 2. 인지숙달지표(CPI) 환산표(한국 규준)

**인지숙달지표(CPI): 작업기억(WMI)과 처리속도(PSI) 주요 소검사의 환산점수 합에 기초하여 산출된 점수**

| 환산점수의 합(sum of scaled scores) | CPI | 백분위 | 95% 신뢰구간 | 환산점수의 합(sum of scaled scores) | CPI | 백분위 | 95% 신뢰구간 |
|---|---|---|---|---|---|---|---|
| 4 | 36 | <0.1 | 28-45 | 41 | 102 | 55.1% | 93-111 |
| 5 | 38 | <0.1 | 29-47 | 42 | 104 | 59.8% | 95-113 |
| 6 | 40 | <0.1 | 31-49 | 43 | 105 | 64.3% | 97-114 |
| 7 | 42 | <0.1 | 33-51 | 44 | 107 | 68.6% | 98-116 |
| 8 | 44 | <0.1 | 35-52 | 45 | 109 | 72.6% | 100-118 |
| 9 | 45 | <0.1 | 36-54 | 46 | 111 | 76.4% | 102-120 |
| 10 | 47 | <0.1 | 38-56 | 47 | 113 | 79.9% | 104-121 |
| 11 | 49 | <0.1 | 40-58 | 48 | 114 | 83.0% | 106-123 |
| 12 | 51 | <0.1 | 42-59 | 49 | 116 | 85.8% | 107-125 |
| 13 | 52 | 0.1% | 44-61 | 50 | 118 | 88.3% | 109-127 |
| 14 | 54 | 0.1% | 45-63 | 51 | 120 | 90.5% | 111-128 |
| 15 | 56 | 0.2% | 47-65 | 52 | 121 | 92.3% | 113-130 |
| 16 | 58 | 0.2% | 49-66 | 53 | 123 | 93.9% | 114-132 |
| 17 | 59 | 0.3% | 51-68 | 54 | 125 | 95.2% | 116-134 |
| 18 | 61 | 0.5% | 52-70 | 55 | 127 | 96.3% | 118-136 |
| 19 | 63 | 0.7% | 54-72 | 56 | 128 | 97.1% | 120-137 |
| 20 | 65 | 0.9% | 56-74 | 57 | 130 | 97.8% | 121-139 |
| 21 | 67 | 1.3% | 58-75 | 58 | 132 | 98.4% | 123-141 |
| 22 | 68 | 1.7% | 59-77 | 59 | 134 | 98.8% | 125-143 |
| 23 | 70 | 2.3% | 61-79 | 60 | 136 | 99.1% | 127-144 |
| 24 | 72 | 3.0% | 63-81 | 61 | 137 | 99.4% | 129-146 |
| 25 | 74 | 3.9% | 65-82 | 62 | 139 | 99.5% | 130-148 |
| 26 | 75 | 5.0% | 67-84 | 63 | 141 | 99.7% | 132-150 |
| 27 | 77 | 6.4% | 68-86 | 64 | 143 | 99.8% | 134-151 |
| 28 | 79 | 8.0% | 70-88 | 65 | 144 | 99.8% | 136-153 |
| 29 | 81 | 9.9% | 72-90 | 66 | 146 | 99.9% | 137-155 |
| 30 | 82 | 12.1% | 74-91 | 67 | 148 | 99.9% | 139-157 |
| 31 | 84 | 14.7% | 75-93 | 68 | 150 | >99.9 | 141-159 |
| 32 | 86 | 17.5% | 77-95 | 69 | 152 | >99.9 | 143-160 |
| 33 | 88 | 20.8% | 79-97 | 70 | 153 | >99.9 | 144-162 |
| 34 | 90 | 24.3% | 81-98 | 71 | 155 | >99.9 | 146-164 |
| 35 | 91 | 28.1% | 83-100 | 72 | 157 | >99.9 | 148-166 |
| 36 | 93 | 32.2% | 84-102 | 73 | 159 | >99.9 | 150-167 |
| 37 | 95 | 36.6% | 86-104 | 74 | 160 | >99.9 | 152-169 |
| 38 | 97 | 41.1% | 88-105 | 75 | 162 | >99.9 | 153-171 |
| 39 | 98 | 45.8% | 90-107 | 76 | 164 | >99.9 | 155-173 |
| 40 | 100 | 50.5% | 91-109 | | | | |

출처: 오상우, 오미영(2011). K-WISC-IV 한국 웩슬러 아동 지능검사 중급 워크숍 자료집. 서울: 학지사심리검사연구소.

## 표 3. 임상군집을 위한 규준표(한국 규준)

### 표 3-1 유동추론(Gf) 군집: 행렬추리, 공통그림찾기, 산수 소검사의 환산점수 합에 기초하여 산출된 점수

| 환산점수의 합(sum of scaled scores) | Gf | 백분위 | 95% 신뢰구간 | 환산점수의 합(sum of scaled scores) | Gf | 백분위 | 95% 신뢰구간 |
|---|---|---|---|---|---|---|---|
| 3 | 40 | <0.1 | 31-50 | 31 | 103 | 56.9% | 93-112 |
| 4 | 43 | <0.1 | 33-52 | 32 | 105 | 62.6% | 95-114 |
| 5 | 45 | <0.1 | 36-54 | 33 | 107 | 68.0% | 98-116 |
| 6 | 47 | <0.1 | 38-56 | 34 | 109 | 73.1% | 100-119 |
| 7 | 49 | <0.1 | 40-59 | 35 | 111 | 77.8% | 102-121 |
| 8 | 52 | 0.1% | 42-61 | 36 | 114 | 81.9% | 104-123 |
| 9 | 54 | 0.1% | 44-63 | 37 | 116 | 85.6% | 107-125 |
| 10 | 56 | 0.2% | 47-65 | 38 | 118 | 88.7% | 109-127 |
| 11 | 58 | 0.3% | 49-68 | 39 | 120 | 91.3% | 111-130 |
| 12 | 60 | 0.4% | 51-70 | 40 | 123 | 93.4% | 113-132 |
| 13 | 63 | 0.6% | 53-72 | 41 | 125 | 95.1% | 115-134 |
| 14 | 65 | 1.0% | 56-74 | 42 | 127 | 96.4% | 118-136 |
| 15 | 67 | 1.4% | 58-76 | 43 | 129 | 97.4% | 120-139 |
| 16 | 69 | 2.0% | 60-79 | 44 | 131 | 98.2% | 122-141 |
| 17 | 72 | 2.9% | 62-81 | 45 | 134 | 98.8% | 124-143 |
| 18 | 74 | 4.0% | 64-83 | 46 | 136 | 99.2% | 127-145 |
| 19 | 76 | 5.4% | 67-85 | 47 | 138 | 99.4% | 129-147 |
| 20 | 78 | 7.3% | 69-88 | 48 | 140 | 99.6% | 131-150 |
| 21 | 80 | 9.6% | 71-90 | 49 | 143 | 99.8% | 133-152 |
| 22 | 83 | 12.3% | 73-92 | 50 | 145 | 99.9% | 135-154 |
| 23 | 85 | 15.6% | 75-94 | 51 | 147 | 99.9% | 138-156 |
| 24 | 87 | 19.4% | 78-96 | 52 | 149 | 99.9% | 140-159 |
| 25 | 89 | 23.7% | 80-99 | 53 | 151 | >99.9 | 142-161 |
| 26 | 91 | 28.5% | 82-101 | 54 | 154 | >99.9 | 144-163 |
| 27 | 94 | 33.8% | 84-103 | 55 | 156 | >99.9 | 147-165 |
| 28 | 96 | 39.3% | 87-105 | 56 | 158 | >99.9 | 149-167 |
| 29 | 98 | 45.1% | 89-108 | 57 | 160 | >99.9 | 151-170 |
| 30 | 100 | 51.0% | 91-110 | | | | |

출처: 오상우, 오미영(2011). K-WISC-IV 한국 웩슬러 아동 지능검사 중급 워크숍 자료집. 서울: 학지사심리검사연구소.

## 표 3. 임상군집을 위한 규준표(한국 규준)

### 표 3-2 시각처리(Gv) 군집: 토막짜기, 빠진곳찾기 소검사의 환산점수 합에 기초하여 산출된 점수

| 환산점수의 합(sum of scaled scores) | Gv | 백분위 | 95% 신뢰구간 | 환산점수의 합(sum of scaled scores) | Gv | 백분위 | 95% 신뢰구간 |
|---|---|---|---|---|---|---|---|
| 2 | 46 | <0.1 | 36-56 | 21 | 103 | 58.8% | 93-113 |
| 3 | 49 | <0.1 | 39-59 | 22 | 106 | 66.4% | 96-116 |
| 4 | 52 | <0.1 | 42-62 | 23 | 109 | 73.3% | 99-119 |
| 5 | 55 | 0.1% | 45-65 | 24 | 112 | 79.4% | 102-122 |
| 6 | 58 | 0.3% | 48-68 | 25 | 115 | 84.7% | 105-125 |
| 7 | 61 | 0.5% | 51-71 | 26 | 118 | 88.9% | 108-128 |
| 8 | 64 | 0.9% | 54-74 | 27 | 121 | 92.2% | 111-131 |
| 9 | 67 | 1.5% | 57-77 | 28 | 124 | 94.8% | 114-134 |
| 10 | 70 | 2.4% | 60-80 | 29 | 127 | 96.6% | 117-137 |
| 11 | 73 | 3.8% | 63-83 | 30 | 130 | 97.8% | 120-140 |
| 12 | 76 | 5.7% | 66-86 | 31 | 133 | 98.7% | 123-143 |
| 13 | 79 | 8.4% | 69-89 | 32 | 136 | 99.2% | 126-146 |
| 14 | 82 | 12.0% | 72-92 | 33 | 139 | 99.6% | 129-149 |
| 15 | 85 | 16.4% | 75-95 | 34 | 142 | 99.8% | 132-152 |
| 16 | 88 | 21.9% | 78-98 | 35 | 145 | 99.9% | 135-155 |
| 17 | 91 | 28.2% | 81-101 | 36 | 148 | >99.9 | 138-158 |
| 18 | 94 | 35.3% | 84-104 | 37 | 151 | >99.9 | 141-161 |
| 19 | 97 | 43.0% | 87-107 | 38 | 154 | >99.9 | 144-164 |
| 20 | 100 | 50.9% | 90-110 | | | | |

출처: 오상우, 오미영(2011). K-WISC-IV 한국 웩슬러 아동 지능검사 중급 워크숍 자료집. 서울: 학지사심리검사연구소.

## 표 3. 임상군집을 위한 규준표(한국 규준)

### 표 3-3 비언어적 유동추론(Gf-nonverbal) 군집: 행렬, 공통그림찾기 소검사의 환산점수 합에 기초하여 산출된 점수

| 환산점수의 합(sum of scaled scores) | Gf-nv | 백분위 | 95% 신뢰구간 | 환산점수의 합(sum of scaled scores) | Gf-nv | 백분위 | 95% 신뢰구간 |
|---|---|---|---|---|---|---|---|
| 2 | 46 | <0.1 | 36-56 | 21 | 103 | 58.8% | 93-114 |
| 3 | 49 | <0.1 | 39-59 | 22 | 106 | 66.3% | 96-117 |
| 4 | 52 | 0.1% | 42-62 | 23 | 109 | 73.3% | 99-120 |
| 5 | 55 | 0.1% | 45-65 | 24 | 112 | 79.4% | 102-123 |
| 6 | 58 | 0.3% | 48-68 | 25 | 115 | 84.7% | 105-126 |
| 7 | 61 | 0.5% | 51-71 | 26 | 118 | 88.9% | 108-129 |
| 8 | 64 | 0.9% | 54-74 | 27 | 121 | 92.3% | 111-132 |
| 9 | 67 | 1.5% | 57-77 | 28 | 124 | 94.8% | 114-135 |
| 10 | 70 | 2.4% | 60-80 | 29 | 127 | 96.6% | 117-138 |
| 11 | 73 | 3.8% | 63-83 | 30 | 130 | 97.8% | 120-141 |
| 12 | 76 | 5.7% | 66-86 | 31 | 133 | 98.7% | 123-144 |
| 13 | 79 | 8.4% | 69-89 | 32 | 136 | 99.2% | 126-147 |
| 14 | 82 | 11.9% | 72-93 | 33 | 139 | 99.6% | 129-150 |
| 15 | 85 | 16.4% | 75-96 | 34 | 142 | 99.8% | 132-153 |
| 16 | 88 | 21.8% | 78-99 | 35 | 145 | 99.9% | 135-156 |
| 17 | 91 | 28.1% | 81-102 | 36 | 148 | 99.9% | 138-159 |
| 18 | 94 | 35.2% | 84-105 | 37 | 151 | >99.9 | 141-162 |
| 19 | 97 | 42.9% | 87-108 | 38 | 154 | >99.9 | 144-165 |
| 20 | 100 | 50.8% | 90-111 | | | | |

출처: 오상우, 오미영(2011). K-WISC-IV 한국 웩슬러 아동 지능검사 중급 워크숍 자료집. 서울: 학지사심리검사연구소.

## 표 3. 임상군집을 위한 규준표(한국 규준)

### 표 3-4 언어적 유동추론(Gf-verbal) 군집: 공통성, 단어추리 소검사의 환산점수 합에 기초하여 산출된 점수

| 환산점수의 합(sum of scaled scores) | Gf-v | 백분위 | 95% 신뢰구간 | 환산점수의 합(sum of scaled scores) | Gf-v | 백분위 | 95% 신뢰구간 |
|---|---|---|---|---|---|---|---|
| 2 | 47 | <0.1 | 38-57 | 21 | 103 | 58.4% | 94-113 |
| 3 | 50 | <0.1 | 41-60 | 22 | 106 | 65.8% | 97-116 |
| 4 | 53 | 0.1% | 44-63 | 23 | 109 | 72.7% | 100-118 |
| 5 | 56 | 0.2% | 47-66 | 24 | 112 | 78.8% | 103-121 |
| 6 | 59 | 0.3% | 50-68 | 25 | 115 | 84.0% | 106-124 |
| 7 | 62 | 0.6% | 53-71 | 26 | 118 | 88.3% | 108-127 |
| 8 | 65 | 1.0% | 56-74 | 27 | 121 | 91.7% | 111-130 |
| 9 | 68 | 1.6% | 58-77 | 28 | 124 | 94.3% | 114-133 |
| 10 | 71 | 2.6% | 61-80 | 29 | 127 | 96.2% | 117-136 |
| 11 | 74 | 4.0% | 64-83 | 30 | 130 | 97.6% | 120-139 |
| 12 | 77 | 6.0% | 67-86 | 31 | 133 | 98.5% | 123-142 |
| 13 | 80 | 8.7% | 70-89 | 32 | 136 | 99.1% | 126-145 |
| 14 | 83 | 12.3% | 73-92 | 33 | 138 | 99.5% | 129-148 |
| 15 | 86 | 16.7% | 76-95 | 34 | 141 | 99.7% | 132-151 |
| 16 | 88 | 22.1% | 79-98 | 35 | 144 | 99.8% | 135-154 |
| 17 | 91 | 28.3% | 82-101 | 36 | 147 | 99.9% | 138-157 |
| 18 | 94 | 35.3% | 85-104 | 37 | 150 | >99.9 | 141-160 |
| 19 | 97 | 42.8% | 88-107 | 38 | 153 | >99.9 | 144-163 |
| 20 | 100 | 50.6% | 91-110 | | | | |

출처: 오상우, 오미영(2011). K-WISC-IV 한국 웩슬러 아동 지능검사 중급 워크숍 자료집. 서울: 학지사심리검사연구소.

## 표 3. 임상군집을 위한 규준표(미국과 캐나다 규준)

### 표 3-5 어휘지식(Gc-VL) 군집: 단어추리, 어휘 소검사의 환산점수 합에 기초하여 산출된 점수

| 환산점수의 합(sum of scaled scores) | Gc-VL | 백분위 | 95% 신뢰구간 | 환산점수의 합(sum of scaled scores) | Gc-VL | 백분위 | 95% 신뢰구간 |
|---|---|---|---|---|---|---|---|
| 2 | 50 | 0.05% | 41-59 | 21 | 102 | 55% | 93-111 |
| 3 | 53 | 0.09% | 44-62 | 22 | 105 | 65% | 96-114 |
| 4 | 56 | 0.16% | 47-65 | 23 | 108 | 71% | 99-117 |
| 5 | 59 | 0.30% | 50-68 | 24 | 110 | 75% | 101-119 |
| 6 | 62 | 1% | 53-71 | 25 | 113 | 81% | 104-122 |
| 7 | 65 | 1% | 56-74 | 26 | 116 | 86% | 107-125 |
| 8 | 68 | 2% | 59-77 | 27 | 120 | 91% | 111-129 |
| 9 | 71 | 3% | 62-80 | 28 | 123 | 93% | 114-132 |
| 10 | 74 | 4% | 65-83 | 29 | 126 | 96% | 117-135 |
| 11 | 76 | 5% | 67-85 | 30 | 129 | 97% | 120-138 |
| 12 | 79 | 8% | 70-88 | 31 | 132 | 98% | 123-141 |
| 13 | 81 | 11% | 72-90 | 32 | 135 | 99% | 126-144 |
| 14 | 84 | 14% | 75-93 | 33 | 137 | 99% | 128-146 |
| 15 | 86 | 17% | 77-95 | 34 | 140 | 99.64% | 131-149 |
| 16 | 89 | 21% | 80-98 | 35 | 142 | 99.75% | 133-151 |
| 17 | 91 | 27% | 82-100 | 36 | 145 | 99.87% | 136-154 |
| 18 | 94 | 35% | 85-103 | 37 | 147 | 99.93% | 138-156 |
| 19 | 96 | 40% | 87-105 | 38 | 150 | 99.95% | 141-159 |
| 20 | 99 | 48% | 90-108 | | | | |

출처: Flanagan, D. P., & Kaufman, A. S. (2009). *Essentials of WISC-IV Assessment* (2nd ed.). New York: Wiley.

## 표 3. 임상군집을 위한 규준표(미국과 캐나다 규준)

### 표 3-6 일반상식(Gc-KO) 군집: 이해와 상식 소검사의 환산점수 합에 기초하여 산출된 점수

| 환산점수의 합(sum of scaled scores) | Gc-KO | 백분위 | 95% 신뢰구간 | 환산점수의 합(sum of scaled scores) | Gc-KO | 백분위 | 95% 신뢰구간 |
|---|---|---|---|---|---|---|---|
| 2 | 50 | 0.05% | 40-60 | 21 | 102 | 55% | 92-112 |
| 3 | 53 | 0.09% | 43-63 | 22 | 105 | 65% | 95-115 |
| 4 | 56 | 0.16% | 46-66 | 23 | 108 | 71% | 98-118 |
| 5 | 59 | 0.30% | 49-69 | 24 | 111 | 77% | 101-121 |
| 6 | 62 | 1% | 52-72 | 25 | 114 | 83% | 104-124 |
| 7 | 65 | 1% | 55-75 | 26 | 117 | 87% | 107-127 |
| 8 | 68 | 2% | 58-78 | 27 | 120 | 91% | 110-130 |
| 9 | 71 | 3% | 61-81 | 28 | 123 | 93% | 113-133 |
| 10 | 73 | 3% | 63-83 | 29 | 126 | 96% | 116-136 |
| 11 | 76 | 5% | 66-86 | 30 | 129 | 97% | 119-139 |
| 12 | 78 | 7% | 68-88 | 31 | 131 | 98% | 121-141 |
| 13 | 81 | 11% | 71-91 | 32 | 133 | 99% | 123-143 |
| 14 | 83 | 13% | 73-93 | 33 | 136 | 99% | 126-146 |
| 15 | 85 | 16% | 75-95 | 34 | 139 | 99.57% | 129-149 |
| 16 | 88 | 21% | 78-98 | 35 | 142 | 99.75% | 132-152 |
| 17 | 91 | 27% | 81-101 | 36 | 145 | 99.87% | 135-155 |
| 18 | 94 | 35% | 84-104 | 37 | 148 | 99.93% | 138-158 |
| 19 | 97 | 43% | 87-107 | 38 | 150 | 99.95% | 140-160 |
| 20 | 99 | 48% | 89-109 | | | | |

출처: Flanagan, D. P., & Kaufman, A. S. (2009). *Essentials of WISC-IV Assessment* (2nd ed.). New York: Wiley.

## 표 3. 임상군집을 위한 규준표(미국과 캐나다 규준)

### 표 3-7 장기기억(Gc-LTM) 군집: 어휘와 상식 소검사의 환산점수 합에 기초하여 산출된 점수

| 환산점수의 합(sum of scaled scores) | Gc-LTM | 백분위 | 95% 신뢰구간 | 환산점수의 합(sum of scaled scores) | Gc-LTM | 백분위 | 95% 신뢰구간 |
|---|---|---|---|---|---|---|---|
| 2 | 50 | 0.04% | 42-58 | 21 | 102 | 55% | 94-110 |
| 3 | 54 | 0.11% | 46-62 | 22 | 105 | 65% | 97-113 |
| 4 | 57 | 0.20% | 49-65 | 23 | 108 | 71% | 100-116 |
| 5 | 60 | 0.36% | 52-68 | 24 | 111 | 77% | 103-119 |
| 6 | 63 | 1% | 55-71 | 25 | 113 | 81% | 105-121 |
| 7 | 66 | 1% | 58-74 | 26 | 116 | 86% | 108-124 |
| 8 | 69 | 2% | 61-77 | 27 | 119 | 89% | 111-127 |
| 9 | 72 | 3% | 64-80 | 28 | 122 | 92% | 114-130 |
| 10 | 74 | 3% | 66-82 | 29 | 125 | 95% | 117-133 |
| 11 | 77 | 6% | 69-85 | 30 | 127 | 97% | 119-135 |
| 12 | 79 | 8% | 71-87 | 31 | 130 | 98% | 122-138 |
| 13 | 81 | 11% | 73-89 | 32 | 133 | 99% | 125-141 |
| 14 | 84 | 14% | 76-92 | 33 | 136 | 99% | 128-144 |
| 15 | 87 | 19% | 79-95 | 34 | 138 | 99% | 130-146 |
| 16 | 89 | 21% | 81-97 | 35 | 141 | 99.70% | 133-149 |
| 17 | 91 | 27% | 83-99 | 36 | 144 | 99.84% | 136-152 |
| 18 | 94 | 35% | 86-102 | 37 | 147 | 99.93% | 139-155 |
| 19 | 97 | 43% | 89-105 | 38 | 150 | 99.95% | 142-158 |
| 20 | 99 | 48% | 91-107 | | | | |

출처: Flanagan, D. P., & Kaufman, A. S. (2009). *Essentials of WISC-IV Assessment* (2nd ed.). New York: Wiley.

## 표 3. 임상군집을 위한 규준표(미국과 캐나다 규준)

### 표 3-8 단기기억(Gsm-WM) 군집: 순차연결과 숫자 소검사의 환산점수 합에 기초하여 산출된 점수

| 환산점수의 합(sum of scaled scores) | Gc-LTM | 백분위 | 95% 신뢰구간 | 환산점수의 합(sum of scaled scores) | Gc-LTM | 백분위 | 95% 신뢰구간 |
|---|---|---|---|---|---|---|---|
| 2 | 50 | 0.05% | 42-58 | 21 | 102 | 55% | 94-110 |
| 3 | 52 | 0.07% | 44-60 | 22 | 104 | 62% | 96-112 |
| 4 | 54 | 0.11% | 46-62 | 23 | 107 | 67% | 99-115 |
| 5 | 56 | 0.16% | 48-64 | 24 | 110 | 75% | 102-118 |
| 6 | 59 | 0.30% | 51-67 | 25 | 113 | 81% | 105-121 |
| 7 | 62 | 1% | 54-70 | 26 | 116 | 86% | 108-124 |
| 8 | 65 | 1% | 57-73 | 27 | 120 | 91% | 112-128 |
| 9 | 68 | 2% | 60-76 | 28 | 123 | 94% | 115-131 |
| 10 | 71 | 3% | 63-79 | 29 | 126 | 96% | 118-134 |
| 11 | 74 | 4% | 66-82 | 30 | 129 | 97% | 121-137 |
| 12 | 77 | 6% | 69-85 | 31 | 132 | 98% | 124-140 |
| 13 | 80 | 9% | 72-88 | 32 | 135 | 99% | 127-143 |
| 14 | 83 | 13% | 75-91 | 33 | 138 | 99% | 130-146 |
| 15 | 86 | 17% | 78-94 | 34 | 141 | 99.70% | 133-149 |
| 16 | 88 | 21% | 80-96 | 35 | 144 | 99.84% | 136-152 |
| 17 | 91 | 27% | 83-99 | 36 | 146 | 99.89% | 138-154 |
| 18 | 94 | 35% | 86-102 | 37 | 148 | 99.93% | 140-156 |
| 19 | 97 | 43% | 89-105 | 38 | 150 | 99.95% | 142-158 |
| 20 | 99 | 48% | 91-107 | | | | |

출처: Flanagan, D. P., & Kaufman, A. S. (2009). *Essentials of WISC-IV Assessment* (2nd ed.). New York: Wiley.

# 참고문헌

곽금주, 오상우, 김청택(2011). *Korean Wechsler Intelligence Scale for Children-Fourth Edition (K-WISC-IV)*. 서울: 학지사심리검사연구소.

김동일(2010). **BASA 기초 학습기능 수행평가체제 초기문해**. 서울: 학지사심리검사연구소.

김상원, 김충육(2011). 아동 인지능력 평가의 최근 동향: CHC 이론과 K-WISC-IV. **한국심리학회지: 학교, 8**(3), 337-358.

김수연(2007). Cattell-Horn-Carroll(CHC) 인지요인, 초인지, 텍스트 이해력 간의 관계 및 성차분석. 숙명여자대학교 대학원 박사학위 청구논문.

김애화, 김의정, 황민아, 유현실(2013). **읽기 성취 및 읽기인지처리능력검사(RA-RCP)**. 서울: 학지사심리검사연구소.

김은영(2012). **기적의 수학 문장제(전6권)**. 서울: 길벗스쿨.

김정완(2010). **생각이 크는 언어치료**. 이담북스.

노경란, 박현정, 안지현, 전영미(2018a). **언어발달 영역 인지기능 향상 워크북 2**. 서울: 학지사.

노경란, 박현정, 안지현, 전영미(2018b). **지각발달 영역 인지기능 향상 워크북 3**. 서울: 학지사.

노경란, 박현정, 안지현, 전영미(2018c). **주의력 영역 인지기능 향상 워크북 4**. 서울: 학지사.

노경란, 박현정, 안지현, 전영미(2018d). **정보처리 영역 인지기능 향상 워크북 5**. 서울: 학지사.

도미니크 필리옹(2008). **달라? 달라! 우뇌계발을 위한 다른그림찾기**. 서울: 베틀북.

동아출판(2015). **개념잡는 큐브수학(전12권)**. 서울: 동아출판.

로저 모로(2011). **미로탐험대(1~3권)**. 이주혜 역. 바이킹.

문수백, 여광응, 조용태(2012). **한국판 시지각발달검사(K-DTVP-2)**. 서울: 학지사심리검사연구소.

박현옥(2005). CHC 지능이론에 따른 정신지체아의 인지요인 특성과 읽기기능분석. 대구대학교 대학원 박사학위 청구논문.

박현정(2010). 읽기부진 위험군 아동의 조기선별 및 조기개입의 효과검증. 이화여자대학교 대학원 박사학위 청구논문.

베스터만(2014a). 미니루크 두뇌조깅 프로그램. 서울: 루크북스.

베스터만(2014b). 주니어루크 두뇌조깅 프로그램. 서울: 루크북스.

브레인트리 교육연구소(2012). 또또생각 시리즈(전6권). 서울: 현북스.

삼성출판사 유아교육연구소(2009a). 우뇌개발 시리즈(만 5~7세, 전3권). 서울: 삼성출판사.

삼성출판사 유아교육연구소(2009b). 좌뇌개발 시리즈(만 5~7세, 전3권). 서울: 삼성출판사.

상수리 출판기획부(2011). 창의력과 집중력을 키우는 숨은그림찾기 찾아봐 찾아봐(1~3권). 상수리.

성정일(2009). 병아리 국어(1, 2권). 서울: 시서례.

성정일(2013). 어린이 훈민정음(전12권). 서울: 시서례.

아산재단 서울중앙병원 재활의학과 언어치료실 편역(2000). 생각해보세요! Thinking to go. 서울: 아산재단 서울중앙병원.

어린이철학교육연구소(2002). 초등학교부터 시작하는 논술 오디세이(전6권). 경기: 소년한길.

오상우, 오미영(2011). K-WISC-Ⅳ 한국 웩슬러 아동지능검사 중급 워크숍 자료집. 서울: 학지사심리검사연구소.

이근매, 조용태(2004). 시지각훈련 프로그램 시리즈(전9권). 특수교육.

이정주(1994). 그림으로 이야기 만들기(오리고 붙이고 색칠하기). 파이데이아.

정재석, 이충화, 장현진, 곽신실, 김중훈(2014). 읽기 자신감(전6권). 김중훈(옮긴이). 좋은교사.

조명한, 이정모, 김정오, 신현정, 이광오, 도경수, 이양, 이현진, 김영진, 김소영, 고성룡, 정혜선(2003). 언어심리학. 서울: 학지사.

최명애(2002). 그림피자(집중력을 키우는 신기한 그림 그리기). 너울.

최영환(2007). 기적의 한글학습(전5권). 서울: 길벗스쿨.

최영환(2012). 기적의 받아쓰기(전5권). 서울: 길벗스쿨.

한국교육개발원(1989). KEDI 기초학습기능검사.

한국시찌다교육원(2006a). 시찌다 우뇌아이 STEP C(전12권). 대전: 한국시찌다교육원.

한국시찌다교육원(2006b). 시찌다 우뇌아이 STEP D(전12권). 대전: 한국시찌다교육원.

한국시찌다교육원(2006c). 시찌다 프린트코스 C(전12권). 대전: 한국시찌다교육원.

한국시찌다교육원(2006d). 시찌다 프린트코스 D(전12권). 대전: 한국시찌다교육원.

한국시찌다교육원(2006e). 시찌다 프린트코스 E(전12권). 대전: 한국시찌다교육원.

Alfonso, V. C., Flanagan, D. P., & Radwan, S. (2005). The impact of the Cattell-Horn-Carroll theory on test development and interpretation of cognitive and academic abilities. *Contemporary intellectual assessment: Theories, tests and issues*, 41-68.

Atkinson, R. C., & Shiffrin, R. M. (1971, August). The control of short term memory. *Scientific American, 225*(2), 82-90.

Baddeley, A. (2003). Working memory: Looking back and looking forward. *Nature Reviews Neuroscience, 4*, 829-839.

Broverman, D. M. (1962). Normative and ipsative measurement in psychology. *Psychological Review, 69*(4), 295-305.

Deary, I. J. (2001). *Intelligence: A very short introduction*. Oxford: Oxford University Press.

Degaetano, J. G. (1997). *Developing awareness of similarities and differences*. Great Ideas for Teaching.

Doidge, N. (2007). *The brain that changes itself: Stories of personal triumph from the frontiers of brain science*. Viking Adults.

Flanagan, D. P., & Kaufman, A. S. (2004). *Essentials of WISC-IV assessment*. New York: Wiley.

Flanagan, D. P., & Kaufman, A. S. (2009). *Essentials of WISC-IV Assessment* (2nd ed.). New York: Wiley.

Flanagan, D. P., Ortiz, S. O., & Alfonso, V. C. (2007). *Essentials of cross-battery assessment* (2nd ed.). New York: Wiley.

Jensen, A. R. (1998). *The g factor: The science of mental ability*. Westport, CT: Praeger.

Jonides, J., Lacey, S. C., & Nee, D. E. (2005). Processes of working memory in mind and brain. *Current Directions in Psychological Science*, *14*, 2-5.

Kalagayan, E. (1996). *What's different?: Articulation fun sheets*. SC: Super Duper Publications.

Kamphaus, R. W., Winsor, A. P., Rowe, E. W., & Kim, S. (2005). A history of intelligence test interpretation. In D. P. Flanagan, J. L. Genshaft, & P. L. Harrison (Eds.), *Contemporary intellectual assessment: Theories, tests, and issues* (2nd ed., pp. 23-38). New York: Guilford.

Kaufman, A. S. (1979). *Intelligent testing with the WISC-R*. New York: Willey.

Kaufman, A. S. (1994). *Intelligent testing with the WISC-III*. New York: Willey.

Kaufman, A. S. (2000). Foreword. In D. P. Flanagan, K. S. McGrew, & S. O. Ortig (Eds.), *The Wechsler intelligence scales and Gf-Gc theory: A Contemporary approach to interpretation*. Boston: Allyn & Bacon.

Keith, T. Z., Fine, J. G., Taub, G. E., Reynolds, M. R., & Kranzler, J. H. (2006). Hierarchical multi-sample, confirmatory factor analysis of the Wechsler Intelligence Scale for Children, Fourth Edition: What does it measure? *School Psychology Review, 35*, 108-127.

Klatzky, R. L. (1980). *Human memory: Structures and processes*. University of Illinois Press.

Lecerf, T., Rossier, J., Favez, N., Roverte, L., & Coleaux, L. (2010). The four- vs. alternative six-factor structure of the French WISC-IV: Comparison using confirmatory factor analyses. *Swiss Journal of Psychology, 69*, 211-232.

Manassis, K. (2014). *Case formulation with children and adolescents*. NY: The Guilford Press.

Martin, I., & McDonald, S. (2003). Weak coherence, no theory of mind, or executive dysfunction? Solving the puzzle of pragmatic language disorders. *Brain and Language, 85*, 451-466.

Mascolo, J. T. (2008). *Data-based decision making: Using assessment to inform interventions, invited presentation*. New York: Fordham University, Lincoln Center Campus.

Mascolo, J. T. (2009). Linking WISC-IV assessment results to educational strategies and instructional supports. In D. P. Flanagan & A. S. Kaufman (Eds.), *Essentials of WISC-IV Assessment*. New York: John Wiley & Sons, Inc.

Matarazzo, J. D. (1972). *Wechsler's measurement and appraisal of adult intelligence* (5th and enlarged ed.). New York: Oxford University Press.

McGrew, K. (2009). CHC broad and narrow cognitive ability definitions.

McGrew, K. S., & Flanagan, D. P. (1998). The intelligence test desk reference (ITDR): Gf-Gc cross-battery assessment. Needham Heights, MA: Allyn & Bacon.

Montgomery, J. W. (2003). Working memory and comprehension in children with specific language impairment: What we know so far. *Journal of Communication disorders, 36*, 221-231.

Nicolson, C. L., Alcorn, C. L., & Erford, B. T. (2006). *Educational applications of the WISC-IV: A handbook of interpretive strategies and remedial recommendations*. CA: Western Psychological Services.

Prifitera, A., Saklofske, D. H., & Weiss, L. G. (2008). *WISC-IV: Clinical assessment and intervention* (2nd ed.). San Diego: Academic Press.

Rapin, I., & Dunn, M. (2003). Update on the language disorders of individuals on the autistic spectrum. *Brain & Development, 25*, 166-172.

Sattler, J. M. (2008). *Assessment of children: Cognitive foundations* (5th ed.). San Diego, CA: Author.

Spearman, C. (1904). 'General Intelligence', Objectively Determined and Measured. *The American Journal of Psychology, 15*(2), 201-292.

Webber, M. T. Jr., & Webber, S. G. (1992). *Hidden pictures for vocabulary development*. SC: Super Duper Publications.

Webber, S. G. (1999). *Sequences Galore, Pictorial activities to teach 2, 3, and 4 step sequencing*. Super Duper Publications.

Wechsler, D. (1991). *Manual for the Wechsler Intelligence Scale for Children-Third Edition* (WISC-III). San antonio, TX: The Psychological Corporation.

Wechsler, D. (2003). Wechsler Intelligence Scale for Children-Fourth Edition (WISC-IV) *administration and scoring manual*. San Antonio, TX: The Psychological Corporation.

Weiler, E. (2001a). *Critical Thinking Skills: Absurdities*. Remedia Publications.

Weiler, E. (2001b). *Critical Thinking Skills: Analogies*. Remedia Publications.

Weiler, E. (2001c). *Critical Thinking Skills: Classification*. Remedia Publications.

Weiler, E. (2001d). *Critical Thinking Skills: Sequence*. Remedia Publications.

Weiler, E. (2001e). *Critical Thinking Skills: Similarities & Differences*. Remedia Publications.

Weiss, L. G., Saklofske, D. H., Prifitera, A., & Holdnack, J. A. (2006). *WISC-IV advanced clinical interpretation*. San Diego, CA: Elsevier Science.

Whitworth, J. R., & Sutton, D. L. (1993). *WISC-III compilation: What to do now that you know the score?* CA: Academic Therapy Publications.

Whitworth, J. R., & Sutton, D. L. (2005). *WISC-IV compilation: What to do now that you know the score?* CA: Academic Therapy Publications.

# 찾아보기

## 인 명

# 내 용

## 저자 소개

**노경란**(Row, Kyung Ran)
미국 Eastern Michigan University 대학원 심리학 석사(임상심리 전공)
이화여자대학교 대학원 심리학 박사(발달 및 발달임상 전공)
정신보건임상심리사(1급), 임상심리전문가, 발달심리전문가
이화여자대학교 심리학과 겸임교수
**현** 아이코리아 송파아이존 센터장

**박현정**(Park, Hyun Jeong)
이화여자대학교 대학원 심리학 석사 및 박사(발달 및 발달임상 전공)
인지학습치료전문가, 정신보건임상심리사
**현** 이안아동발달연구소 소장
이화여자대학교 교육대학원 겸임교수
가천대학교 심리인지치료학과 겸임교수

**안지현**(An, Ji Hyun)
이화여자대학교 대학원 심리학 석사(발달 및 발달임상 전공)
정신보건임상심리사, 인지학습치료사
**전** 미국 텍사스 San Marcos Baptist Academy 근무

**전영미**(Jun, Young Mi)
연세대학교 대학원 심리학 석사(발달심리 전공)
인지학습심리상담사
**현** 파주통합지원발달센터 및 성실심리발달센터 인지학습치료사

인지기능 향상 가이드북

# 웩슬러지능검사의 치료 및 교육적 활용

A Guide for Improving Intellectual Functioning
Making Use of Wechsler Intelligence Scale in
Clinical & Educational Settings

2018년 1월 15일 1판 1쇄 발행
2023년 9월 20일 1판 7쇄 발행

지은이 • 노경란 · 박현정 · 안지현 · 전영미

펴낸이 • 김 진 환
펴낸곳 • (주) 학지사
04031 서울특별시 마포구 양화로 15길 20 마인드월드빌딩 5층
대표전화 • 02) 330-5114 팩스 • 02) 324-2345
등록번호 • 제313-2006-000265호
홈페이지 • http://www.hakjisa.co.kr
인스타그램 • https://www.instagram.com/hakjisabook

ISBN 978-89-997-1431-3 94180
978-89-997-1430-6 (set)

정가 16,000원